Die neue Supermacht China stellt sich gegen die alte, schwächelnde Supermacht USA mit ihren krisengeschüttelten Verbündeten in Europa und Japan. Konflikte werden auf allen denkbaren Feldern ausgefochten: Wirtschaft, Währung, Technologie, Kapitalmacht, Rohstoffe, Umwelt, Militär und nicht zuletzt über ideologische Fragen. Der Asien-Kenner und Bestsellerautor Wolfgang Hirn, der das Land aus eigener Anschauung kennt und sich seit Jahren mit den Entwicklungen in China beschäftigt, beschreibt, wie dessen Konfrontationen mit dem Westen aussehen werden. Er zeichnet ein ebenso realistisches wie bedrohliches Bild von dem drohenden Mehrfrontenkrieg und macht die Dringlichkeit einer europäischen Asienpolitik deutlich.

Wolfgang Hirn, geboren 1954, studierte Volkswirtschaftslehre und Politische Wissenschaften in Tübingen. Danach arbeitete er als Wirtschaftsredakteur für den Kölner Stadt-Anzeiger und die Wirtschaftswoche. Seit über 20 Jahren ist er Reporter beim manager magazin in Hamburg. Wolfgang Hirn hat in Brüssel, New York, Beijing und Shanghai gelebt und gearbeitet. Er ist Autor der Bestseller »Herausforderung China« (2005), »Angriff aus Asien« (2007) und »Kampf ums Brot« (2009). 2008 wurde er mit dem Helmut-Schmidt-Journalistenpreis ausgezeichnet.

Homepage: www.wolfganghirn.de

Wolfgang Hirn

Der nächste Kalte Krieg

China gegen den Westen

S. FISCHER

Erschienen bei S. FISCHER

© S. Fischer Verlag GmbH, Frankfurt am Main (2013)
Umschlaggestaltung: hissmann, heilmann, hamburg
Umschlagabbildung: ullstein bild
Karten: Peter Palm, Berlin
Satz: Dörlemann Satz, Lemförde
Druck und Bindung: GGP Media GmbH, Pößneck
Printed in Germany
ISBN 978-3-10-030413-1

Inhalt

Einleitung   9

Kapitel Eins   *Geld und Kapital:*
Gläubiger gegen Schuldner   15

Kapitel Zwei   *Wirtschaft:*
Merkantilisten gegen Freihändler   47

Kapitel Drei   *Bildung und Technologie:*
Kopie gegen Originale   78

Kapitel Vier   *Umweltschutz:*
Schmutzfinken gegen Saubermänner   113

Kapitel Fünf   *Rohstoffe:*
Strategen gegen Habenichtse   140

Kapitel Sechs   *Ideologie:*
Autoritarismus gegen Demokratie   173

Kapitel Sieben   *Außenpolitik:*
Aufrüster gegen Abrüster   206

Kapitel Acht   *Kampf um die Weltmacht:*
China gegen USA   251

Schluss   273

Literaturverzeichnis   277

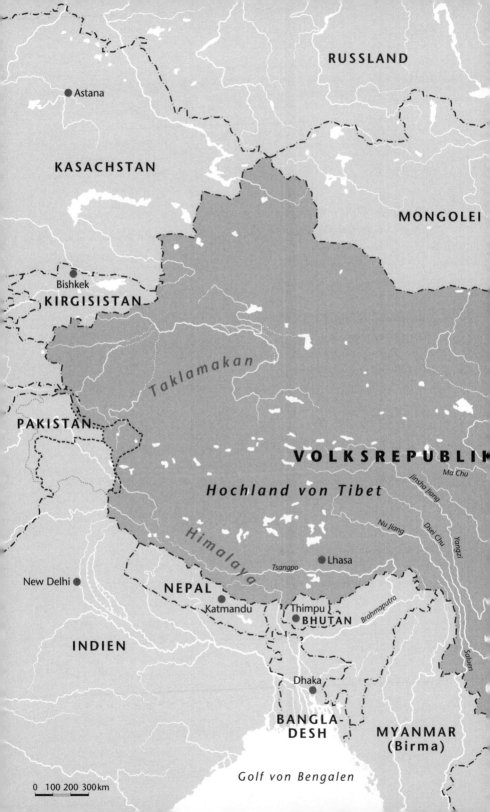

Einleitung

Wir stehen am Beginn eines zweiten Kalten Krieges. Die Kontrahenten sind der Westen mit seiner Führungsmacht USA und das aufstrebende China.

Dieser beginnende zweite Kalte Krieg unterscheidet sich gleich mehrfach von seinem Vorläufer, bei dem sich der Westen und die Sowjetunion mit seinen Satelliten gegenüberstanden. Er ist erstens kein primär ideologischer Konflikt wie noch der erste Kalte Krieg. Damals ging es um die weltbewegende Glaubensfrage: Kapitalismus oder Kommunismus. Diese Frage spaltete nahezu die gesamte Welt, die in Einflusssphären des Westens und der Sowjets aufgeteilt wurde.

Die Volksrepublik China ist zwar auch kommunistisch, aber nur noch auf dem Papier irgendwelcher Parteitagsbeschlüsse und in Ermangelung einer anderen Staatsideologie. Beijing hat es deshalb auch längst aufgegeben, kommunistisches Gedankengut in aller Welt zu verbreiten und die Dritte Welt zu missionieren.

China ist vor Jahren schon zum Staatskapitalismus konvertiert, indem eine technokratische Führungselite ein neues Wirtschaftsmodell entwickelte, das plan- und marktwirtschaftliche Elemente enthält. Dieses Mischmodell ist höchst erfolgreich.

Und damit sind wir beim zweiten großen Unterschied zum ersten Kalten Krieg: Der Rivale des Westens ist dieses Mal viel stärker. China ist keine Sowjetunion, die sich als eine Ansammlung Potemkinscher Dörfer entpuppte, wo hinter den schönen Fassaden ein marodes Wirtschaftssystem vegetierte.

In China kommt die Macht nicht aus den Gewehrläufen wie bei der Sowjetunion, die ihre Stärke in Panzern und Raketen gemessen hat. Chinas Potenz zeigt sich in wirtschaftlichen Zahlen, im Wachstum des Bruttosozialprodukts, in Exporten und Währungsreserven. In allen drei Bereichen ist China Weltspitze. China hat weltweit die höchsten Wachstumsraten, China ist Exportweltmeister, und China sitzt auf einem Devisenberg von unvorstellbaren drei Trillionen Dollar.

Dieses starke China trifft nun auf einen schwächelnden Westen. Das ist die dritte und wichtigste Differenz zum ersten Kalten Krieg: Zu dessen Zeiten waren die USA am Zenit ihrer Macht – politisch, wirtschaftlich, technologisch, militärisch. Amerika hatte die besten Firmen, die größte Börse und die härteste Währung. Die besten Ideen kamen von dort – vom Computer bis zum Internet. Und die USA waren die selbsternannte Weltpolizei, die intervenierte, wann und wo sie wollte. Sie konnte, wenn es sein musste, gleichzeitig an mehreren Fronten kämpfen.

Doch mit dieser Allmacht der USA ist es seit einigen Jahren vorbei. Zwei Septembertage im ersten Jahrzehnt des 21. Jahrhunderts veränderten die USA grundlegend. 9/11 führte die Amerikaner in zwei Kriege nach Afghanistan und den Irak. Beide kosteten die USA sehr viel Geld und auch viel politischen Kredit, weil die Legitimation des Irakkrieges auf einem Lügengebilde basierte und weil in Guantanamo – eines Rechtsstaats unwürdig – Gefangene ohne Verfahren inhaftiert wurden und es immer noch sind.

Und dann war da noch 9/15. An diesem Tag des Jahres 2008 ging die amerikanische Investmentbank Lehman Brothers pleite. Es war der Beginn einer großen globalen Finanzkrise, die – das sei nochmals ausdrücklich erwähnt – ihren Ursprung im Westen hatte und deshalb vor allem die westlichen Staaten traf. Banken ließen sich auf abenteuerliche Spekulationen ein und mussten schließlich vom Staat gerettet werden. Bis dato unvorstellbare Summen wurden in den Wirtschaftskreislauf gepumpt, um zu verhindern, dass nicht das gesamte System zusammenbricht.

Die Folge sind riesige Schuldenberge allenthalben – in Europa, in Japan (das ich zum industrialisierten Westen zähle) und den USA. Das gab es noch nie in der Nachkriegsgeschichte: Alle führenden Mächte des Westens sind gleichzeitig geschwächt.

Auch wenn die Amerikaner gerne mit dem Finger auf Europa

zeigen, die größten Probleme haben sie selbst. Ihre Schulden betragen rund 16,5 Trillionen Dollar. Diese Schuldenlast macht die USA in vielen Bereichen handlungsunfähig. Es fehlt schlicht das Geld (und auch der Wille), um in die marode Infrastruktur und das ebensolche Bildungssystem zu investieren. Außerdem wird zum ersten Mal der Rotstift am Militärhaushalt angesetzt.

»Wir wurden schon oft totgesagt und -geschrieben«, sagen viele Amerikaner, »wir werden auch diese Krise überstehen.« Trotzig und selbstgefällig übersehen diese unverbesserlichen Optimisten die Anzeichen ihres (relativen) Niedergangs. Dabei müssten sie sich nur in den Zug setzen. »Eine bloße Zugfahrt von New York nach Washington zeigt aus dem Fenster einen traurigen Anblick«, sagt Zbigniew Brzezinski, ehemaliger Sicherheitsberater von Präsident Jimmy Carter. Ich bin diese Strecke mit dem Pseudo-Expresszug *Acela* gefahren und sah links und rechts eine verfallende Infrastruktur und leerstehende Fabrikhallen. Bilder, die mit den Fakten des Schuldenstaates korrespondieren.

America is declining – die USA sind eine absteigende Weltmacht. Und mit dem Niedergang seiner Führungsmacht gerät der gesamte Westen in eine Krise. Der Historiker Niall Ferguson sagt: »Wir erleben gerade das Ende der westlichen Vorherrschaft.« Und just in dieser Phase des relativen Niedergangs trifft der Westen auf eine aufsteigende Weltmacht – China, das aufgrund seiner wirtschaftlichen Stärke immer selbstbewusster auftritt.

Man kann also auch sagen: Neue Arroganz trifft auf alte Arroganz.

Das ist eine klassische Konstellation der Weltgeschichte. Sie gibt es alle paar Hundert Jahre. Das erste Aufeinandertreffen von Auf- und Absteiger fand im Altertum zwischen Athen und Sparta statt, das letzte zwischen Deutschland und Großbritannien zu Beginn des 20. Jahrhunderts. Beide Konflikte endeten tödlich. Der erste im Peloponnesischen Krieg, der letztere im Ersten Weltkrieg.

Eine traurige Lehre muss aus der Geschichte gezogen werden: Diese globalen Machtwechsel vollziehen sich meist nicht friedlich.

Wird es dieses Mal anders sein?

Um Antworten auf diese Frage zu finden, bin ich in die USA, nach China und dessen wichtigste Nachbarländer und -regionen gereist: nach Indien, Japan und Südostasien. Dort wird China – wie auch in den USA – häufig als Bedrohung wahrgenommen. China dagegen sieht sich nicht als eine aggressive Macht. Doch genau diese asymmetrische Perzeption trägt nicht gerade zu einer Deeskalation bei.

Der amerikanische Nobelpreisträger Joseph Stiglitz hat deshalb recht, wenn er sagt: »Ich erwarte eine ganze Menge geopolitischer und wirtschaftlicher Auseinandersetzungen. Es wird keinen geschmeidigen Übergang geben.«

Die Konfrontation des Westens mit China muss nicht zwangsläufig einen militärischen Konflikt bedeuten. Heutzutage gibt es ein ganzes Arsenal von nicht-militärischen Waffen, die man gegen seinen Feind/Gegner/Rivalen/Wettbewerber richten kann.

Von diesen Waffen und deren Einsatz im zweiten Kalten Krieg handelt dieses Buch. Dieser Krieg ist – wenn man im bellizistischen Duktus bleiben will – ein Mehrfrontenkrieg.

Denn es drohen Handels-, Finanz-, Währungs-, Rohstoff-, Technologie- und Wasserkriege sowie – ganz neu – Cyberwars. Bei fast all diesen potentiellen Auseinandersetzungen verlaufen die Frontlinien zwischen China und der westlichen Führungsmacht USA sowie deren Kombattanten.

Zum Teil haben die Auseinandersetzungen schon begonnen. Man attackiert die gegnerischen Unternehmen und Währungen. Man dringt in den gegnerischen Cyberspace ein. Man streitet um die immer knapper werdenden Rohstoffe. Noch verlaufen diese Vorgeplänkel friedlich.

Ob aus dem zweiten Kalten Krieg ein heißer Krieg wird, entscheidet sich im Pazifik. Denn dort – genauer im westlichen Pazifik zwischen Hongkong und Hawaii – prallen die beiden Großmächte dieser Welt direkt aufeinander. Die USA wenden sich nach ihren mehr oder weniger erfolgreichen Feldzügen im Nahen Osten wieder dem Fernen Osten zu und erneuern ihren Anspruch, eine pazifische Macht zu sein. Gleichzeitig rüstet China weiter auf und versucht Waffen zu entwickeln, um die USA aus dem westlichen Pazifik fernzuhalten.

Im Westen empört man sich sehr schnell über Chinas Aufrüstung. Dabei sollte man aber eines nicht vergessen: China verhält sich nur so, wie sich alle anderen aufstrebenden Mächte zuvor verhalten haben: China flankiert seine wachsende wirtschaftliche und politische Macht mit militärischer Stärke.

Es besteht kein so simpler Antagonismus, wie ihn viele hierzulande konstruieren: Hier der gute Westen, dort das böse China. Der Westen ist nicht nur gut. Er führt – siehe die USA – Kriege im Namen der Demokratie, die verkappte Kriege um Rohstoffe sind. Und China ist nicht nur böse, auch wenn wir im Westen gerne das Land dämonisieren, weil es so anders und so erfolgreich ist.

Vor allem die USA treiben China in eine Rolle, die es gar nicht spielen will. Denn Amerika wendete in den vergangenen Jahren in Asien eine Umzingelungstaktik an, bildete Allianzen und Partnerschaften mit fast allen Nachbarn Chinas – von Japan über Südostasien bis nach Indien. Das macht die Chinesen nervös und verleitet sie ihrerseits zu Machtspielchen im Ost- und Südchinesischen Meer. So ist im Fernen Osten eine Eskalationsspirale entstanden, an deren Ende eine militärische Auseinandersetzung stehen könnte.

Europa schaut diesem Treiben teilnahmslos zu, als ob uns das alles fern der Heimat nichts angehen würde. Hauptsache wir – und vor allem die Deutschen – machen unsere Geschäfte dort. Die laufen glänzend. Ohne China würden zum Beispiel unsere Vorzeigebranchen Auto und Maschinenbau ziemlich schlecht dastehen. Ohne Chinas Käufe wären wir nicht so gut durch die Krise gekommen.

Genau deshalb kann und darf uns nicht gleichgültig sein, was in Asien passiert. Das ist beileibe kein Plädoyer für ein militärisches Engagement der Europäer oder gar für die Ausdehnung der Nato-Zuständigkeiten vom Atlantik Richtung Pazifik. Nein, das ist ein

Plädoyer für ein politisches Engagement der Europäer in dieser Region.

Wir brauchen endlich eine europäische Asienpolitik. Der Friedensnobelpreisträger 2012, die Europäische Union, kann in Asien eine konstruktive Rolle spielen. Dazu gehört auch, dass Europa mäßigend auf China *und* die USA einwirken.

Der zweite Kalte Krieg hat zwar begonnen, aber er muss nicht militärisch enden. Er kann noch mit politischen Mitteln gelöst werden.

Berlin, im Februar 2013

Kapitel Eins *Geld und Kapital:*
Gläubiger gegen Schuldner

> »Dass der Westen jetzt China um den Kauf von Staatsanleihen bitten muss, führt uns die Veränderung brutal vor Augen.«
>
> Timothy Garton Ash, britischer Historiker

Egal, wo man auf dieser Welt bezahlen musste, eine Währung wurde immer gerne genommen: der Dollar, wegen seiner grünen Rückseite auch Greenback genannt. Der Dollar war und ist (noch) die globale Leitwährung. Fast alle Rohstoffe werden in Dollar gehandelt, der Handel zwischen den meisten Nationen wird in Dollar verrechnet. So wie der Dollar noch die Währung der Welt ist, ist die Wall Street noch die Leitbörse der Welt und New York noch der führende Finanzplatz der Welt.

Lange Zeit dachte man im Westen, dass wenigstens die Finanzwelt westlich dominiert bleibt, wenn schon die Waren aus Fernost und vor allem aus China kommen. Doch ein Ereignis hat diese heile Finanzwelt und damit auch die reale Welt gravierend verändert: Die Finanzkrise im Herbst 2008. Amerikanische und europäische Banken brachen wie Kartenhäuser zusammen. Die westlichen Staaten mussten mit gigantischen Summen Banken und Unternehmen retten und gerieten dabei selbst in die Bredouille.

Die USA – ohnehin durch die teuren Kriege im Nahen Osten finanziell arg gebeutelt – sitzen auf einem gigantischen Schuldenberg. Und auch in der EU sieht es nicht viel besser aus. Die gesamte Südflanke der EU steht vor dem finanziellen Abgrund.

USA in Not, EU in Not? Wer ist der Retter in der Not? – China.

Die Europäer müssen bei den Chinesen – um es mal undiplomatisch zu formulieren – betteln gehen. Zum letzten Mal mussten die Europäer nach dem Zweiten Weltkrieg betteln gehen, damals bei den Amerikanern, die sich mit dem Marshallplan spendabel zeigten. Dieses Mal können die Amerikaner nicht helfen, weil sie selber kein Geld haben. Auch sie sind auf die Chinesen angewiesen. Ein großer Teil der amerikanischen Staatsanleihen sind in chinesischem Besitz. Man kann es so brutal formulieren: Die USA hängen am Tropf der Chinesen.

Diese Konstellation wirft Fragen auf. Die wichtigste stellte Larry Summers, der ehemalige Wirtschaftsberater Obamas: Wie lange noch kann die größte Schuldnernation der Welt die Weltmacht Nummer eins bleiben? Die Antwort: Nicht mehr lange. Eine USA, die nicht länger das Geld hat, wird zunehmend ein normales Land werden und den Status einer Supermacht sukzessive verlieren. Es gilt die Devise: Geld regiert die Welt. Und Geld hat China. Seine Währungsreserven betragen über 3,3 Trillionen Dollar. Sein Staatsfonds ist mit mehreren Hundert Milliarden Dollar gut gepolstert, und Chinas Banken, die die verlustreichen Zockerspielchen der westlichen Banken nicht mitmachten, stehen glänzend da.

China wird diese neue Macht nutzen, und zwar – wie stets – vorsichtig und pragmatisch. Die Chinesen wissen: Die Zeit arbeitet für sie. Behutsam werkeln sie an mehreren Fronten: Sie vergrößern ihren Einfluss beim bislang westlich dominierten Internationalen Währungsfonds (IWF), sie bauen Shanghai zu einem globalen Finanzzentrum aus, das der Wall Street Konkurrenz machen soll, und sie forcieren die Internationalisierung ihrer Währung, des Yuan.

Ihr Ziel dabei ist klar: Sie wollen den Dollar als globale Leitwährung ablösen. Wann das exakt sein wird, ist ihnen egal. Die Geschichte ist auf ihrer Seite: Historisch gesehen hat nämlich die größte Wirtschaftsmacht der Welt – und das wird China in den 20er Jahren sein – auch die globale Reservewährung.

Länder mit den höchsten Währungsreserven

Rang	Land	Reserven in Mrd. Dollar*
1	China	3240
2	Japan	1272
3	Euro-Gruppe	903
4	Saudi-Arabien	592
5	Russland	530
6	Schweiz	479
7	Taiwan	398
8	Brasilien	377
9	Südkorea	314
10	Hongkong	296

*Stand: Sommer 2012, Quelle: Eigene Berechnungen.

Yuan statt Dollar, Shanghai statt Wall Street – im kommenden Jahrzehnt steht eine Wachablösung an. Die Frage wird sein: Werden die Amerikaner diesen Niedergang ihrer Währung tatenlos akzeptieren, oder werden sie zu den Mitteln eines Währungskrieges greifen?

Schuldner USA, Gläubiger China

Wenn in den Handelssälen der großen Investmentbanken wie UBS, JP Morgan oder Goldman Sachs in New York ein bestimmtes Telefon klingelt, wittern die Händler dieser Banken ein großes Geschäft. Denn sie wissen genau, wer da am anderen Ende der Leitung ist:

Beijing is calling. Diese Banken haben eine direkte Leitung zur chinesischen Zentralbank. Und die Notenbank in Beijing ruft oft an.

Denn Chinas Zentralbank hat ein Problem, ein Luxusproblem: Sie hat viel Geld, das sie permanent irgendwo anlegen muss. Meist fällt den neureichen Chinesen nur eine Anlagemöglichkeit ein: Amerikanische Regierungsanleihen zu kaufen. Deshalb rufen sie die Banker in New York an, die diese Deals für sie einfädeln und abschließen.

Doch neuerdings – seit Juni 2011 – haben die Chinesen einen direkten Draht zum Auktionssystem des amerikanischen Finanzministeriums. Sie können dort direkt die Regierungsanleihen kaufen. Das ist ein Privileg, das sonst keine Notenbank der Welt hat.

Diese Bevorzugung zeigt die spezielle finanzielle Beziehung, die zwischen China und den USA besteht. China finanziert zu einem großen Teil Amerikas Schulden.

Die USA sind hochverschuldet, viel höher übrigens als Europa. In der ersten Dekade des 21. Jahrhunderts hat sich die amerikanische Schuldenlast von 5,6 Trillion (2000) auf 12,9 Trillion (2010) mehr als verdoppelt. 2000 betrug der Anteil der Schulden am Sozialprodukt 34,7 Prozent, zehn Jahre später über 61 Prozent. Achtmal musste in diesem ersten Jahrzehnt die gesetzliche Schuldengrenze nach oben angehoben werden, jedes Mal nach einem heftigen Ringen zwischen Demokraten und Republikanern. Das sind Auseinandersetzungen, die das Land jeweils monatelang paralysieren, zuletzt zum Jahresende 2012.

Wer Schulden hat, muss Zinsen zahlen. Und diese Zinszahlungen steigen von Jahr zu Jahr. So schluckte der Schuldendienst 2011 bereits zehn Prozent des US-Bundeshaushalts. 2019 werden es 17 Prozent sein. Und in den 30er Jahren dieses Jahrhunderts muss die Weltmacht USA mehr für seinen Schuldendienst ausgeben als für seine Verteidigung.

Wichtigste Ursache der Misere: die zwei vom US-Präsidenten George W. Bush angezettelten Kriege im Irak und in Afghanistan. Eine Trillion Dollar haben die beiden Einsätze im Nahen Osten gekostet, rechnete das Congressional Budget Office aus. Viel zu wenig, sagen Joseph Stiglitz und Linda Bilmes. Die beiden Wirtschaftswissenschaftler kamen in ihrem Buch *The Three Trillion Dollar War* auf einen weit höheren Betrag, nämlich – der Buchtitel hat die Summe bereits verraten – drei Trillionen Dollar.

Die Schulden sind inzwischen Amerikas größtes Problem. Es fehlt zum Beispiel Geld für die dringend notwendige Verbesserung der ziemlich maroden amerikanischen Infrastruktur. Dan Di-Micco, Ex-Vorstandschef des Stahlkonzerns Nucor, erinnert sich an ein kurzes Mittagessen mit Barack Obama. Dabei sagte er seinem Präsidenten, die USA müssten mehr für die Infrastruktur ausgeben. China gebe dafür – so DiMicco – 750 Milliarden Dollar aus, während die USA vor sich hin rosten. Die entwaffnende Antwort Obamas: Er würde sehr gerne mehr ausgeben, aber »wir können es uns schlicht und einfach nicht leisten«.

Und auch für das Militär ist immer weniger Geld vorhanden. Kein Wunder, dass der ehemalige amerikanische Generalstabschef, Ad-

Amerikas größte Gläubiger

Rang	Land	Regierungsanleihen in Mrd. Dollar
1	China	1169,6
2	Japan	1105,2
3	Ölexport. Länder	260,9
4	Brasilien	243,4
5	Karib. Bankzentren	229,8
6	Taiwan	187,6

Stand: Mai 2012. Quelle: US Finanzministerium.

miral Mike Mullen, warnt: »Die Schulden sind Feind Nummer eins des Landes.« Was das Problem noch zusätzlich erschwert, ist, dass ausgerechnet China Amerikas größter Gläubiger ist. Eine solche delikate Konstellation hat es in der Geschichte selten gegeben: Die aktuelle Großmacht ist finanziell von der herausfordernden Großmacht abhängig.

Oft wird in den USA gesagt, dass dies alles nicht so schlimm sei, denn es handele sich um eine gegenseitige Abhängigkeit. China könne sich nicht erlauben, Geld in größeren Mengen aus den USA abzuziehen, denn in einem solchen Falle würde der Dollar einen rasanten Kursverfall erleiden und die restlichen chinesischen Reserven würden enorm an Wert verlieren. Außerdem würden sich aufgrund des starken Yuan die chinesischen Waren in den USA extrem verteuern, so dass Chinas Exporte in die USA drastisch zurückgehen würden.

Deshalb sagen viele in Amerika: So wie Amerika Chinas Geld brauche, benötige China den amerikanischen Markt. Aber die Amerikaner sollten sich da nicht so sicher fühlen. Welche Macht eine Gläubigernation haben kann, haben ausgerechnet die Amerikaner selbst demonstriert, damals, 1956, in der Suezkrise. Die Ägypter unter ihrem Präsidenten Gamal Abdel Nasser verstaatlichten den Suezkanal, der bis dahin unter britischer Aufsicht war. Die Briten wollten deshalb militärisch intervenieren, die Amerikaner, die eine Eskalation fürchteten, waren dagegen. Die Briten taten es dennoch. Die amerikanische Regierung unter Präsident Eisenhower zog daraufhin gegen London die währungspolitische Waffe. Da die Briten bei den Amerikanern hoch verschuldet waren, drohten die USA, einen Teil ihrer britischen Staatsanleihen zu verkaufen.

Allein diese Drohung reichte aus, um das britische Pfund auf Talfahrt zu schicken. Ein immer schwächer werdendes Pfund konnte sich Großbritannien nicht leisten. London musste klein beigeben und sich aus Ägypten zurückziehen. Erst danach genehmigten die USA ein massives finanzielles Hilfspaket für die angeschlagenen Briten, für die diese Episode endgültig das Ende der *Rule Britannia* bedeutete.

Ein Lehrstück, wie man die Währung als Waffe einsetzen kann. Wird China irgendwann diese »finanzielle Atombombe« (Daniel Eckert) einsetzen? Die Chinesen verneinen natürlich solche Absichten. Was sollen sie auch anderes sagen? Und die Amerikaner hoffen, dass die Chinesen weiterhin amerikanische Anleihen kaufen, weil sie wenig Alternativen hätten.

Es gibt in der Tat nicht so viele Anlage-Alternativen zum Dollar. Gut, die Chinesen können mehr Gold kaufen, was sie auch klammheimlich tun. Sie kaufen auch vermehrt japanische Staatsanleihen.

– Und wäre nicht der Euro eine Alternative?

Europäische Bettler in Beijing

Herbst 2011 – die Eurokrise durchlief den ersten ihrer vielen noch folgenden Höhepunkte. Die südeuropäischen EU-Mitglieder waren durch exzessives Haushalten in Schwierigkeiten. Ganz Europa war deshalb in Not. Es ging um den Euro, der gerettet werden musste. Und dazu brauchte man vor allem eins: Geld. Geld, das die Europäer nicht hatten – aber die Chinesen.

Deshalb begaben sich einige wichtige Herren aus dem alten Kontinent auf Betteltouren ins Reich der Mitte. Klaus Regling, Schirmherr des Europäischen Stabilitätsmechanismus (ESM), flog gleich nach Beijing, führte viele Gespräche, heimste viele freundlich-unverbindliche Worte der chinesischen Führung ein (»Wir stehen zu euch, denn wir brauchen euch als Absatzmarkt«) und kam doch mit nahezu leeren Händen zurück.

Auf dem Rückflug begegnete er quasi in der Luft dem damaligen französischen Staatspräsidenten Nicolas Sarkozy. Dieser wollte eigentlich nach Neukaledonien in der Südsee, änderte aber kurzfristig seine Reisepläne und schaute für fünf Stunden zu einem Abendessen bei Hu Jintao in Beijing vorbei. Déjà-vu-Erlebnis auch für Sarkozy: Nette Worte der Chinesen, aber keine Taten.

Wenig später folgte dann der Asien-Europa-Gipfel, der alle zwei Jahre stattfindet, und dieses Mal, im Oktober 2008, ausgerechnet in Beijing. Viele europäische Regierungschefs tauchten dort auf. Surin Pitsuwan, der damalige Generalsekretär des Verbands Südostasiatischer Nationen, ASEAN, erinnert sich noch sehr genau an dieses Gipfeltreffen: »Die europäischen Regierungschefs hatten nur eine Botschaft: Bitte, China, sorge dafür, dass die Welt nicht untergeht. Bitte, China, hilf uns.«

Der Westen als Bittsteller im Fernen Osten. Welch verkehrte Welt! Und in den Augen vieler Asiaten: Welch ein Gesichtsverlust für die Europäer!

In China registrierte man die ungewöhnliche Wertschätzung mit klammheimlicher Zufriedenheit, aber auch ungläubigem Staunen. Warum sollen wir den Europäern aus der Patsche helfen?, fragten sich viele Chinesen. Yu Yingdong, ein ehemaliger Berater der Zentralbank, brachte es gegenüber Reuters auf den Punkt: »Millionen von älteren Chinesen wollen wissen, warum sie für reiche Europäer zahlen sollen, damit diese früher in Rente gehen können, während sie hier in China nicht einmal ein Rentensystem haben.«

Zwar bekundete Chinas Führung stets pflichtschuldig, dass sie Europa nicht hängen lassen werde, schließlich sei die EU ihr wichtigster Handelspartner. Die Chinesen kauften auch in der Folgezeit Eurobonds, aber bei weitem nicht in dem Umfang, wie es die Europäer erhofft hatten. Jin Liqun, Aufsichtsratschef des chinesischen Staatsfonds CIC, sagt klipp und klar: »Es ist nicht realistisch zu erwarten, dass irgendein chinesischer Investor, auch nicht CIC, Bonds kauft, die nicht sicher sind.«

Auch die klammen Portugiesen, Spanier und Italiener, die in großer Schar nach Beijing pilgerten, kamen mit relativ leeren Händen zurück. Mehr als an riskanten Staatsanleihen dieser Länder waren und sind die Chinesen an dortigen Unternehmen interessiert. »Sie wollen *real stuff* kaufen«, sagt ein italienischer Beamter nach Gesprächen mit Chinesen. Im Klartext: Sie wollen Unternehmen kaufen, die etwas wert sind, und keine Anleihen, die drastisch an Wert verlieren können.

Der Generalsekretär der Welthandelsorganisation WTO, Pascal Lamy, sagte deshalb auf dem Davos-Forum 2012 ziemlich undiplomatisch, aber sachlich korrekt: »Das Gerede über Verhandlungen Chinas mit Europa über eine Finanzierung der Schulden war doch reines Blablabla.«

Erste Scharmützel – Yuan gegen Dollar

Ein Dollar kostet derzeit rund 6,2 Yuan. Ist das zu viel oder zu wenig?

Das ist die große Frage, über die sich China und die USA seit Jahren streiten, mal mehr, mal weniger heftig. Der immer wiederkehrende Vorwurf der Amerikaner ist, dass der Yuan unterbewertet sei. Das würde die Exporte Chinas verbilligen und deshalb könnten die Chinesen exportieren wie die Weltmeister und den amerikanischen Markt mit Billigprodukten überschwemmen. Allerdings – das verschweigen die Amerikaner gerne – halten Chinas günstige Importe die US-Inflationsrate niedrig.

Im Umkehrschluss seien die amerikanischen Produkte zu teuer, die amerikanischen Wettbewerber auf dem großen lukrativen chinesischen Markt nicht konkurrenzfähig.

Die Folge dieser beiden zusammenhängenden Trends: Ganze Industrien würden in den USA vernichtet und mit ihnen Hunderttausende von Arbeitsplätzen.

Dies ist die Simpel-Argumentation vieler amerikanischer Politiker quer durch beide Lager. Wobei die Demokraten mit ihrer starken Anhängerschaft im Arbeitnehmerlager eher noch lauter schreien, allen voran ihr Einpeitscher Charles Schumer, Senator in New York, der seit Jahren die Chinesen anklagt.

RMB oder Yuan?
Einmal heißt es Yuan, dann wieder Renminbi und dann taucht auch noch das Kürzel RMB auf. Und im chinesischen Alltag bezahlen die Leute mit Kuai.
Wie heißt denn nun die chinesische Währung? Renminbi, übersetzt Volkswährung und abgekürzt RMB. Der Yuan ist die Einheit dieser Währung. Er ist – so wie der Euro in Cents unterteilt ist – in Jiao unterteilt; zehn Jiao sind ein Yuan.
Und Kuai? So wird der Yuan häufig in der Umgangssprache genannt. So wie die Amerikaner ihren Dollar auch oft Buck nennen.

Die Chinesen bestreiten, dass ihre Währungspolitik die amerikanische Wirtschaft »vernichte«. Sie bestreiten aber nicht, dass sie eine aktive Wechselkurspolitik betreiben, die den Kurs des Yuan gegenüber dem Dollar festsetzt. Das sei aber auch ihr Recht. Die Chinesen haben eine klare Position: Den Wert ihrer Währung bestimmen sie. Basta. Sie argumentieren, dass eine Aufwertung die Exporte verteuern würde, was Arbeitsplätze in Millionenhöhe kosten würde. Und das können sie sich aus innenpolitischen Gründen überhaupt nicht leisten.

Die Chinesen verfolgen nur eine Politik, die viele andere Nationen vor ihnen auch betrieben haben. Nach dem Zweiten Weltkrieg haben mehrere Länder – Deutschland und fast alle asiatischen Newcomer-Staaten, ob Südkorea, Taiwan oder Japan – ihre Exporte durch unterbewertete Währungen befeuert.

In den 80er Jahren saß Japan deshalb auf der Anklagebank. Wie heute gegenüber dem chinesischen Yuan waren auch damals die Amerikaner die Chefankläger gegen den unterbewerteten Yen. Im September 1985 haben die Amerikaner bei Verhandlungen im New Yorker Plaza Hotel die Japaner gezwungen, ihre Währung massiv aufzuwerten. Die Japaner folgten diesem berühmten *Plaza-Accord* und ihre Wirtschaft stürzte ab. Ein Absturz, von dem sich Japan eigentlich bis heute nicht richtig erholt hat. Diesen Fall der

Japaner haben die Chinesen sehr genau studiert und sich deshalb geschworen: Das soll uns nicht passieren.

Abrupte Wechselkursänderungen lehnen sie deshalb kategorisch ab. Gegen graduelle Anpassungen haben sie nichts. Sie fahren deshalb seit Jahren den Kurs einer schrittweisen Aufwertung ihrer Währung. Addiert man all diese Tippelschritte zusammen, so ist der Yuan seit 2005 um rund 30 Prozent gegenüber dem Dollar aufgewertet worden.

Ihre Währung und damit ihre Exporte sind deshalb teurer geworden, und die amerikanischen Importe nach China billiger. Nach der amerikanischen Theorie hätten Chinas Exporte in die USA zurückgehen und die amerikanischen Importe nach China steigen müssen. Aber was geschah? Das Handelsdefizit mit den Amerikanern stieg weiter.

Die Chinesen sehen dies als Beweis, dass die amerikanische Theorie nicht stimmt. Die Amerikaner hingegen sagen, die Aufwertung war zu gering. Dabei sind sich die westlichen Experten gar nicht einig, um wie viel der Yuan überhaupt unterbewertet ist. Die Skala reicht von zwölf bis 50 Prozent.

Solange die amerikanische Wirtschaft lahmt und die Arbeitslosigkeit hoch ist, wird China und seine Währung immer als Prügelknabe herhalten müssen. Und so wird immer wieder die Gretchenfrage gestellt werden: Ist China ein Währungsmanipulator?

Zweimal im Jahr muss das amerikanische Finanzministerium diese Frage qua Gesetz beantworten, und zwar in seinem *Exchange Rate Report* an den Kongress. Jedes Mal gibt es vor der Veröffentlichung große Diskussionen, doch jedes Mal vermied das Ministerium, China öffentlich an den Pranger zu stellen, weil es weiß, was dies für Folgen haben könnte.

Wenn die USA China der Manipulation beschuldigen, müssten sie reagieren – aber wie? Strafzölle auf alle chinesischen Waren? Senator Schumer und Freunde wollen das. Sie bringen immer wieder Gesetzesentwürfe in diesem Sinne ein: Bis zu 27,5 Prozent auf alle Produkte made in China.

Im September 2010 probte das Repräsentantenhaus schon mal den Aufstand. Mit einer überwältigenden Mehrheit von 348 zu 79 gab das Parlament seinem Präsidenten Obama freie Hand, auf nahezu alle Importe aus China Zölle zu erheben. Doch Obama ignorierte dieses Votum, weil er genau wusste, was das bedeuten würde.
Das wäre der Beginn eines Handels- und Währungskrieges.

Droht ein Währungskrieg?

Währungskrieg? Dieses Wort gab es bis vor kurzem gar nicht. Erst 2010 tauchte das Wort *currency war* auf. Der brasilianische Finanzminister Guido Mantega führte den Begriff in die Diskussion ein.

Er beklagte sich damals in einem Interview mit der *Financial Times*, dass immer mehr wichtige Industrienationen den Kurs ihrer Währungen absichtlich niedrig halten würden, um so ihre Exporte anzukurbeln. Namentlich klagte Mantega die USA an. Aber auch die Japaner verfolgen inzwischen eine solche Politik.

Dieses Phänomen ist der Wirtschaftswissenschaft schon länger bekannt. Nur hieß es bislang anders. In den Lehrbüchern wird dieses egoistische Verhalten der Staaten – weitaus weniger martialisch – *beggar-thy-neighbour-policy* genannt. Davon spricht man in der Volkswirtschaftslehre, wenn ein Staat eine Wechselkurspolitik zu Lasten anderer Staaten betreibt.

Eine solche Politik gab es in den 30er Jahren des 20. Jahrhunderts. Damals wertete ein Land nach dem anderen seine Währung ab, um sich so einen Wettbewerbsvorteil zu verschaffen. Eine Abwehrspirale nach unten setzte ein. Aber wenn alle mitmachen, kann keiner diesen Wettlauf gewinnen. Wohin dieser in den 30er Jahren führte, wissen wir alle: In eine globale Katastrophe.

Stehen wir nun wieder am Beginn einer solchen Situation?
Es gibt Anzeichen dafür. Denn wie die Chinesen versuchen in-

zwischen auch die Amerikaner, den Kurs ihrer Währung niedrig zu halten, um damit via steigender Exporte ihre daniederliegende Wirtschaft anzukurbeln. Die US-Notenbank bedient sich dabei vor allem des Mittels der Quantitativen Lockerung (im Englischen: *Quantitative Easing*, oder abgekürzt: QE). Sie kauft Hypothekenanleihen und Staatspapier vom Markt und pumpt damit jede Menge Geld in den Wirtschaftskreislauf. So hat zum Beispiel die US-Notenbank im September 2012 beschlossen, so lange monatlich mindestens für 40 Milliarden Dollar solche Papiere zu kaufen, »bis sich die Aussichten auf dem Arbeitsmarkt verbessern«, so Notenbankchef Ben Bernanke.

Diese Geldschwemme führt zu inflationären Tendenzen und letztlich zu einer Abwertung des Dollars. Die Chinesen sind von einer solchen Politik doppelt getroffen: Zum einen verlieren durch die Inflation ihre in den USA angelegten Gelder an Wert, und zum anderen macht die Abwertung des Dollars chinesische Produkte in den USA teurer.

China hat wiederholt angekündigt, dass es eine solche inflationäre Politik der USA nicht hinnehmen werde. »Wir sind auf einen Währungskrieg bestens vorbereitet«, sagt Yi Gong, Chinas Vize-Notenbankchef. In gewissen nationalistischen Kreisen Chinas herrscht die Meinung vor, dass der Westen, allen voran die USA, einen Währungskrieg mit China provozieren wollen, um China wirtschaftlich zu schaden und dessen Wachstum einzudämmen.

Diese Verschwörungstheorie wird in dem Buch *Currency Wars* ausgebreitet. Es erschien 2007 und wurde von einem jungen Amateurhistoriker namens Song Hongbing geschrieben. Es wurde ziemlich schnell ein Bestseller mit über einer Million legaler wie illegaler Exemplare. Aufgrund des Erfolgs legte der Autor nach. 2009 kam *Currency Wars 2* und 2011 folgte *Currency Wars 3*.

Songs Theorie stieß in China – vor allem in akademischen Kreisen – auf heftige Kritik, zumal es auch antisemitische Elemente enthält (jüdische Bankendynastien wie die Rothschilds werden als heimliche Herrscher der Wall Street dargestellt). Auch führende

Parteigenossen sollen das Werk gelesen haben. Ihre Reaktion ist unbekannt.

Bekannt jedoch ist, dass das offizielle Beijing auf die inflationäre Politik der USA reagieren wolle. Gegenmaßnahmen wurden bereits angedroht. Wie diese aussehen könnten, hat Beijing aber offen gelassen.

Doch egal, wie sie ausfallen, es wäre eine weitere Eskalationsstufe in einem Währungskrieg zwischen den USA und China.

Was die Sache noch schlimmer macht: Es wäre nicht der einzige Kriegsschauplatz. Der Finanzexperte James Rickards weist auf ein neues Konfliktfeld hin: »Zusätzlich zum Währungskrieg ist die Welt Zeuge, wie ein ausgemachter Finanzkrieg entsteht.«

Angriff auf die Wall Street

Das *Applied Physics Laboratory* (APL) liegt auf halbem Wege zwischen Baltimore und Washington. In diesem hermetisch abgeriegelten Areal wurden und werden unter anderem neueste Waffen für das amerikanische Militär entwickelt: Raketen, Drohnen und anderes Kriegsmaterial, das Menschen tötet und Gebäude zerstört.

Doch die Damen und Herren, die sich am 17. und 18. März 2009 dort im sogenannten *War Room* im Gebäude 26 des APL trafen, beschäftigten sich erstmals mit einer Waffe, die keine Menschen tötet, sondern Märkte zerstört. Es geht um Finanzkriege.

Unter dem Codenamen WALRUS spielten Militär- und Finanzexperten diverse Kriegsszenarien durch, die alle den Angriff auf das US-Finanzsystem zum Ziel hatten. Als Gegner in diesen Finanzkriegsspielchen traten – so der Jargon – eine *China Cell*, eine *Russia Cell*, eine *Pacific Rim Cell* und eine *Gray Cell* (alle anderen) an.

Ein Szenario könnte so aussehen: China etabliert ein Netzwerk von Hedgefonds in wenig kontrollierten Steuerparadiesen rund um die Welt, in Zypern, auf Malta, in Macao oder den Cayman Inseln. Jeder der Fonds wird mit einer Milliarde Dollar Kapital ausgestattet. Macht summa summarum 5 Milliarden Dollar: »Das ist viel weniger als ein Flugzeugträger, aber möglicherweise viel zerstörerischer«, sagt Rickards.

Diese Hedgefonds betreiben zunächst ziemlich unauffällig ihre Geschäfte mit Aktien, Anleihen und Derivaten. Diese wickeln sie diskret über Schweizer Banken ab. Keiner bekommt so mit, dass hinter diesen fünf Hedgefonds nur einer steckt – der chinesische Staat.

Dieser kommt erst am Tag X aus der Deckung, wenn zur Attacke geblasen wird. Der Fall könnte eintreten, wenn die Kurse an der New Yorker Börse nach unten rutschen. Die fünf »feindlichen Hedgefonds« – so nennt es Rickards – geben nun gleichzeitig Verkaufsorders an ihre Broker. Gleichzeitig kaufen sie Optionen auf weiter fallende Kurse. Und sie lassen über Agenten Gerüchte streuen, dass amerikanische Banken Finanzierungsprobleme hätten.

Die Folgen dieser konzertierten Aktion wären verheerend: ein Börsencrash, der auch auf die Märkte für Anleihen, Währungen und Rohstoffe übergreifen würde. »Eine erfolgreiche Attacke würde in einem Vermögensverlust von Trillionen von Dollar, Börsenschließungen und möglicherweise sozialen Unruhen in den USA enden«, prophezeit Rickards.

Wie realistisch sind solche Szenarien?

Die Tatsache, dass das Pentagon sich mit solchen Planspielen beschäftigt, beweist, dass solche Finanzkriege zumindest nicht unrealistisch sind. Gerne verweisen die Pentagon-Strategen auf den ersten Finanzkrieg hin, den sie derzeit führen – und zwar gegen den wegen seines Atomprogramms verhassten Iran unter ihrem Präsidenten Mahmud Ahmadinedschad.

Am 5. Februar 2012 wurde allen Banken dieser Welt mitgeteilt, dass sie vom Dollar-Zahlungssystem ausgeschlossen würden, wenn sie mit der Zentralbank des Iran irgendwelche Geschäfte machen. Innerhalb weniger Tagen gab es keine Dollar mehr im Iran. Iranische Händler konnten ihre ausländischen Geschäftspartner nicht mehr bezahlen. Keine Handys und Computer kamen mehr ins Land. Die Mittelschicht rebellierte. Es kam zu Unruhen gegen das Regime. Aus amerikanischer Sicht kann man sagen: Mission erfüllt.

Die Amerikaner wenden also die Waffen des Finanzkrieges bereits an. Werden es die Chinesen auch tun?

Präventiv sicher nicht, eher wenn die Amerikaner irgendwelche »Dummheiten« machen sollten, sich zum Beispiel militärisch für Taiwan oder für eine Partei im Südchinesischen Meer engagieren. Die Chinesen denken in anderen zeitlichen Kategorien. Sie wissen, dass sie mittel- bis langfristig ohnehin den Währungskrieg gewinnen werden. Denn irgendwann in den nächsten Jahren oder Jahrzehnten wird der Yuan den Dollar als globale Leitwährung ablösen.

Daran arbeiten sie – hinter den Kulissen, aber auch in aller Öffentlichkeit.

Redback statt Greenback

Zehn Tage vor dem zweiten G-20-Treffen Anfang April 2009 in Washington schrieb der chinesische Zentralbankchef Zhou Xiaochuan einen historischen Beitrag. Der nüchterne Titel *Reform the international monetary system* ließ zunächst wenig Spannendes vermuten. Doch der Inhalt war sehr brisant: Zum ersten Mal stellte ein hochrangiger chinesischer Funktionär die globale Führungsrolle des Dollars in Frage.

Das Timing war geschickt gewählt. Der Westen war infolge der Finanzkrise angeschlagen. Peer Steinbrück war damals deutscher Finanzminister und deshalb Teilnehmer des bevorstehenden G-20-Gipfels. »Das war ein kalkuliertes und offensives Signal«, erinnert sich Peer Steinbrück später in seinem Buch *Unterm Strich*, »das war eines der Schlüsselerlebnisse, die mich erkennen ließen, in welchem Ausmaß die Finanzkrise und ihre Folgen die globale Tektonik in Bewegung gebracht haben.«

Der Yuan attackiert den Dollar – wer hätte das noch vor ein paar

Jahren gedacht? Die Hierarchie und mit ihm das gesamte Weltwährungssystem gerät jedenfalls durch Chinas unverblümte Ansprüche ins Wanken, zumal wenige Monate später, im Januar 2011, ein selbstbewusster Hu Jintao in einem schriftlichen Interview mit dem *Wall Street Journal* nachlegte: »Das gegenwärtige Währungssystem ist ein Produkt der Vergangenheit.«

Das gegenwärtige System war durch den Westen geprägt. Es wurde vom Westen im Juli 1944 in der berühmten Konferenz in Bretton Woods im amerikanischen Bundesstaat New Hampshire geschaffen. Damals saß China nicht mit am Verhandlungstisch. In Bretton Woods wurde der US-Dollar endgültig zur globalen Leitwährung, an der sich alle zu orientieren hatten.

Noch hat der Dollar eine starke Stellung in der Welt. 62 Prozent der Weltwährungsreserven sind in Dollar angelegt, immerhin noch 25 Prozent in Euro. Fast alle Rohstoffe dieser Welt werden in Dollar gehandelt und 85 Prozent aller globalen Transaktionen werden in Dollar getätigt.

Doch die Tendenz sinkt. Die Experten – egal ob in Ost oder West – sind sich deshalb einig: Der Dollar verliert an Bedeutung, der Yuan gewinnt an Einfluss. Nur wie schnell der Wechsel geht, darüber sind sich die Währungsprofis nicht einig.

Barry Eichengreen, Professor an der University of California, Berkeley und Autor des Buches *Exorbitant Privilege*, sagt: »2020 scheint ein bißchen ambitiös zu sein.« Er bleibt schwammig in seiner Prognose: »Eines Tages vielleicht wird der Renminbi ein Rivale des Dollars sein.«

Arvind Subramanian vom *Peterson Institute for International Economics* in Washington ist dagegen wesentlich optimistischer: »Der Renminbi wird den Dollar in den frühen 20er Jahren ablösen«, schreibt er in seinem Buch *Eclipse*. Der Wechsel werde »früher als viele heute denken« eintreten. Den Grund liefert Subramanian gleich mit: »Die Währung folgt dem Handel.« Je größer der Anteil Chinas am Welthandel wird, desto größer die Wahrscheinlichkeit, dass in seiner Währung bezahlt wird. Und dieser

Anteil Chinas wird in den nächsten Jahren sicher weiter steigen. Jetzt ist China ja schon Exportweltmeister.

China selbst hat – extern zumindest – kein Ziel ausgegeben, wann der Yuan den Dollar als Leitwährung ablösen soll. Hu Jintao sprach lediglich von einem »ziemlich langen Prozess«. Wie in vielen anderen Bereichen fahren die Chinesen auch in der Währungspolitik einen pragmatischen Kurs. Langsam, aber stetig gehen sie ihre vielen kleinen Schritte.

Sie starteten 2004 mit der Bildung eines Offshore-RMB-Markts (das heißt: Firmen dürfen Handelsgeschäfte in Renminbi abwickeln) in Hongkong, das ja bis 2047 noch einen Sonderstatus genießt. Die Chinesen nutzen damit den großen Vorteil, dass sie mit Hongkong einen etablierten globalen Finanzplatz quasi vor der Haustüre haben. Weitere Finanzplätze, an denen Yuan gehandelt werden können, sollen folgen. Taipeh, die Hauptstadt Taiwans, zum Beispiel. Aber auch Singapur und London haben Ambitionen, zur Drehscheibe für den Yuan zu werden. Ein Währungsabkommen zwischen den beiden Zentralbanken in Bejing und London ist unterzeichnet.

Aber erst mal soll der Renminbi zu einer regionalen Währung ausgebaut werden, also zu einer Währung, die in den asiatischen Ländern akzeptiert und gehandelt wird. »Es wird nicht mehr lange dauern, bis ein Yuan-Block in Asien entsteht«, prophezeit Takatoshi Ito, Wirtschaftsprofessor an der Universität von Tokio. In einigen südostasiatischen Nachbarländern Chinas ist der Yuan schon fast gängiges Zahlungsmittel. In Laos, Kambodscha und Myanmar, aber auch in Teilen Thailands kann man in Yuan zahlen.

Ein wichtiger Schritt zur Internationalisierung des Yuan war ein Abkommen zwischen China und Japan über einen direkten Devisenhandel. Er startete am 1. Juni 2012. Beide Länder verzichten damit auf den Dollar als Zwischenwährung. Bislang war es so, dass sowohl Japan als auch China jeweils ihre Währungen Yen und Yuan zum Dollar fixierten. Aus diesen beiden Relationen errechnet sich dann der Kurs zwischen Yan und Yuan. Dieser rechnerische

Umweg ist seit dem Sommer 2012 überflüssig. Jetzt bildet sich der Wechselkurs zwischen Yen und Yuan direkt.

Dieser direkte Devisenhandel mit Japan ist ein erster großer Test. Mit Australien ist ein ähnlicher Deal geplant. Wenn diese Tests gut verlaufen, können sich die Chinesen einen direkten Devisenhandel auch mit anderen Währungen vorstellen, zum Beispiel mit dem Euro oder dem britischen Pfund. Der Dollar würde weiter an Einfluss verlieren.

Bis der Yuan den Dollar als globale Leitwährung ablösen kann, muss China noch einige Hausaufgaben machen. Der stark reglementierte chinesische Kapitalmarkt muss liberalisiert werden. Und der Wechselkurs des Yuan muss flexibler werden, mit dem Ziel der vollen Konvertierbarkeit. Bislang legt die chinesische Zentralbank den Kurs fest – im Gegensatz zum Westen, wo sich die Wechselkurse der Währungen idealerweise am Markt bilden. Aber langsam bewegt sich China in die Richtung eher flexiblerer Wechselkurse. Seit Mitte April 2012 darf der RMB nun täglich um einen Prozent gegenüber dem offiziellen Dollarkurs schwanken. Zuvor waren es nur 0,5 Prozent.

In Unternehmenskreisen erfreut sich der Yuan schon wachsender Beliebtheit. Einige der globalen Rohstoffkonzerne prüfen, ob sie künftige Lieferungen in Renminbi statt wie bislang in Dollar abrechnen sollen. Und jedes fünfte Unternehmen aus Deutschland, den Niederlanden und Großbritannien – das ergab eine Umfrage der Deutschen Bank – nutzt inzwischen den RMB, um Zahlungen in ihrem China-Geschäft abzuwickeln.

Der RMB ist in jeder Hinsicht begehrt.

Geld regiert die Welt

Ein Passagierflugzeug kostet verdammt viel Geld. Der Listenpreis für die kleinste Version der Boeing 737 beträgt knapp 75 Millionen Dollar, eine Boeing 747 kostet rund 350 Millionen Dollar.

Die meisten Airlines haben so viel Geld nicht in ihren Kassen. Sie müssen deshalb Kredite aufnehmen, zumal sie ja meist mehrere Flugzeuge gleichzeitig bestellen.

Lange Zeit war die Flugzeugfinanzierung eine Domäne der amerikanischen und vor allem der europäischen Finanzinstitute. Für Lufthansa & Co. war es kein Problem, die nötigen Kredite von den Banken zu bekommen. Doch nach 2008, dem Beginn der Finanzkrise, ist es mit der problemlosen Finanzierung vorbei.

Tom Enders, Chef der Airbus-Mutter EADS, sagt: »Wir spüren eine deutliche Zurückhaltung der Banken in Amerika und Europa bei der Finanzierung von Flugzeugen. Es ist genug Geld im Markt, aber es kommt inzwischen aus anderen Quellen, insbesondere aus Asien.«

Dieses Beispiel ist symptomatisch. Der Westen braucht Geld, und der Rest der Welt hat es. Denn in den vergangenen Jahren hat es eine gravierende globale Umverteilung gegeben. In den ölexportierenden Ländern und vor allem in Asien hat sich viel Geld angehäuft. Ende 2009 bunkerten die Entwicklungs- und Schwellenländer beinahe 80 Prozent der weltweiten Währungsreserven, nämlich 6,6 Trillionen Dollar.

Es ist eine völlig verrückte Welt entstanden: Die Armen sind reich, die Reichen arm. Der Westen lebt auf Pump, während der Rest der Welt spart. Größter Sparer ist China. Der Grund für diese ausgeprägte Sparwut der Chinesen ist eher ein unfreiwilliger. Da ein Sozialversicherungssystem in China bislang nur rudimentär vorhanden ist, sparen die Chinesen vor allem fürs Alter und für den Krankheitsfall.

In chinesischen Krankenhäusern spielen sich teilweise groteske Szenen ab. Der Patient liegt zum Beispiel nach einem Unfall schon auf dem OP-Tisch, doch der Arzt sagt: »Cash bitte.« Erst kassieren, dann operieren.

Guo Shuqing, Vorsitzender der *China Securities Regulatory Commission*, sagt: »Chinas Sparquote liegt bei 52 Prozent und ist damit Weltspitze, für eine große Wirtschaft sogar die höchste aller

Zeiten.« Und stolz fügt er hinzu: »Wir können nicht sagen, dass es China an Kapital fehlt.«

An dieses Kapital kommen einheimische Unternehmen leichter ran als die ausländischen. »Firmen mit Zugang zu günstigem Kapital – zum Beispiel jene, die in sparfreudigen Ländern wie China zu Hause sind – werden einen kompetitiven Vorteil haben«, schreiben Richard Dobbs (McKinsey) und der Nobelpreisträger Michael Spence in ihrer Studie *Farewell to Cheap Capital*.

Die westlichen Unternehmen werden – siehe die Fluglinien – gar keine andere Wahl haben, als sich bei ihrer Suche nach Kapital zunehmend nach Asien zu begeben. Der deutsche Maschinenbauer Voith hat als erstes deutsches Unternehmen einen großen Kredit über 2,25 Milliarden Yuan in Shanghai aufgenommen. Die US-Multis Unilever, McDonalds und Caterpillar holen sich Geld über Anleihen in Hongkong.

Auch europäische Banken schauen sich in Asien nach Kapital um, um ihre Bilanzen für Basel III (darunter versteht man die erhöhte Rücklagenbildung, die von der Bank für Internationalen Zahlungsausgleich / BIZ in Basel gefordert wird) fitzumachen. Und Firmen aus dem Westen – darunter auch deutsche wie zum Beispiel Allianz oder die Deutsche Post – liebäugeln mit einem Börsengang an einer chinesischen Börse, wenn das demnächst erlaubt ist. Erste Adresse wäre dann Shanghai.

Shanghai – das neue New York

Die Einheimischen und Expats in Shanghai nennen das Hochhaus etwas respektlos den Flaschenöffner. Nicht ohne Grund: Der knapp 500 Meter in den Himmel ragende Wolkenkratzer sieht in der Tat aus wie ein überdimensionierter Flaschenöffner.

Offiziell heißt das von dem New Yorker Architektenbüro Kohn Pedersen Fox entwickelte Gebäude allerdings *Shanghai World Financial Center*. Es ist (noch) das höchste Gebäude Chinas:

492 Meter hoch, 101 Stockwerke, 44 Aufzüge. An der Spitze thront mit dem Park Hyatt das höchste Hotel der Welt.

Auf den vielen Etagen darunter residieren viele Finanzinstitutionen (Banken und Versicherungen) und deren Hilfstruppen aus aller Welt: Anwälte, Berater und Wirtschaftsprüfer. Die Miete ist nicht ganz billig. 15 Yuan pro Quadratmeter pro Tag. Ernst & Young ist größter Mieter. Auf acht Etagen sitzen rund 2500 Beschäftigte der Wirtschaftsprüfungsgesellschaft.

In der 37. Etage hat die Commerzbank einen Teil des Flurs gemietet. In einem geräumigen Zimmer mit gigantischem Ausblick sitzt Michael Kotzbauer, Regionalvorstand Asien der Commerzbank. Er sagt: »In zehn Jahren haben wir hier einen internationalen Finanzplatz«. Und dabei schaut er aus dem Fenster hinunter auf Pudong.

Dort unten in dem supermodernen Shanghaier Stadtteil Pudong entsteht ein neues Finanzzentrum. Über 800 Niederlassungen von nationalen und internationalen Banken sind bereits in diesem Häusermeer vertreten. Hier wächst die Konkurrenz zur New Yorker Wall Street und der Londoner City heran. Die beiden sind noch die führenden Finanzplätze der Welt; die Börsen in den beiden westlichen Metropolen sind noch die attraktivsten und kapitalstärksten.

Doch Shanghai will dieses Duopol angreifen. Das heißt, eigentlich will die Regierung in Beijing. Im Land der Pläne ist das Ziel schon definiert: Spätestens 2020 soll Shanghai ein globales Finanzzentrum sein, mindestens neben London und New York. So hat es die Regierung im März 2009 beschlossen.

In den Jahren zwischen den beiden Weltkriegen war Shanghai bereits schon einmal ein international bedeutender Finanzplatz. Die schönen alten Bank-Gebäude am Bund, dem inzwischen wiederhergestellten Prachtboulevard am Huangpu, zeugen heute noch von dieser alten Herrlichkeit. Doch nach der Revolution und der Machtübernahme der Kommunisten waren Banken als kapitalistisches Teufelszeug gebrandmarkt und verdammt. Auch nach dem Beginn der Reformen 1978 wurde Shanghai von der Führung in

Beijing noch längere Zeit etwas stiefmütterlich behandelt, weil man die Stadt als ein ideologisches Widerstandsnest einstufte.

Erst Anfang der 90er Jahre erreichte die Reformpolitik in vollem Umfange auch Shanghai. Es war die Zeit, in dem der Stadtteil Pudong entstanden ist, und es war auch die Geburtsstunde der neuen Börse in Shanghai. Nachdem die alte Börse noch in einem schäbigen Gebäude auf der anderen Flussseite untergebracht war, residiert die Shanghai Stock Exchange seit 1997 in einem eher futuristischen Gebäude aus Glas und Aluminium mitten im Hochhäusermeer von Pudong.

Über 800 Unternehmen sind an dieser Börse gelistet, aber bislang nur chinesische. Immerhin dürfen ausgewählte ausländische Investoren chinesische Aktien kaufen. Die Behörden arbeiten daran, bald auch den Börsengang ausländischer Unternehmen in Shanghai möglich zu machen.

Das Interesse ist groß. Über 300 Unternehmen aus aller Welt sollen bereits bei der *China Securities Regulatory Commission (CSCR)* ihr Interesse bekundet haben, in Shanghai an die Börse zu gehen. Manche erklärten dies auch schon öffentlich, zum Beispiel der Getränkemulti Coca-Cola und die Hongkong und Shanghai Banking Corporation (HSBC). Diese Bank mit Sitz in London wird – schon aus symbolischen Gründen (sie wurde 1865 in Hongkong gegründet) – wohl als erstes internationales Unternehmen ein Listing in Shanghai genehmigt bekommen.

Wenn Shanghai zum internationalen Finanzzentrum werde, werde dies ein Schlüsselmoment in der Finanzgeschichte sein, prophezeit Anlage-Guru Jim Rogers. Dies würde zu einem Niedergang der Wall Street und anderen internationalen Börsen führen. Die Situation sei vergleichbar mit den 20er und 30er Jahren des vorigen Jahrhunderts, als New York den Finanzplatz London als globale Nummer eins ablöste.

In einem Punkt ist China freilich schon Spitze: Es hat die größten Banken der Welt.

Vormarsch der Banken

Das Westend ist eine vornehme Gegend in Frankfurt, Deutschlands Hauptstadt des Geldes. Alles, was in der Finanzwelt Rang und Namen hat, residiert hier. Also auch die ICBC. Die ICBC hat zwar Rang, aber noch keinen Namen, zumindest nicht im Westen. Dabei ist die *Industrial and Commercial Bank of China* – wie die *ICBC* ausgeschrieben heißt – die größte und wertvollste Bank der Welt: 180 Milliarden Dollar Börsenwert, 400 000 Beschäftigte, 16 300 Filialen.

Künftig will die ICBC auch hier Geschäfte machen, und zwar mit deutschen und nicht nur – wie bisher – mit chinesischen Kunden. Wenn deutsche Banken klamm sind, wollen sie mit Krediten einspringen.

Die ICBC ist eine der vier großen chinesischen Staatsbanken, die inzwischen alle zu den größten der Welt zählen. Neben der ICBC sind das die Bank of China, die China Construction Bank (CCB) und die Agricultural Bank of China (ABC). Sie haben alle Büros in Frankfurt und zum Teil auch schon in anderen deutschen Städten.

Die vier großen Staatsbanken

Bank	Marktwert (in Mrd. $)	Filialen	Mitarbeiter
Industrial and Commercial Bank of China (ICBC)	182	16 300	390 000
Bank of China	100	11 000	200 000
China Construction Bank (CCB)	136	13 580	300 000
Agricultural Bank of China (ABC)	110	23 000	440 000

Stand: Mai 2012, Quelle: Handelsblatt.

Die chinesischen Banken, vor gar nicht allzu langer Zeit als rückständig und konkursreif verspottet, sind aus der Finanzkrise gestärkt hervorgegangen. Nichts verdeutlicht dies mehr als das Kreditrating der internationalen Agenturen. Während die ehemaligen Vorzeigeinstitute Bank of America, Citigroup und Goldman Sachs von A auf A– herabgestuft wurden, gingen die Bank of China und die CCB den umgekehrten Weg, von A– nach A. Die ICBC hatte schon A.

Der Vorteil der chinesischen Banken war, dass sie nicht die verwegenen Zockereien der westlichen Banken mitgemacht hatten. Das risikoreiche Investmentbanking spielte bei ihnen keine allzu große Rolle. Sie betreiben vor allem das klassische Bankengeschäft: Spareinlagen verwalten und Kredite vergeben. Und das war für sie in den vergangenen Jahren eine unaufhörlich sprudelnde Geldquelle. Denn Chinas Banken profitierten von der staatlichen Kreditpolitik, die völlig anders ist als die im Westen. Dort bilden sich idealiter die Zinssätze am Markt, und es gibt einen gewissen Wettbewerb der Banken bei den Zinsen.

Anders in China: Dort gibt der Staat allen Banken vor, wie hoch ihre Sparzinsen und die Kreditzinsen sein müssen. Den Sparern gaben die Banken lange Zeit nur magere zwei Prozent Zinsen auf ihre Einlagen, bei ihren Krediten kassierten sie dagegen satte sechs Prozent Zinsen. Das ist eine äußerst erträgliche Zinsspanne, um die sie die westlichen Banken beneiden.

Trotz der geringen Sparzinsen müssen die chinesischen Banken auch nicht fürchten, dass die Sparer ihr Geld woanders anlegen. Denn diese haben keine Alternative. Aktien zum Beispiel fallen als Anlage-Ersatz aus. Denn die Kurse an den beiden chinesischen Börsen in Shanghai und Shenzhen sind in den vergangenen Jahren nur in eine Richtung gegangen – nach unten. So tragen die chinesischen Sparer ihr Geld zähneknirschend zu ihrer Bank.

Und weil viele Chinesen mangels eines Sozialsystems für Alter und Krankheit selbst sorgen müssen, legen sie viel auf die hohe Kante. Viel mehr als jede andere Nation. So hat China mit fast

50 Prozent die höchste Sparquote (Anteil der Ersparnisse am Einkommen) der Welt.

Chinas Banken haben in den vergangenen Jahren von dieser unfreiwilligen Sparwut der Chinesen enorm profitiert. Ihre Gewinne stiegen von Jahr zu Jahr. Das macht sie selbstbewusst und immer aggressiver, gerade auch im Ausland.

»Chinesische Banken werden international immer wichtiger«, sagt der Frankfurter Professor Horst Löchel. Er hat lange an der *China Europe International Business School (CEIBS)* gelehrt und ist ein guter Kenner der chinesischen Bankenszene. Löchel sieht Chinas Banken in zweifacher Weise aktiv werden: Als Aufkäufer von anderen Banken und als Kreditgeber für ausländische Firmen.

Am aktivsten im Ausland ist bislang die ICBC. In Argentinien, Kanada und Thailand hat sie schon kleinere Banken gekauft. In großem Stil stieg sie schon 2007 in Südafrika ein, wo sie für über fünf Milliarden Dollar 20 Prozent an der Standard Bank, der größten Bank des gesamten afrikanischen Kontinents, übernahm. Und die ICBC bekam als erste chinesische Bank auch die Genehmigung der US-Behörden, sich an einem Institut in den USA zu beteiligen, nämlich mit 80 Prozent an der Bank of East Asia.

In der industrialisierten westlichen Welt sind Chinas Banken noch vorsichtig. Aber das wird sich bald ändern, davon sind Experten wie Löchel überzeugt. Geld spielt dabei keine große Rolle. Die Kosten einer Beteiligung an einer deutschen Bank zum Beispiel wären für die ICBC oder auch CCB *peanuts*. Einen solchen Einstieg könnten sie aus der Portokasse bezahlen. Es gab denn auch schon Gerüchte, dass die ICBC bei der Dresdner Bank einsteigen würde, als die Allianz diese verkaufen wollte. Und CCB-Vorsitzender Wang Hongzhang hat schon angekündigt, dass er 16 Milliarden Dollar in der Kriegskasse habe, die er gerne in Europa ausgeben würde.

Im europäischen und vor allem amerikanischen Kreditgeschäft mischen Chinas Topbanken schon kräftig mit. Ihr Anteil bei der

Vergabe von Konsortialkrediten (ein Kredit von mehreren Banken) steigt stetig. Während sich westliche Banken von diesem Geschäft notgedrungen zurückziehen müssen, springen chinesische Banken bereitwillig ein. So war die ICBC an einem 11,8-Milliarden-Dollar-Kredit an Wal-Mart beteiligt, und sie gab auch bereits Kredite an die US-Konzerne Dell, Pfizer und UPS.

Chinas Einfluss in der Finanzwirtschaft wird immer größer. Das macht sich auch in deren internationalen Organisationen bemerkbar.

Mehr Einfluss bei IWF und Weltbank

Es war ungeschriebenes Gesetz: Die Chefs der beiden wichtigen globalen Finanzinstitutionen – der Internationale Währungsfonds (IWF) und die Weltbank – kamen aus dem westlichen Lager. Brüderlich teilten sie sich seit 1947 die Macht: ein US-Amerikaner durfte stets die Weltbank führen, ein Europäer den IWF.

Der Franzose Dominique Strauss-Kahn war noch IWF-Chef, als er vor indischen Journalisten im Dezember 2010 Folgendes sagte: »Lassen Sie uns ehrlich sein, die sogenannte Vereinbarung zwischen den USA und Europa ist vorbei.« Ein Jahr später war es erst einmal vorbei mit Womanizer Strauss-Kahn, nachdem ihn eine angebliche Vergewaltigung in einem New Yorker Hotel, begleitet von viel Medienrummel, das Genick brach.

Doch der Westen einigte sich schnell wieder auf einen Kandidaten aus ihrem Lager: die Französin Christine Lagarde, also wieder eine Europäerin, für den IWF-Chefposten. Noch einmal – das letzte Mal? – stimmten China und die anderen großen Schwellenländer zähneknirschend zu, zumal sie sich so schnell nicht auf einen eigenen Kandidaten einigen konnten.

Immerhin musste Lagarde in ihrem »Vorwahlkampf« zwei Tage lang nach Beijing reisen und den Chinesen versichern, dass sie künftig eine größere Rolle im IWF spielen werden. China hat dort nur einen Stimmanteil von 3,8 Prozent. »Dieser Anteil muss sich weiter erhöhen«, sagte Lagarde in Beijing. Die G-20-Finanzminister einigten sich auch auf eine Reform des IMF. Schwellenländer sollten höhere Quoten bekommen (China zum Beispiel 6,4 Prozent), und die europäischen Staaten sollten auch zwei ihrer Sitze im IMF-Führungsgremium abtreten. Doch danach zögerten die Industrieländer bei der Umsetzung dieser Reformschritte.

Aber China (und die anderen Schwellenländer) treten im IWF zunehmend selbstbewusster auf. Sie sind auch in einer starken Verhandlungsposition. Vor allem die Europäer brauchen Geld vom IWF, um ihre Eurokrise zu meistern. China & Co. sagen: Das könnt ihr haben, aber wir wollen dafür mehr Einfluss. Inzwischen geben die BRICS-Länder gemeinsame Statements heraus, in denen sie die Industrieländer anklagen. Sie seien frustriert über die langsame Reformgeschwindigkeit in Europa nach der Krise.

Die internationalen Organisationen sind in einer Übergangsphase. Die alten Mächte kleben noch an ihren Sesseln, während die Newcomer schon an deren Stühlen sägen.

Dieses Gerangel gab es auch im Frühjahr 2012 bei der Nachfolge des amerikanischen Weltbank-Chefs Robert Zoellick. Im Treffen des Lenkungsausschusses sagte der chinesische Vertreter, die Zeit amerikanischer Alleingänge bei der Besetzung des Chefpostens sei vorbei. Der russische Kollege pflichtete ihm bei. Doch wie schon bei der Lagarde-Nachfolge konnten sich die Entwicklungs- und Schwellenländer nicht auf einen gemeinsamen Herausforderer einigen. Zudem zauberten die USA mit Jim Yong Kim, einem Amerikaner mit koreanischen Wurzeln, einen überraschenden Kompromisskandidaten aus dem Hut.

Doch Kim (Weltbank) und Lagarde (IWF) sind Auslaufmodelle. Deren Nachfolger werden mit großer Wahrscheinlichkeit nicht mehr aus den USA und Europa kommen. Es wird ein Chinese, Inder oder jemand aus der Dritten Welt sein.

Dann wird China auch besser vorbereitet sein. Langsam, aber systematisch arbeitet sich China in die wichtigsten internationalen

Organisationen ein. China saß ja nicht mit am Verhandlungstisch, als diese gegründet wurden. Lange Zeit wollte man auch gar nicht dazugehören. Erst im Oktober 1971 trat die Volksrepublik China den Vereinten Nationen bei und wurde gleich in den Sicherheitsrat gewählt, nachdem man dort Taiwan hinauskomplementiert hatte. Aber auch danach blieb China ziemlich passiv, was auch für seine Rolle in der Weltbank und dem IWF galt.

Erst seit Ende der 90er Jahre macht sich Chinas Einfluss in den internationalen Organisationen stärker bemerkbar. Stephen Olson und Clyde Prestowitz stellen in ihrer Studie *The Evolving Role of China in International Institutions* fest, dass China viel effektiver geworden sei in der Nutzung internationaler Organisationen für nationale Interessen. »Sie werden ihren Einfluss geltend machen«, glauben die beiden amerikanischen Wissenschaftler, weil sie die Spielregeln inzwischen gut beherrschen würden. Außerdem würden sie immer mehr hochqualifizierte Leute in diese Institutionen abkommandieren: »China schickt sein A-Team.«

Die ersten Vertreter dieses Teams waren und sind Justin Yifu Lin und Zhu Min. Yifu Lin war Chefökonom der Weltbank, bevor er im Sommer 2012 an die Beijing Universität als Professor zurückkehrte. Zhu Min ist inzwischen einer der Stellvertreter von IWF-Chefin Christine Lagarde. Der ehemalige Vize der chinesischen Zentralbank wurde noch vom damaligen IWF-Chef Dominique Strauss-Kahn als Special Advisor im Mai 2010 nach Washington geholt. Zhu genießt in Washington einen exzellenten Ruf.

Zhu und Lin signalisieren den Beginn einer neue Ära – sowohl beim IWF, bei der Weltbank und den Vereinten Nationen. Immer mehr Chinesen arbeiten in diesen Organisationen, und sie klettern dort relativ schnell nach oben.

Man kann davon ausgehen, dass sich diese zunehmende personelle Präsenz Chinas auch in inhaltlichen Veränderungen niederschlagen wird. IWF und Weltbank, die einst als Hort allzu wirtschaftsliberalen Gedankenguts – je nach Standort – gelobt oder verflucht wurden, werden sicher genauer die Kriterien des – wirtschaftlichen – Erfolgsmodells China untersuchen und eventuell weiter empfehlen.

Und wenn es nicht in diesem Sinne hinhaut, hat China ja längst seine »eigene« Weltbank.

CDB – die neue Weltbank

Chen Yuan hat ein Haus auf der chinesischen Tropeninsel Hainan mit Blick auf einen Golfplatz. Seine Tochter studiert in Harvard. So fangen häufig Stories über die sogenannten *Princelinge* an, Kinder berühmter Väter. Und in der Tat: Chens Vater Chen Yun war ein Revolutionär und Wegbegleiter Maos auf dem Langen Marsch.

Doch Chen Yuan ist keiner dieser Kinder, die nur vom Namen ihres Vaters zehren und deswegen Karriere machen. »Er ist seriös«, urteilt Henny Sender, Kolumnistin der *Financial Times* in Hongkong, die Chen relativ gut kennt. Und sie sagt: »Er ist der wichtigste Banker des Landes.«

Der charismatische Chen ist nicht Chef einer der vier großen Staatsbanken. Er ist Vorsitzender der *China Development Bank (CDB)*, eine von drei großen sogenannten politischen Banken, die im März 1994 gegründet wurden. Die beiden anderen sind die ExIm-Bank und die Agricultural Development Bank of China. Doch die CDB ist die bedeutendste des Trios.

Politisch sind die Banken in dem Sinne, dass sie ihre Kredite nicht nur nach kommerziellen Gesichtspunkten vergeben, sondern ihre Aktivitäten auch danach ausrichten, was die Regierung in Beijing wünscht. Die Bank ist ganz klar der verlängerte Arm des chinesischen Staates. Das unterstreicht auch ihre herausgehobene Stellung im institutionellen Gefüge der Volksrepublik. Sie ist die einzige politische Bank im Range eines Ministeriums.

Kein Kreditinstitut Chinas ist an so vielen großen Deals beteiligt wie die CDB – im Inland wie im Ausland. Sie finanzierte das ambitionierteste Infrastrukturprojekt der Welt, den Drei-Schluchten-

Staudamm, die Olympischen Spiele 2008, die Shanghai Expo 2010 sowie die Hochgeschwindigkeitsbahnstrecke Beijing–Shanghai.

Und wann immer es ein gigantisches Finanzpaket fürs Ausland zu schnüren gilt, ist die CDB ebenfalls dabei. Sie ist der dominante Financier der Auslandsexpansion der chinesischen Unternehmen und greift dabei vor allem den staatlichen Energie- und Rohstoffkonzernen kräftig unter die Arme.

Sie gibt ihnen natürlich in erster Linie Kredite, damit diese oft zu horrenden Preisen ausländische Konkurrenten übernehmen oder Ölfelder kaufen können. Sie finanziert aber auch Infrastrukturprojekte mit, damit das Öl und Gas überhaupt nach China gelangen kann, so zum Beispiel die Öl-Pipeline von Kasachstan in Chinas Westen oder die Gas-Pipeline von Myanmar in Chinas Südwesten.

In über 140 Ländern mischt die CDB in irgendeiner Form mit. Sie läuft damit zunehmend der Weltbank den Rang ab. Inzwischen gibt China sogar mehr Kredite an Entwicklungsländer als die Weltbank in Washington. Während die Weltbank zwischen Mitte 2008 und Mitte 2010 rund 100 Milliarden Dollar an die Dritte Welt verlieh, waren es bei der CDB über 110 Milliarden Dollar. So schafft man sich Freunde – und Einfluss.

Die Bank gilt – und das ist ein Verdienst von Chen – als sehr gut organisiert und mit ihren nur 7000 Mitarbeitern als äußerst effizient. Der Anteil der faulen Kredite beträgt nur 0,5 Prozent. Die China Development Bank ist »wohl die beste Bank in China«, urteilt Erica Downs, China-Expertin bei *Brookings* und Autorin einer umfangreichen Analyse der CDB.

Jede Niederlassung in China ist für eine Region in der Welt zuständig. Zum Beispiel die in der Provinz Henan für das südliche Afrika, die in Chongqing für den Balkan. In den Ländern, in denen die Bank aktiv ist, haben sie sogenannte Arbeitsteams gebildet, die in den chinesischen Botschaften sitzen. Daneben haben sie noch offizielle Auslandsbüros in Hongkong, Kairo und Moskau sowie demnächst auch in Brasilien und Venezuela.

Die Expansion jenseits der Grenzen hat auch den Grund, dass

die CDB sich zunehmend in das Geschäft der ganz normalen Unternehmensfinanzierung einklinken und sich eventuell sogar an ausländischen Banken beteiligen will. Jedenfalls vergibt sie inzwischen immer mehr – wie eine ganz normale Bank – Kredite an Unternehmen.

Als Reliance Communications, Indiens verschuldeter Mobilfunkkonzern, in Not war, bekam er von der CDB einen 1,93-Milliarden-Dollar-Kredit. Der Zinssatz dafür betrug nur fünf Prozent, in Indien hätte Reliance zwölf Prozent zahlen müssen.

Und auch in Deutschland war die CDB schon mehrmals als Retter im Gespräch. So bei der Dresdner Bank und der West LB. Ein Einstieg bei der Dresdner war offenbar der Regierung in Beijing zu heiß. Bei der West LB winkten die chinesischen Banker nach einem Blick in die Bücher ab.

Kapitel Zwei *Wirtschaft:*
Merkantilisten gegen Freihändler

> »Ich mag kein Zeug, das in China
> produziert und dann hier verkauft
> wird. Die Sachen sollen hier
> produziert und dort verkauft werden.«
>
> Barack Obama, Präsident der USA

Bislang waren es in Deutschland nur kleine Deals. Die Chinesen kauften hierzulande nur Unternehmen, die sich unter der Wahrnehmungsschwelle der breiten Öffentlichkeit befanden. Wer kennt schon Putzmeister? Wer hat schon mal was von Schwing gehört?

Beide Unternehmen sind Weltspitze in ihrer Nische der Betonpumpen – und beide wurden von chinesischen Unternehmen gekauft. Das hat – außer den betroffenen Beschäftigten und Betriebsräten – niemanden sonderlich aufgeregt.

Das Entrüstungspotential wäre freilich um ein Vielfaches höher, wenn plötzlich eines Morgens in der Zeitung mit den großen Buchstaben stünde: CHINESEN KAUFEN SIEMENS.

Sofort hätten wir eine Diskussion, die vor allem um eine Frage kreisen wird: Dürfen die Chinesen das? Aus dem rechten Lager wird es dröhnen: Das ist der Beginn vom Ausverkauf. Wehret also den Anfängen! Im liberalen Lager würde rumgeeiert: Im Prinzip ja, aber das sind doch staatlich gelenkte Unternehmen, also eher nein. Im christdemokratisch-sozialdemokratischen Lager würde man wohl zähneknirschend zustimmen, weil man die Erfolge der deutschen Unternehmen in China nicht gefährden will.

Noch haben wir diese Diskussion hierzulande nicht, aber sie wird kommen, weil die Chinesen kommen werden. Es wird immer mehr Beteiligungen und Übernahmen chinesischer an deutschen Unternehmen jenseits der Putzmeister-Schwelle geben. Eine solche Welle wurde schon oft angekündigt und auch herbeigeschrieben. Nur: Sie blieb bislang aus.

Warum also jetzt?

Weil die Chinesen nun verstärkt in Branchen außerhalb des Rohstoffsektors investieren wollen, weil sie aus ihren Fehlern der Vergangenheit gelernt haben und sich mehr trauen, und – das wichtigste Argument – weil sie Geld haben. Während viele deutsche und andere westliche Unternehmen knapp an Kapital sind, spielt für die chinesischen Konzerne, vor allem wenn sie in Staatsbesitz sind, Geld keine Rolle. Viele Firmen im Westen könnten sie aus der berühmten Portokasse bezahlen.

Nach einer Studie der *Asia Society* und des *Woodrow Wilson International Center for Scholars* will China in den nächsten zehn Jahren zwei Trillionen Dollar im Ausland investieren, in Unternehmen, Fabriken und Immobilien. Ein Teil davon stammt aus den immensen Währungsreserven des Landes, die dem Staatsfonds *China Investment Corporation (CIC)* zufließen, der wiederum in aller Welt nach Anlageobjekten sucht und schon den Daimler-Konzern im Visier hat.

Dabei gehen die Chinesen strategisch vor: Erst gehen sie die nicht so schwierigen Märkte der Entwicklungs- und Schwellenländer an. Wenn sie dort reüssiert haben, begeben sie sich auf die schwierigeren Märkte der Industriestaaten. Ein Musterbeispiel für diese Taktik ist der Telekommunikationskonzern Huawei, der mittlerweile weltweit zu den ganz Großen seiner Branche zählt.

Huawei ist allerdings auch ein Musterbeispiel dafür, was passieren kann, wenn man zu erfolgreich ist und die Konzerne der westlichen Welt auf deren Terrain attackiert. Dann werden ihnen Übernahmen und Aufträge verwehrt – so geschehen in Australien und den USA.

Aber auch in der Brüsseler EU-Kommission mehren sich die Stimmen, die für eine härtere Gangart gegenüber den Chinesen plädieren. Erste Scharmützel in Form von Anti-Dumping-Verfahren finden schon statt. Die Chinesen ihrerseits reagieren mit Anti-Dumping-Klagen oder dem Aufbau anderer Handelshürden. China und der Westen sind inzwischen in einer gefährlichen Eskalationsspirale. Die protektionistische Maßnahme der einen Seite provoziert sofort eine Gegenmaßnahme der anderen Seite. Der Übergang zu einem Handelskrieg ist dabei fließend.

Die vollen Staatssäckel

Mit einem Startkapital von 200 Milliarden Dollar wurde 2007 die China Investment Corporation (CIC) in Bejing gegründet. Das Geld stammt aus dem Pool der gigantischen Währungsreserven des Landes. Inzwischen schießt die Regierung immer wieder Geld nach. Derzeit hat der Fonds ein Vermögen von rund 400 Milliarden Dollar. Chef des CIC war bis März 2013, ehe er Finanzminister wurde, Lou Jiwei. Er hat eine dieser typischen Aufsteigerkarrieren von ganz unten nach ganz oben hinter sich. In der Kulturrevolution musste er die Schule verlassen, studierte dann später an der Qinghua-Universität und machte anschließend eine Beamtenkarriere, die ihn bis zum stellvertretenden Finanzminister führte. Der CIC-Chef Lou ist einer der wichtigsten Leute in Beijing. Bei Staatsbesuchen ist er häufig dabei. Staats- und Regierungschefs vor allem klammer Staaten suchen aus naheliegenden Gründen das Gespräch mit ihm.

Lou Jiwei hatte ein sehr professionelles Team um sich geschart. Er konnte dabei aus dem Vollen schöpfen: Nicht weniger als 63 000 Bewerber aus dem In- und Ausland meldeten sich bei einer internationalen Ausschreibung für gerade mal 64 vakante Positionen. Inzwischen ist sein Team fast 300 Mann stark, darunter sind auch viele Ausländer.

Es gibt keinerlei Berührungsängste. Wo auch immer es Knowhow gibt, die Chinesen kaufen es ein, wohlwissend, dass sie gerade im Bereich der globalen Geldanlage noch einige Defizite haben. So hat sich die CIC ein hochkarätiges Beratergremium geschaffen. Darin sind Spitzenleute aus dem Westen, Nicholas Stern zum Beispiel, der berühmte britische Ökonom oder die Wall-Street-Größe John Mack, einst Chef von Morgan Stanley. Aber auch der weniger bekannte Knut Kjaer, ein Norweger, der weiß, wie man Milliarden gewinnbringend anlegt. Kjaer war jahrelang Chef des norwegischen Staatsfonds *Statens Pensionsfond*. Von Kjaer und seinem Fonds hatte Lou und sein Team viel abgeguckt, beispielsweise, dass man besser viele kleine Beteiligungen eingehen soll statt große Deals abzuschließen. Ein kleines Rohstoff-Engagement da (zum Beispiel in Indonesien oder Kasachstan), eine kleine Unternehmensbeteiligung dort. Mit so einer Anlagestrategie streut man das Risiko und steht nicht so exponiert im Rampenlicht. Doch die amerikanische Börsenaufsicht SEC machte Anfang 2010 der Geheimniskrämerei einen Strich durch die Rechnung, als sie eine Liste veröffentlichte, die kundtat, wo CIC überall in den USA schon beteiligt ist. Und siehe da: Von Apple über Coca-Cola und Motorola bis Visa – an all diesen und noch einigen anderen *big shots* der amerikanischen Wirtschaft halten die Chinesen kleine Beteiligungen. Die Überraschung darüber war vor allem in den USA groß.

Ähnlich agiert CIC offenbar auch in Japan. Ein etwas ominöser Fund mit dem Namen *OD05 Omnibus* mit Sitz in Australien soll mit über 20 Milliarden Euro in großen japanischen Unternehmen investiert sein. Zum Beispiel mit jeweils 1,9 Prozent an Toyota Motor und Nikon oder mit 2,2 Prozent an Honda. Angeblich soll CIC hinter diesem australischen Fund stecken. Das vorsichtige Anlegerverhalten lässt jedenfalls darauf schließen.

Und was macht CIC in Europa? Lou gab die Devise aus: Keine Investments in europäische Regierungsbonds. Das Risiko sei zu hoch. Lieber schlug er direkte Investments in Infrastrukturprojekte vor. So hat sich CIC mit 30 Prozent am Gas- und Ölgeschäft von Gaz de France (GDF) beteiligt und dafür 2,3 Milliarden Euro hingeblättert. Außerdem stiegen sie beim britischen Wasserversorger *ThamesWater* ein.

Schon seltsam: Während viele europäische Staaten ihre Energie- und Wasserkonzerne privatisieren wollten, kommt durch die Hintertür der chinesische Staat als neuer Eigentümer herein.

Ist die CIC noch relativ offen, was ihre Engagements im Ausland anbetrifft, so kann man dies von SAFE, der *State Administration of Foreign Exchange*, nicht behaupten. Diese Organisation mit Auslandsbüros in Singapur, London und New York verwaltet den größten Geldbetrag der Welt, nämlich die Devisenreserven der Volksrepublik China. Und das sind über 3200 Milliarden Dollar. Ein Großteil ist in amerikanischen Regierungsbonds angelegt. Ein kleiner Teil aber auch in westlichen Unternehmen. Die Namen werden nur an der Gerüchtebörse gehandelt: Die Ölkonzerne BP und Shell, der Rohstoffgigant Rio Tinto, Banken in England und Australien.

Doch nicht nur die Staatsfonds sind zunehmend aktiv. Auch die chinesischen Unternehmen kaufen sich immer mehr direkt bei westlichen Firmen ein – oder übernehmen sie ganz.

Auf Einkaufstour im Ausland

Das Schlosshotel Kronberg liegt wunderschön im Wald des Taunus versteckt. Hinter die Fachwerkfassaden der Nobelherberge zieht sich Deutschlands Wirtschaftselite gerne zurück, wenn es diskrete Dinge zu verhandeln gibt. Der Verkauf eines Unternehmens ist ein solcher Fall, von dem möglichst wenige Leute während der Verhandlungen erfahren sollten.

Also trafen sich an einem Januartag 2012 der Chinese Liang Wengen, Chef von Sany, und der Schwabe Karl Schlecht in diesem gediegenen Ambiente. Schlecht – damals 79 Jahre alt – wollte mangels Nachfolger sein Unternehmen Putzmeister verkaufen. Liang hatte großes Interesse, es zu kaufen. Die Herren kamen schnell zur Sache.

»Wir kannten Putzmeister gut. Sie waren für viele Jahre unsere

Lehrmeister«, sagte Liang Wengen. Und nun kauft der Lehrling den deutschen Weltmarktführer für über 500 Millionen Euro. Zufall oder nicht: Wenige Tage später kaufte eine andere chinesische Firma – die *Xuzhou Construction Machinery Group* (XCMG) – auch noch die Nummer zwei in diesem Markt, die deutsche Schwing-Gruppe. Binnen weniger Wochen haben sich in diesem Segment des Maschinenbaus die Machtverhältnisse total verkehrt: Aus deutscher Marktführerschaft wurde eine chinesische.

Sicher keine spektakulären Übernahmefälle, aber durchaus symptomatische, die zeigen sollen: Man traut sich an die Weltmarktführer heran. Es wird sicher weitere Übernahmen durch chinesische Unternehmen geben. Sicher auch größere und spektakulärere. Nicht zuletzt auch, weil es die Regierung will. Es sollen nicht nur Ausländer in China investieren, sondern Chinesen auch im Ausland. Aufkäufe dort werden von der Regierung in Beijing auch als eine Sache des nationalen Prestiges angesehen.

Schon 2001 hatte sie den Appell an ihre Unternehmen gerichtet: *Zhou chuqu* – Geht hinaus, schwärmt aus. Der Rat wurde anfangs nur zögerlich ausgeführt. Und die, die sich daran gehalten haben, mussten zum Teil ordentlich Lehrgeld bezahlen. Einige Übernahmen sind gescheitert. So zum Beispiel der Einstieg von TCL beim französischen Unterhaltungselektronikhersteller Thomson, der von SAIC beim koreanischen Autoproduzenten SsangYong und der von Ping An beim belgisch-niederländischen Finanzkonzern Fortis. Sie waren schlecht vorbereitet, sie hatten die Aufgaben, die eine Übernahme mit sich bringt, unterschätzt.

Doch mangelnde Vorbereitung kann man den Chinesen inzwischen nicht mehr vorwerfen. Sie haben aus den Fehlern der Vergangenheit gelernt. Das ergab eine Umfrage der britischen Zeitschrift *The Economist* unter westlichen Managern, deren Firmen von Chinesen übernommen wurden.

Zu Verhandlungen rückten sie mit ungewöhnlich großer Mannschaft an. 40 bis 50 Chinesen bei den Gesprächen in London seien keine Seltenheit gewesen, in China waren es sogar noch mehr.

Immer mehr Deals werden beschlossen, vor allem in der Energiebranche. Denn es sind insbesondere die drei großen staatlichen Energiegiganten CNPC, Cnooc und Sinopec, die sich in aller Welt an Unternehmen beteiligen und sich damit Zugang zu Rohstoffen sichern. Sie handeln quasi direkt im Auftrag des Staates, weil Energiesicherheit eine zentrale Maxime der chinesischen Politik ist.

Doch als Käufer treten auch immer mehr private Firmen auf. Sany zum Beispiel ist eines der größten chinesischen Unternehmen, die nicht in Staatsbesitz sind.

Chinas größte Privatunternehmen

Rang	Name	Branche	Umsatz in Mrd. $
1	Jiangsu Shogang Group	Stahl	32,9
2	Huawei	Telekommunikation	32,4
3	Suning Appliance Group	Handel	30,9
4	Legend Holdings	IT	29,1
5	Shandong Weiqiao	Textil	26,6
6	Zhejiang Geely Holding	Auto	24
7	Dalian Wanda Group	Immobilien	16,7
8	Yurun Group	Nahrungsmittel	14,4
9	Xinjiang Guanghui	Handel	12,7
10	Sany Group	Maschinenbau	12,7

Quelle: ACFIC – All-China Federation of Industry and Commerce

Wei Christianson, die als Chefin von Morgan Stanley Asia in viele Deals der Chinesen involviert ist, sieht inzwischen neben den Ressourcen noch eine weitere Stoßrichtung der chinesischen staatlichen wie privaten Konzerne: »Gekauft werden inzwischen vermehrt Konsumgüterhersteller und Industrieunternehmen, die technologisch aufwendigere Produkte herstellen.«

In diese Kategorie fällt zum Beispiel Putzmeister, aber auch die deutsche Gabelstaplerfirma Kion, besser bekannt unter den Marken Linde und Still. An Kion hat sich die Weichai Holding Group beteiligt und dafür einen Betrag zwischen 700 und 800 Millionen Euro überwiesen. Deren Chef Tan Xuguang sagt fast entschuldigend gegenüber dem *Handelsblatt*: »Bei uns hat sich in den vergangenen Jahren viel Geld angesammelt.« In der Tat: Geld spielt keine Rolle. Viele chinesische Firmen sind kapitalstark. Und sollte mal das nötige Kleingeld fehlen, springt eine der staatlichen chinesischen Banken mit einem Kredit ein.

Es ist dieses Zusammenspiel von Unternehmen, Banken und Staat, das die Expansionspolitik chinesischer Firmen von denen im Westen unterscheidet und etwas generalstabsmäßiger erscheinen lässt. Der Regisseur im Hintergrund ist die *National Development and Reform Commission (NDRC)*, eine Art wirtschaftliches Superministerium. Es hat einen Katalog von Branchen und Ländern erstellt, in denen sie Beteiligungen und Übernahmen durch chinesische Firmen für sinnvoll halten. Und sinnvoll ist es vor allem, wenn Chinas Unternehmen durch einen Firmenkauf im Ausland an vier Dinge herankommen: Marken, Märkte, Rohstoffe und Technologien.

Lange Zeit gewährte die Regierung nur den Staatsunternehmen Unterstützung, wenn sie jenseits der Grenzen aktiv werden wollten. Doch im Juli 2012 kam es zu einer bemerkenswerten Änderung dieser Politik. In einer gemeinsamen Erklärung sprachen sich nicht weniger als 13 staatliche Institutionen – vom Außenministerium bis zur Zentralbank – für eine konzertierte Aktion aus, um auch privaten Unternehmen unter die Arme zu greifen. Zum Beispiel durch günstige Kredite oder Steuererleichterungen. Trotzdem: Die Hätschelkinder sind immer noch die Staatsunternehmen.

Die staatlichen Hätschelkinder

Ausgerechnet ein amerikanisches Kapitalistenblatt ist für die Lenker in Chinas Wirtschaftspolitik das Maß aller Dinge. Wenn ein Unternehmen nämlich unter den Top 500 von *Fortune* auftaucht, ist es quasi geadelt: Es gehört zu den größten und besten Firmen der Welt. Chinas Führung wünscht sich, dass möglichst viele chinesische Konzerne in diesem legendären Ranking gelistet werden. Vor zehn Jahren waren es gerade mal fünf, die sich in den *Fortune 500* verloren. 2012 waren es dagegen schon 73. Nebenbei bemerkt: Damit hatte China zum ersten Mal mehr Unternehmen auf der Liste als die Japaner (68), was in Beijing mit klammheimlichem Stolz verkündet wurde.

Seit den frühen Tagen der Reformpolitik hatte die chinesische Führung ein Ziel: Eine Gruppe global operierender Unternehmen zu bilden, die es mit den westlichen Konzernen aufnehmen kann. Auf dem Weg dahin gab es unter den Staatsfirmen zahlreiche Fusionen und viele Umstrukturierungen. Übriggeblieben sind derzeit 121 große Staatsunternehmen, die Avantgarde der chinesischen Wirtschaft. Eine Auswahl der wichtigsten findet sich in folgender Tabelle – nach Branchen geordnet – wieder:

Chinas führende Staatskonzerne

Auto	FAW, SAIC, Dongfeng
Banken	Bank of China, ICBC, ABC, China Construction Bank
Bau	China State Construction, China Rail Construction, China Construction
Energie und Chemie	Sinopec, CNPC, Cnooc, Sinochem
Flugzeugbau	AVIC, Comac, China Aerospace Science and Technology Corp.

Kraftwerke	Shanghai Electric, Harbin Electric, Dongfang Electric
Luftfahrt	Air China, China Eastern, China Southern
Metall und Bergbau	Baosteel, Wugang, Shenhua, China Minmetals, Chalco
Rüstung	China North, China South
Strom	China Southern Power Grid, National Grid, Huaneng, Huadian, Datang
Telekommunikation	China Mobile, China Unicom, China Telecom
Versicherungen	China Life, Ping An

Auffallend an dieser Tabelle ist, dass die wichtigsten Staatsunternehmen alle sogenannten Schlüsselindustrien (*zhizhu*) der chinesischen Wirtschaft dominieren. Der Zugang zu diesen Branchen ist für Ausländer ziemlich schwierig, manchmal sogar unmöglich. Den Autobauern wird höchstens ein 50-Prozent-Anteil in einem Joint Venture gestattet, Banken dürfen maximal 20 Prozent an einer chinesischen Bank erwerben. Manche Branchen wie Rüstung und Energie sind für Ausländer absolut tabu.

Die chinesischen Staatsunternehmen sind so etwas wie ein geschlossener Klub. Geführt und gelenkt werden sie von einer Organisation namens SASAC, die die Unternehmensberatung *Boston Consulting Group (BCG)* treffend als »die mächtigste Organisation, von der sie noch nie etwas gehört haben«, bezeichnet.

Die Initialen SASAC stehen für *State-Owned Assets Supervision and Administration Commission*. Sie überwacht und steuert die größten Staatskonzerne des Landes. Sie ist die Schaltzentrale der China Inc. Ihren Sitz hat sie natürlich in Beijing, wie auch drei Viertel der Staatsunternehmen.

Die allmächtige SASAC, die derzeit 121 Unternehmen unter ihren Fittichen hat, will diese Zahl noch weiter reduzieren. Die Regierung jedenfalls hat das Ziel, wenige schlagkräftige Konzerne zu kreieren, die weltweit operieren und eine ernsthafte Konkurrenz zu den multinationalen Konzernen der westlichen Welt werden können. Das Ziel der Regierung sind 50 bis 80 Global Player aus China. Wenn möglich, soll darunter ein neuer Samsung oder Sony sein. Nobuyuki Idei, ehemaliger Chef von Sony, ist überzeugt, dass dies gelingen kann: »Es wird einige chinesische Unternehmen geben, die so erfolgreich wie Samsung oder Sony sein werden.«

Aber noch fehlt es den chinesischen Konzernen vor allem am Branding, also dem Kreieren einer weltweit bekannten Marke. Im Marketing haben sie – und das wissen sie auch – noch Schwächen. Geld für Werbung auszugeben fällt ihnen immer noch schwer. Dabei wäre die Finanzierung einer teuren Werbekampagne kein Problem für die Staatskonzerne.

Sie kommen nämlich in den Genuss vieler staatlicher Vergünstigungen. Sie haben Steuervorteile, und sie bekommen günstige Kredite von den ebenfalls staatlichen Banken. Im Schnitt zahlen sie vier Prozent weniger Zinsen als die privaten Unternehmen.

Die großen Staatskonzerne sind nicht nur deshalb enorm finanzstark. Sie müssen auch keine Dividenden ausschütten, können also ihre Gewinne behalten und reinvestieren. Und Gewinne machen sie viel, denn in den Branchen, in denen sie aktiv sind, sind sie häufig Monopolist oder zumindest Oligopolist. Ein gutes Beispiel ist der Bankensektor, wo sich die vier großen Institute den Markt aufgeteilt haben und ihn zu 80 Prozent beherrschen.

Diese Vorzugsbehandlung wird von der westlichen Konkurrenz heftig kritisiert. Das sei ein ungerechtfertigter Wettbewerbsvorteil. Sie müssten Dividende an ihre Aktionäre ausschütten, die Chinesen hingegen nicht. Sie müssten marktgerechte Zinsen zahlen, die Chinesen nicht.

Die Chefs der Staatskonzerne haben enge Verbindungen zur Regierung und vor allem zur Partei. Logisch, dass alle Mitglieder der

Partei sind. Einige aktuelle und ehemalige Unternehmenschefs sitzen gar im Zentralkomitee der Partei: Zhang Qingwei (Comac), Zhu Yanfeng (FAW) und Su Shulin (Sinopec). Besetzt werden die wichtigsten Positionen in den Staatsunternehmen von der Organisationsabteilung der KPCh, deren Einfluss enorm ist.

Sind diese Bosse also nur Apparatschiks? Cheng Li, China-Experte bei Brookings, hat die Kaste untersucht und sagt: Nein. Das mag vielleicht früher so gewesen sein, aber die meisten heutigen Staatskonzernlenker sind international unterwegs, offen für Managementtheorien aus der westlichen Welt und bestens ausgebildet. Die meisten haben eine Top-Ausbildung an den bekannten Eliteuniversitäten wie Qinghua, Fudan, Jiatong und Harbin hinter sich. Fast alle sind Ingenieure und Ökonomen, oft haben sie ihr Wissen nach dem Studium durch einen MBA erweitert; einige haben im Ausland studiert.

Lange Zeit waren die Staatsunternehmen *closed shops*. Manager aus dem Ausland hatten keine Chance auf einen Platz in den Vorstandsetagen. Doch nun sollen sie ihre Chance bekommen. In dem auch von Ausländern gelesenen Blatt *China Daily* erscheinen immer häufiger Anzeigen, in denen »Kandidaten aus China und dem Ausland« für Führungsposten in diversen chinesischen Unternehmen gesucht werden. Ein Deutscher hat es schon weit nach oben geschafft.

Modellfall Volvo

Stefan Jacoby kann sich an sein erstes Vorstellungsgespräch noch genau erinnern. Es fand nämlich per Videokonferenz morgens um sechs Uhr statt. Er saß frisch und munter vor der Kamera in Washington, ihm gegenüber saß im fernen China – dort war es 18 Uhr abends – Li Shufu.

Li ist einer der bekanntesten privaten Unternehmer Chinas. Er legte eine dieser legendären chinesischen Tellerwäscher-Karrieren hin, die sich im westlichen Ausland so unglaublich anhören. Erst produzierte er Teile für Kühlschränke, dann Motorräder und seit dem 8. 8. 1998 (die acht symbolisiert Glück in China) produziert er Autos unter der Marke Geely. Inzwischen ist Geely vor allem in China ein etablierter Hersteller im Kleinwagensegment.

Im Westen konnte Geely bislang wenig reüssieren. Wenn ich es dort selbst nicht schaffe, kaufe ich mir – so die Idee von Li Shufu – eben eine Marke. Gedacht, getan. Im März 2010 unterzeichnete er einen Kaufvertrag mit Ford. Der US-Konzern, dem es damals ziemlich dreckig ging, musste unbedingt seine Nobelmarken verkaufen. Eine davon war Volvo, die sich nun Geely einverleibte.

Als Li einen Chef für seinen Neuerwerb Volvo suchte, stieß er in den USA auf den Deutschen Stefan Jacoby, der zum Zeitpunkt des Vorstellungsgesprächs per Video noch Chef von Volkswagen USA war. Zwei Jahre diente Jacoby den neuen chinesischen Herren. Dann musste er aus gesundheitlichen Gründen passen. Sein Nachfolger wurde der langjährige MAN-Chef Håkan Samuelsson.

Es war ein Schock für die Schweden, als Volvo – das wie Saab einst schwedische Design- und Produktionskunst verkörperte – in chinesische Hände geriet. Jacoby musste deshalb erstmal die Schweden beruhigen und ihnen glaubhaft versichern, dass Volvo seine Zelte nicht in Göteborg abbaut und sie irgendwo in China wieder aufbaut. Nein, im Hauptwerk Torslanda werde weiter produziert.

Li verlangt viel von seinen Management in Göteborg. Es soll bis 2020 die weltweiten Verkaufszahlen auf 800 000 verdoppeln. Allein in China, wo Volvo chronisch schwach ist, soll der Absatz auf 250 000 Autos steigen. Zwei neue Werke werden in China gebaut. Außerdem will der Geely-Chef, dass Volvo eine große Luxuslimousine entwickelt, mit der man gegen Mercedes antreten kann.

Samuelsson kann auf Jacobys Vorleistungen aufbauen, denn er hat viel frischen Wind nach Göteborg gebracht. Manche sprechen bereits von einer Kulturrevolution: Neuer Geist, neue Produkte und ein neues Team. Sein bester Einkauf bislang: Der Stardesigner Thomas Ingenlath, den er von Volkswagen abgeworben hat.

Doch Jacoby-Nachfolger Samuelsson steht unter großem Druck. Er muss nicht nur Volvo sanieren, sondern den Chinesen muss er beweisen, dass er diese West-Ost-Integration hinbekommt. Denn der Volvo-Deal ist mehr als nur eine Übernahme. Volvo ist der große Testfall für die Chinesen. An ihm soll sich – so die große Hoffnung der Chinesen – zeigen, dass Chinesen ein großes westliches Unternehmen retten und (weiter-)führen können. Wie ernst der Deal auch auf allerhöchster Ebene genommen wird, zeigt sich daran, dass Wen Jiabao auf einer seiner letzten Europareisen in Göteborg vorbeischaute und sich durch ein Volvo-Werk führen ließ.

Wenn diese Übernahme klappt, werden die Chinesen weitere folgen lassen – egal in welchem Land und in welcher Branche.

Einfallstor Osteuropa

Streift man durch den Stadtteil Josefstadt in Budapest, kommen einem Zweifel, ob man noch in Europa ist. Chinesen wuseln durch die Gassen, permanent fliegen einem chinesische Wortfetzen um die Ohren, chinesische Läden hier, ein chinesischer Markt dort.

Rund 50 000 Chinesen sollen in Budapest leben. Der Grund für die starke chinesische Community dort: Ungarn hat schon früh in den 90er Jahren den Chinesen eine unbürokratische Einreise gestattet. Seitdem ist Ungarn zu einem »Einfallstor« der Chinesen zumindest nach Osteuropa geworden. Huawei hat dort ein Vertriebscenter mit über 1000 Mitarbeitern etabliert, Sinochem hat die größte ungarische Chemiefirma gekauft.

Ungarn mag zwar die erste Adresse für die Chinesen in Osteuropa sein, aber sie ist nicht die einzige. Permanent schwärmen chinesische Delegationen in die Länder Ost- und Mitteleuropas aus, nach Tschechien, in die Slowakei, nach Polen, Bulgarien und Rumänien.

Höhepunkt der Annäherung zwischen Osteuropa und China war im April 2012 die Gipfelkonferenz *Poland-Central Europe-China* in Polens Hauptstadt Warschau. Wen Jiabao rief und die Regierungschefs von 16 osteuropäischen Staaten kamen, schließlich wollen und brauchen sie chinesische Investitionen, denn aus Westeuropa bekommen sie wenig.

Dabei gibt es eine interessante Unterscheidung bei den chinesischen Investitionen im Osten und im Westen Europas: Während im Westen Akquisitionen dominieren, überwiegen im Osten sogenannte Greenfield-Investitionen, also der Neubau von Fabriken auf der grünen Wiese. Bestes Beispiel: Auf einem ehemaligen Acker außerhalb von Bahovitsa, einem Dorf nahe Lowetsch im nördlichen Bulgarien, hat die chinesische Autofirma Great Wall Motors eine Autofabrik gebaut, die erste eines chinesischen Automobilkonzerns in Europa. Die Produktion startete im Februar 2012 zunächst mit drei Modellen; die Kapazität beträgt 50 000 Stück pro Jahr. Genehmigung und Bau gingen zügig und reibungslos vonstatten. Widerstände gegen Chinas Investitionen sind in diesen Ländern, genauso wenig im Süden Europas, nicht zu erwarten.

Schnäppchen im Süden

Das römische Kolosseum erschien an diesem Abend im Oktober 2010 in einem ganz anderen Licht. In strahlendem Rot erleuchtete das antike Bauwerk. Es war ein knalliges Rot, wie jenes, das die chinesische Nationalflagge ziert. Die Illumination erfolgte zu Ehren eines hohen Gastes, der in der Stadt weilte: Chinas damaliger Ministerpräsident Wen Jiabao. Ihn hofierten die Gastgeber. Denn sie wollten ja was von ihm: Geld.

Höflich hörte sich Wen die römischen Wünsche an, versprach ziemlich allgemein, Italien zu helfen, aber sehr konkret wurde er nicht. Nein, italienische Staatsanleihen wolle man nicht kaufen, aber vielleicht das ein oder andere italienische Unternehmen.

Bislang erfolgte nur ein Engagement beim renommierten italienischen Fußballklub Inter Mailand. China Railway Construction Corporation blätterte für eine 15-Prozent-Beteiligung an Inter Mailand 55 Millionen Euro hin. Und die Chinesen versprachen auch gleich ein neues Stadion für den hoch verschuldeten Klub zu bauen.

Chinas Politiker und Wirtschaftsführer sind gern gesehene Gäste in Europas Süden, der von der Eurokrise arg gebeutelt ist. Von Griechenland über Italien bis zur Iberischen Halbinsel – überall leere Kassen und Schuldenberge. Von den reichen Onkels aus Fernost erhoffen sich die Südländer eine Linderung ihrer Probleme.

Der neue Ministerpräsident Li Keqiang, damals, Anfang 2011, noch als Vizepräsident unterwegs, war noch gar nicht in Spanien angekommen, da titulierten ihn spanische Medien schon als Mister Marshall, in Erinnerung an den legendären Amerikaner George Marschall, der unmittelbar nach dem Zweiten Weltkrieg mit den Finanzspritzen aus den USA (»Marshallplan«) die daniederliegenden Volkswirtschaften Mitteleuropas, darunter auch Deutschland, aufpäppelte.

Soviel Geld wie damals wird mit Sicherheit nicht aus China in den Mittelmeerraum fließen. Die chinesische Strategie ist klar: Staatsanleihen dieser Länder zu kaufen ist den Herren in Beijing zu risikoreich. Aber man sei – so lassen sie stets verlauten – bereit, Staatsunternehmen im Süden Europas zu übernehmen, wenn diese denn zum Verkauf stehen. Am liebsten Infrastrukturprojekte – egal, ob Strom, Wasser oder Verkehr. Solche Assets, die einen permanenten Fluss an Gebühren und Einnahmen garantieren, sind ihnen lukrativer und wichtiger als irgendwelche Staatspapiere, die schnell an Wert verlieren können.

So haben sie schon vor der Eurokrise gehandelt. Bereits im November 2008 stiegen die Chinesen in Griechenland ein. Das Schiffahrtsunternehmen Cosco investierte rund eine Milliarde Euro in den Ausbau des Hafens von Piräus, damit dort größere – natürlich auch chinesische – Containerschiffe andocken können.

Binnen weniger Monate haben die Chinesen den chronisch defizitären Hafen wieder in die schwarzen Zahlen gebracht. Fu Chengqiu, Geschäftsführer des *Piraeus Container Terminal*, sagt stolz: »Wir haben Chinas hohe Effizienz in diesen Hafen gebracht.« Aufgrund des Erfolges will sich Cosco nun auch an den Privatisierungsprojekten Griechenlands beteiligen.

Auch in Portugal und Spanien haben die Chinesen die Gunst der Stunde inzwischen genutzt und aus der Fast-Konkursmasse der beiden Länder das ein oder andere Schnäppchen gekauft. So übernahm zum Beispiel das chinesische Unternehmen China Three Gorges (CTG) für 2,7 Milliarden Euro einen Anteil an Portugals führendem Stromversorger EDP.

Die süd- und osteuropäischen EU-Länder sind aus der Not heraus offener für chinesische Investitionen. Der französische Politikprofessor und China-Experte François Godement sagt deshalb: »Es besteht die Gefahr für Europa, dass es eine Art China-Lobby der kleineren Mitgliedstaaten innerhalb der EU geben wird.«

Zögernder Norden

Der *China Entrepreneur Club* ist eine Vereinigung großer erfolgreicher Unternehmer Chinas. Wenn seine Mitglieder reisen, werden sie nobel empfangen, erst recht im traditionsbewussten England. Als im Juli 2012 eine Abordnung des Clubs, angeführt von Lenovo-Gründer Liu Chuanzhi, dorthinreiste, wurden die roten Teppiche ausgerollt und es öffneten sich sonst so verschlossene Türen.

Die chinesischen Top-Manager trafen Premier David Cameron, Handelsminister Lord Green und Londons Bürgermeister Boris Johnson, sie besuchten die Universität in Cambridge und das House of Lords, und sie schauten bei Firmen wie Rolls-Royce und der Virgin Group vorbei. Sie selbst hielten im noblen Bulgari Hotel in Knightsbridge Hof.

Die reichen Herren waren auf einer speziellen Sightseeingtour in England unterwegs. Sie interessierten sich für englische Unternehmen. Und stießen auf große Gegenliebe. Denn auch die großen EU-Länder buhlen um Investitionen der Chinesen, allen voran die Briten. Bereits in November 2010 reiste der britische Premier David Cameron nach China, um dort für Investitionen in die britische Infrastruktur zu werben. »Wenn unsere Infrastruktur zweitklassig ist, wird es auch unser Land sein.« Auch Schatzkanzler George Osborne war inzwischen in Beijing, redete mit CIC-Chef Lou Jiwei und der ICBC.

Ein Big Deal wurde schon abgeschlossen: Bright Food, ein Nahrungsmittelkonzern aus Shanghai, kaufte für über eine Milliarde Pfund eine Mehrheitsbeteiligung an dem britischen Cerealien-Hersteller Weetabix, auf der Insel eine so bekannte Marke wie hierzulande Dr. Oetker.

Die Zahl der chinesischen Investitionen auf der britischen Insel ist in den vergangenen Jahren kräftig gestiegen, nicht zuletzt, weil Großbritannien kein Gesetz hat, das ausländische Investitionen begrenzt.

Doch es mehren sich die kritischen Stimmen. Als die deutschen Energiekonzerne RWE und Eon sich von ihrer britischen Nukleartochter Horizon trennen wollten, traten plötzlich zwei Bietergruppen an, in denen sich jeweils ein chinesischer Atomkonzern befand: *China Guangdong Nuclear Power Corporation (CGNPC)* und *State Nuclear Power Technology Corporation (SNPTC)*.

Da wurde es dem einen oder anderen Briten doch etwas mulmig. Britische Atommeiler in Besitz von Chinesen? Und plötzlich gibt es auch im ach so liberalen Großbritannien eine Debatte, was die Chinesen auf der Insel alles kaufen dürfen – oder eben nicht.

In Deutschland findet eine solche Diskussion bislang nicht statt. Noch nicht. Aber sie wird kommen, und zwar dann, wenn ein chinesisches Unternehmen einen deutschen Dax-Konzern (und nicht nur einen Putzmeister) übernehmen will, was für die meisten chinesischen Firmen finanziell kein Problem wäre. Des Volkes Stimme wird sich erheben und ihr Sprachrohr, das größte Boulevardblatt der Republik, wird in großen Buchstaben titeln: CHINESEN KAUFEN DAIMLER – DÜRFEN DIE DAS?

Deutschlands Wirtschaftselite und Regierung hat die Antwort schon gegeben – bei einem überraschend anberaumten Pressegespräch im Bundeswirtschaftsministerium im Juli 2012. Der kleine Saal ist vollbesetzt, das chinesische Staatsfernsehen CCTV hat Kameras aufgebaut. Sie richten sich auf die Stirnseite des Raumes. Dort sitzen Hausherr Philipp Rösler, Siemens-Chef Peter Löscher und BASF-Asienvorstand Martin Brudermüller. Sie verkünden allesamt nur eine Botschaft: Chinesische Investitionen sind hier willkommen – ohne Wenn und Aber.

Deutschland mag vielleicht noch standhaft bleiben, aber wie sieht es mit der EU-Kommission aus? Brüssel hat die Zuständigkeit für die Handelspolitik; allein Brüssel entscheidet, ob man gegen unliebsame ausländische Konkurrenz Anti-Dumping-Verfahren einleitet oder andere Handelshürden errichtet. Und es ist kein Geheimnis, dass man in Europas Hauptstadt eher zum Protektionismus neigt – ebenso wie in Amerika.

Abwehrkämpfe des Westens

Unter Leitung des US-Finanzministeriums tagt regelmäßig das *Committee on Foreign Investment in the United States (CFIUS)*, ein sehr diskretes Gremium, das mit Verteidigungs- und Geheimdienstexperten besetzt ist, und entscheidet, ob ausländische Unternehmen amerikanische übernehmen dürfen oder nicht.

Ivan Schlager, Anwalt bei der renommierten amerikanischen Kanzlei Skadden, vertritt sozusagen die Gegenseite. Er versucht, ausländischen Firmen zu helfen, die Hürde CFIUS zu nehmen. Doch diese wurde in den vergangenen Jahren immer höher. »Die Anzahl der untersuchten Fälle durch das CFIUS hat exponentiell zugenommen«, sagt Ivan Schlager, der auch chinesische Unternehmen vertritt.

Das Committee hat nämlich seinen Einflusskreis in den vergangenen Jahren systematisch erweitert. Hat es früher nur Übernahmen untersagt, wenn die nationale Sicherheit gefährdet schien, so untersucht und verbietet es jetzt auch Investitionen und Übernahmen in den Bereichen von angeblich kritischer Infrastruktur wie Energie, Telekommunikation und Verkehr. So verwarf 2005 in Furcht vor einer negativen Entscheidung des CFIUS der chinesische Energiekonzern Cnooc eine Übernahme der US-Ölfirma Unocal.

Wie die Amerikaner mit ihrem CFIUS haben die Kanadier und Australier ähnliche Institutionen, die vor allem chinesische Investitionen kritisch unter die Lupe nehmen. In Kanada ist es der *Investment Canada Act* und in Australien das *Foreign Investment Review Board*.

Und was haben die Europäer? Nichts dergleichen – weder auf den nationalen Ebenen noch auf europäischer Ebene in Brüssel. Aber brauchen wir überhaupt eine europäische CFIUS? Müssen wir chinesische Investitionen abwehren?

Wenn es nach EU-Industriekommissar Antonio Tajani geht, heißt die Antwort: Ja. Er schlug jedenfalls vor, eine neue Behörde zu schaffen, die den Verkauf von Schlüsseltechnologien ins Ausland kontrollieren sollte. »Ich denke, es ist sinnvoll, die Einrichtung einer solchen Stelle zur Prüfung ausländischer Investitionen für die EU zu erwägen. Sonst verkauft uns China in fünf Jahren einen eigenen Transrapid«, sagte er gegenüber dem *Handelsblatt*.

Eine Lex China also. Tajani macht keinen Hehl daraus, dass eine solche Behörde gegen China gerichtet sei: »Damit solle sich Europa insbesondere gegen chinesische Firmen schützen, die gezielt Unternehmen in Europa übernehmen, um an moderne Technologie zu kommen«, so Tajani.

Aber die selbstbewussten Chinesen lassen sich längst nicht mehr alles bieten. Zudem sind sie um einiges cleverer geworden. Früher schrieben sie böse Briefe an Parlamentarier, jetzt heuern sie Top-Lobbyisten an, wenn sie einen Deal durchbringen wollen. Reihenweise haben sie in den vergangenen Monaten und Jahren gut verdrahtete ehemalige Beamte der amerikanischen und kanadischen Administration angeworben. Der Energiekonzern Cnooc zum Beispiel sicherte sich in Kanada die Dienste der PR-Firma Hill & Knowlton, deren Chef Michael Coates früher ein hochrangiger Regierungsbeamter war.

In Washington wurden gar die chinesische Botschaft, das Handelsministerium und das State Council Information Office gemeinsam aktiv. Sie nahmen einer der führenden Lobbyfirmen in Washington, Patton Boggs, unter Vertrag. Geld spielt keine Rolle. Die Botschaft zahlt der Truppe an der K Street monatlich 35 000 Dollar.

Der Telekommunikationskonzern Huawei heuerte in Washington mit John Bellinger einen ehemaligen Bush-Mitarbeiter an, der sich mit der nationalen Sicherheit beschäftigte. Huawei kann einen solchen V-Mann dringend gebrauchen.

Huawei – Böser Bube oder Prügelknabe?

Olaf Reus ist ein erfahrener Lobbyist. Er kennt die Berliner und Brüsseler Politiker- und Beamtenszene. Einst antichambrierte er dort für den spanischen Mobilfunkbetreiber Telefónica o2. Seit Anfang 2011 macht er Ähnliches für das chinesische Telekommunikationsunternehmen Huawei. Eine seiner ersten Amtshandlungen: Die Eröffnung einer Hauptstadtrepräsentanz von Huawei in Berlin. Ein historischer Akt, denn es war die erste eines chinesischen Unternehmens in der deutschen Hauptstadt.

Dem Unternehmen schlägt viel Misstrauen entgegen. Vor allem zwei Vorwürfe kommen immer wieder hoch. Der erste lautet: Unternehmensgründer Ren Zhengfei war mal in der chinesischen Armee. Das stimmt. Er hat sie allerdings 1983 verlassen, ehe er 1987 mit 21 000 Yuan Startkapital das Unternehmen Huawei gründete.

Rens militärische Vergangenheit reicht für viele aus, auch heute noch eine Beziehung zwischen Huawei und dem Militär zu konstruieren. Allen Beteuerungen seitens Huawei, dass sie ein privates Unternehmen seien, glauben diese Kritiker nicht.

Vorwurf Nummer zwei: Huawei bekommt Staatshilfe, so dass sie deshalb ihre Produkte und Dienstleistungen günstiger als die westliche Konkurrenz anbieten könne. Auch dies dementiert Huawei, gibt allerdings zu, dass dem Unternehmen ein 30-Milliarden-Dollar-Kredit durch die staatliche China Development Bank zur Verfügung steht, den sie allerdings bislang nur zu einem geringen Teil in Anspruch genommen habe.

Warum also diese Attacken gegen den Giganten Huawei, der inzwischen mit 32 Milliarden Dollar Umsatz und 140 000 Beschäftigten in der Branche die Nummer eins der Welt ist?

Kann es sein, dass Huawei vielleicht einfach nur besser ist als die Konkurrenz? James Andrew Lewis, Technologieexperte beim *Center for Strategic & International Studies (CSIS)* in Washington sagt über den Konzern mit seinen 47 000 Patenten: »Die sind eben schlicht Weltklasse.« Und zudem sind sie auch noch günstiger. Deutsche wie europäische Mobilfunkanbieter wie zum Beispiel British Telecom schwärmen jedenfalls von Huaweis Preisen, die 20 bis 30 Prozent unter denen der Rivalen wie Nokia Siemens Networks, Ericsson und Alcatel-Lucent liegen sollen.

Auffallend ist, dass die lautesten kritischen Stimmen aus den beiden Ländern und Regionen kommen, wo Huaweis größte Konkurrenten sitzen – in den USA und Europa.

In den USA blitzt Huawei regelmäßig ab – und zwar bei Aufträgen wie bei Übernahmen. So wollte Huawei dort zum Beispiel 2Wire, eine Internet-Software-Firma, und einen Teil von Motorola kaufen. Beide Male sagten die Amerikaner *No*, aus Sicherheitsgründen, hieß es, wegen angeblicher militärischer Verbindungen.

Das *Intelligence Committee* des Repräsentantenhauses stuft Huawei (und den 1985 in Shenzhen gegründeten Telekommunikationsausrüster ZTE) inzwischen als Sicherheitsrisiko ein. Die gravierende Folge für Huawei: Keine staatlichen Aufträge, keine Erlaubnis für Übernahmen in Amerika.

Die Kritik aus Beijing kam prompt, vorgetragen von der *Global Times*: »Es gibt nach wie vor eine unsichtbare Mauer aus dem Kalten Krieg, die den Westen und den Osten trennt.«

War Huawei bislang nur im Visier der Amerikaner, so beginnen nun auch die Europäer die Chinesen genauer unter die Lupe zu nehmen und schaffen dabei einen mehrfachen Präzedenzfall: Zum ersten Mal startet die EU-Kommission nämlich eine Untersuchung in Eigeninitiative. Sie reagierte nicht auf Klagen irgendwelcher Unternehmen, die Huawei unlauteren Wettbewerb vorwerfen. Nein, die EU-Kommission startet die Untersuchung, weil sie der Meinung ist, dass Huawei den europäischen Unternehmen schadet. Und zum ersten Mal geht die EU-Kommission nicht gegen Billigprodukte vor, sondern gegen ein Unternehmen aus der Hightechbranche.

»Die Chinesen sehen das als eine Kriegserklärung an«, sagt China-Experte Jonathan Holslag. Sie kündigten bei einem Treffen in Brüssel bereits Gegenmaßnahmen an.

Europas Gewerkschaften unterstützen den harten Kurs der EU-Kommission. »Ich habe keine Probleme, wenn die Chinesen Toaster produzieren. Das können wir hergeben. Haartrockner, ok. Staubsauger, auch ok. Aber bei sehr wichtigen Industrien sollten wir viel wachsamer sein«, sagt Peter Scherrer, Generalsekretär des Europäischen Metallarbeiterbundes. Und er meint explizit Huawei und ZTE.

Was ist das für eine Argumentation? Zu Ende gedacht bedeutet sie: Billigwaren dürfen die Chinesen herstellen, aber Hightechprodukte bitte nicht, das ist unser Revier.

Huawei ist der erste chinesische Hightechkonzern, der in die Phalanx des Westens eindringt. Das macht ihn für viele im Westen so gefährlich. Deshalb wollen sie an Huawei ein Exempel statuieren und all den anderen chinesischen Konzernen, die da kommen mögen, signalisieren: Wir werden uns wehren.

Eine gefährliche Entwicklung, die – wenn auf Attacken Gegenattacken folgen – eskalieren kann.

Erst Scharmützel, dann Handelskriege?

Kurz vor Beginn der Olympischen Spiele im Sommer 2012 machte der amerikanische Senator Harry Reid, ein Demokrat, eine ungeheure Entdeckung: Die Olympiabekleidung des US-Teams, die der New Yorker Modeschöpfer Ralph Lauren entworfen hatte, war in China gefertigt worden bei der Dalian Dayang Group, wo – nebenbei bemerkt – auch der amerikanische Investment-Guru Warren Buffett einen Teil seiner Anzüge schneidern lässt.

Senator Reid war außer sich und empfahl eine schnelle Vernichtung der Chinesen-Klamotten durch Verbrennen. Die Chinesen reagierten mit einer Mischung aus Empörung und Sarkasmus: Der Herr Senator solle mal nach Hause gehen und nachschauen, was bei ihm alles aus China ist und das dann gleich mit verbrennen. Und wahrscheinlich sei auch noch das Feuerzeug aus China.

Die US-Amerikaner sind dann doch in ihren schicken Ralph-Lauren-Kleidern und -Anzügen made in China ins Londoner Olympiastadion einmarschiert. Doch die Episode zeigt, wie blank die Nerven vor allem bei den Amerikanern liegen.

China ist ein rotes Tuch für viele Amerikaner, egal ob Demokrat oder Republikaner, egal ob für den Mann auf der Straße oder den Mann in Nadelstreifen. Ein Hardliner wie der Wirtschaftsprofessor an der *University of California Irvine*, Peter Navarro, wettert in seinem Buch *Death by China*, dass »ein räuberisches China direkt vor unseren Augen Millionen von amerikanischen Fabrik-Arbeitsplätzen gestohlen hat«. Noch dumpfer argumentiert der ehemalige demokratische Kongressabgeordnete Maurice Hinchey. »Die größten Exporte nach China sind unsere Arbeitsplätze.«

Der Republikaner Peter Hoekstra nahm sogar viel Geld in die Hand, um zur allerbesten und auch teuersten Sendezeit vor und während des Super-Bowls einen 30-Minuten-Spot zu senden. Darin radelt eine junge Chinesin durch eine malerische Reislandschaft. »Eure Wirtschaft wird sehr schwach, unsere dagegen immer besser«, sagt sie selbstbewusst. Und zum Schluss verabschiedet sie sich mit den Worten: »Wir nehmen eure Jobs – Danke!«

So simpel denken viele Amerikaner. In der Tat glauben viele, dass für den industriellen Niedergang ihres Landes die Chinesen verantwortlich seien. Doch wer so argumentiert, verkennt zwei Entwicklungen: Erstens hat es in der Wirtschaftsgeschichte immer Wanderungsbewegungen von Industrien gegeben, übrigens im 19. Jahrhundert auch von England in die USA. Dieser permanente Wechsel ist eines der Ur-Prinzipien des Kapitalismus. Und zweitens haben sich die USA überwiegend selbst ihrer industriellen Basis beraubt. In den 90er Jahren redeten Politiker, Manager und ihre wissenschaftlichen Souffleure nur noch von der Dienstleistungsgesellschaft. Etwas in Fabriken produzieren war altmodisch, die Zukunft gehörte der Büroarbeit. Der Fixpunkt amerikanischen Wirtschaftens war die Wall Street, nicht mehr der industrialisierte Mittlere Westen.

Anteile an den weltweiten Güterexporten

Land	1980	2011
USA	16,4	10,7
EU	22,7	13,9
Japan	9,7	5,9
China	1,3	13,7

Quelle: State of the Union, SWP Berlin, Juli 2012

Josef Braml, Amerika-Experte der Deutschen Gesellschaft für Auswärtige Politik (DGAP), sagt: »Die USA haben in den vergangenen Jahrzehnten ihre Industrieproduktion dahinsiechen lassen.« Nur noch jeder zehnte Amerikaner arbeitet in einer Fabrikhalle.

Der brutale Schock kam mit der Finanzkrise im Herbst 2008, als das amerikanische Finanzsystem wie ein Kartenhaus zusammenbrach und die Amerikaner angesichts der fortgeschrittenen De-Industrialisierung ratlos fragten, wo denn künftig all ihre Arbeitsplätze herkommen sollen.

Naiv dachten sie: Dann holen wir eben unsere nach China abgewanderten Firmen wieder zurück. So dachte auch Barack Obama. Reines Wunschdenken. Keine Produktion kommt mehr aus China zurück in die USA. Das hätte Obama spätestens seit einem Abendessen mit dem später verstorbenen Apple-Chef Steve Jobs im Februar 2011 wissen müssen. Damals fragte Obama den charismatischen Steve Jobs: »Kann man die Apple-Produkte denn nicht wieder in den USA herstellen?« Jobs musste seinen Präsidenten enttäuschen: »Diese Jobs werden nicht zurückkommen.«

Es sei – erklärte Jobs – nicht nur eine Frage der Löhne, sondern auch der Flexibilität und der Fähigkeiten der Chinesen. Und dann erzählte Steve Jobs eine beeindruckende Anekdote. In einer der vielen großen südchinesischen Fabriken von Foxconn, die Apple-Produkte herstellen, mussten aus technischen Gründen kurzfristig die Bildschirme der iPhones ausgetauscht werden. Erst kurz vor Mitternacht wurden die neuen Screens geliefert. Sofort weckte ein Vorarbeiter rund 8000 Arbeiter in ihren Wohnheimen. Innerhalb einer halben Stunde traten sie zu einer Zwölfstundenschicht an und tauschten die Bildschirme aus. Die Kehrseite der Flexibilität: Viele Foxconn-Mitarbeiter klagen über miserable Arbeitsbedingungen. Außerdem soll Foxconn studentische Zwangsarbeiter einsetzen.

Natürlich ist so etwas in Kalifornien nicht möglich. So eine Nacht-und-Nebel-Aktion ist nirgendwo im Westen möglich. Aber eben in China. Das mag man hierzulande bedauern und die Gutmenschen werden »Ausbeutung! Ausbeutung!« rufen, doch ändern werden wir dadurch die Arbeitsbedingungen in China nicht, zumindest nicht von heute auf morgen. China wird weiterhin, und solange es irgendwie geht, seine günstigen Lohnkosten als Standortvorteil nutzen, und die ausländischen Konzerne werden sie ausnutzen.

Es bleibt also bei den Produktionsverlagerungen ins Reich der Mitte. China wird weiterhin günstiger produzieren können und damit die westlichen Märkte mit preiswerten Konsumgütern aller Art beliefern oder – wie die missgünstigen Beobachter meinen – überschwemmen. Doch diese Produktflut des Exportweltmeisters China sorgt inzwischen für viel Ärger im Westen, vor allem in den USA. Die Chinesen würden – so der Vorwurf – systematisch Amerikas Industrien zerstören. Wer so denkt, hat natürlich gleich eine Abwehrwaffe parat: Protektionismus.

Die Rufe nach Schutzmaßnahmen werden in den USA immer lauter. Inzwischen lehnen 44 Prozent der Amerikaner den Freihandel ab. Nach einer Umfrage von *The Mellman Group and North Star* wünschen sich 62 Prozent der Amerikaner, dass man in der Handelspolitik härter gegen China vorgeht.

In diesem Klima des Misstrauens gedeihen in Politik wie Wissenschaft abstruse Ideen. So forderte der ehemalige US-Senator Slade Gorton auf einer Anhörung der *United States-China Economic and Security Review Commission* im Mai 2011, dass die USA auf alle Importe aus China einen Zoll erheben sollten. Der emeritierte Wirtschaftsprofessor Robert Aliber von der *University of Chicago* lieferte gleich die konkrete Zahl dazu: Zehn Prozent Importzoll auf alles, was aus China kommt. Die Herren übersehen, dass solche Pauschalzölle kaum mit den Statuten der Welthandelsorganisation WTO vereinbar sind.

Barack Obama geht deshalb etwas subtiler vor. Er installierte Anfang 2012 die sogenannte *Enforcement Task Force*. Sie wird aus Vertretern verschiedener amerikanischer Behörden, darunter das Handels- und Finanzministerium, gebildet. Chef der Truppe ist Mike Froman, stellvertretender Sicherheitsberater für internationale Wirtschaftsbeziehungen im Weißen Haus. Die Gruppe soll Chinas Handelspraktiken schärfer überwachen und Verstöße gegen Handelsgesetze ahnden.

Anti-Dumping-Zölle und Strafzölle sind inzwischen Alltag in den Auseinandersetzungen zwischen den USA und China. Die

Amerikaner belegen Reifen und Stahlprodukte mit Strafzöllen, die Chinesen erheben solche auf Kunstfasern, Hähnchenteile und Autos aus den USA. Es ist ein Hin und Her, Maßnahme trifft auf Gegenmaßnahme. Wer auf wen reagiert, ist inzwischen gar nicht mehr ausfindig zu machen.

Inzwischen eskalieren auch die Handelsstreitereien zwischen der EU und China. Brüssel erhebt Anti-Dumping-Zölle auf Stahlrohre und Bügelbretter, auf Schrauben und Bolzen sowie hochwertiges Papier. Chinas Weinkonzerne klagen im Gegenzug über die Europäer, die ihren Wein zu Dumping-Preisen verkaufen würden.

Gravierender sind freilich zwei andere Streitpunkte: Erstens die Anti-Dumping-Maßnahmen der Europäer gegen Chinas Solarindustrie (siehe Kapitel 5). Zweitens die Luftverkehrsabgabe, die die EU von ausländischen Airlines kassieren will. China will diese nicht zahlen, friert aus Verärgerung sogar die Bestellungen von neuen Airbussen ein.

Dies hatte wiederum einen Brief von Tom Enders, dem Chef der Airbus-Mutter EADS, an die EU-Kommission zur Folge. Darin warnt er vor einem möglichen Handelskrieg, der zwischen Europa und China ausbrechen könnte.

In diesem Brandbrief von Enders steckt natürlich eine gehörige Portion Eigennutz. Aber dieses schlimme Wort vom Handelskrieg ist nicht so abwegig. Wenn beide Seiten – Amerikaner und Europäer versus Chinesen – sich mit immer mehr handelspolitischen Nadelstichen triezen, wird es bald zu einem Handelskrieg kommen.

Es scheint so, dass die Chinesen einen solchen antizipieren und deshalb schon einen Schritt weiter sind. Sollte es zu einem Handelskrieg mit dem Westen kommen, haben sie bereits neue Märkte, auf die sie ausweichen können, nämlich die auf der südlichen Hälfte des Globus.

Neue Handelsströme im Süden

Dubai. Etwas außerhalb der Wüstenmetropole liegt an einer Autobahn ein riesiges Gebäude, das einem Drachen nachempfunden wurde. Das Bauwerk heißt denn auch Dragon Mart, Drachenmarkt. Überall wehen die knallroten chinesischen Flaggen. Rund 3,2 Kilometer ist das Monster lang und in seinem Inneren hat es nicht weniger als 3 900 Geschäfte. Sie bieten alles, was China produziert – also alles.

Lagos. Der Alaba Markt in Nigerias Metropole ist der größte Markt für Handys und andere elektronische Geräte in Afrika. Über 5000 Shops sind hier, zwei Millionen Käufe werden hier jeden Tag getätigt. Über 90 Prozent der dort verkauften Waren stammen aus China. Sie bedienen die wachsende Mittelschicht Nigerias.

São Paulo. Mitten in dem brasilianischen Moloch steht eine chinesische Mall, Xing Ling genannt. Dort gibt es Fakes und echte Waren made in China zu unschlagbar günstigen Preisen.

Guangzhou. Die südchinesische Stadt – besser bekannt unter dem Namen Kanton – hat schon den Spitznamen »Schokoladenstadt«, weil hier schätzungsweise 50 000 Afrikaner leben. Viele sind auf dem Canaan Markt anzutreffen. Er ist einer der echten Marktplätze der Globalisierung: Afrikaner verkaufen hier afrikanische und kaufen chinesische Waren.

Vier Orte, vier Märkte, alle auf der Südhalbkugel des Globus gelegen. Sie signalisieren einen Trend: Den des zunehmenden Handels zwischen den aufstrebenden Nationen und Regionen des Südens. Süd-Süd-Handel nennen die Experten diese Entwicklung, Nostalgiker sprechen von der neuen Seidenstraße in Anlehnung an die legendäre Handelsroute, die einst China mit dem Nahen Osten und Europa verband.

Es entstehen in der Tat neue Achsen in der Weltwirtschaft. Zwischen China und Rest-Asien, zwischen China und Afrika, zwischen China und Lateinamerika, vor allem mit Brasilien. »Nirgendwo ist das Süd-Süd-Modell offensichtlicher als in den wachsenden Beziehungen zwischen Asien und Südamerika«, sagt Luis Alberto Moreno, Präsident der Inter-American Development Bank.

Dort ist in fast jedem Land China – sehr zum Verdruss der USA, die Lateinamerika immer noch als ihren Hinterhof betrachten – wirtschaftlich aktiv und präsent. Sie vergeben großzügig Kredite, insbesondere an das treu ergebene Venezuela unter Chinafreund Hugo Chávez. Chinesische Autos der Marken Chery, Geely oder Great Wall rollen über Straßen und holprige Pisten von Argentinien bis nach Venezuela. Brasilianer oder Peruaner telefonieren mit chinesischen Handys, schauen in chinesische TV-Geräte.

Unübersehbares Zeichen dieses Booms: *Vale Brasil*, ein gigantisches Schiff, 362 Meter lang, 65 Meter breit. Es kann sagenhafte 400 000 Tonnen Fracht über die Weltmeere schippern. Es pendelt zwischen Brasilien und China. Auf der Hinfahrt hat der Gigant der Meere Eisenerz geladen, auf der Rückfahrt chinesische (Billig-)waren.

Dies gefällt den Brasilianern gar nicht. Sie wollen nicht nur Rohstofflieferant sein, und sie wollen nicht nur von chinesischen Billigimporten überschwemmt werden. Präsidentin Dilma Roussef hat dies im April 2011 bei ihrem ersten China-Besuch, in dessen Schlepptau sich nicht weniger als 309 Wirtschaftsvertreter befanden, deutlich angesprochen. Die Chinesen gelobten Besserung.

Die Chinesen haben eben die richtigen Produkte für die Bevölkerung in den Schwellen- und Entwicklungsländern, die sich gerade mal ihr erstes Handy, ihr erstes Auto oder ihren ersten Kühlschrank leisten können. Die Produkte made in China sind einfach, praktisch, günstig.

Die Verlierer sind amerikanische, europäische und japanische Firmen, die solche Einsteigermodelle nicht im Angebot haben und damit den Chinesen kampflos das Feld der Zukunft überlassen.

Ein gutes Beispiel ist das Ideos Smartphone von Huawei. Es kostet in Kenia nur rund 8000 Shilling, was rund 100 Dollar entspricht. 2010 kam es in Kenia auf den Markt, ein Jahr später hatte es dort schon einen Marktanteil von 45 Prozent.

Aber nicht nur die Chinesen machen Geschäfte in Afrika, auch die Brasilianer und vor allem die Inder – traditionell an Afrikas Ostküste aktiv – entdecken den Kontinent wieder. Machten vor einer Generation die BRIC-Staaten gerade mal ein Prozent am Afrikahandel aus, so sind es heute schon 20 Prozent – und 2030 werden es wohl 50 Prozent sein, schätzt die Weltbank.

»Die größte Schau der Welt findet nicht in den USA und Europa statt, sondern woanders«, sagt Stephen King, Chefvolkswirt der Bank HSBC. Und der Westen ist nur Zuschauer.

Kapitel Drei *Bildung und Technologie:*
Kopie gegen Originale

> »In China hat Innovation inzwischen einen höheren Stellenwert als bei uns. Das ist ein Alarmsignal. Das macht mich regelrecht betroffen.«
>
> Franz Fehrenbach, ehemaliger Bosch-Chef

Viele im Westen assoziieren China immer noch mit Billigprodukten. Feuerzeuge, Klamotten, Spielzeug, Weihnachtsschmuck – das können sie herstellen, mehr aber nicht. Ach ja, und kopieren können sie auch noch. – Soweit des Volkes Stimme.

Natürlich stellen die Chinesen fast all die billigen Klamotten bei Esprit, H&M, Zara und wie sie alle heißen her. Sie bauen auch die iPods, iPhones und iPads aus dem Hause Apple zusammen. Fast alle Handys, Laptops sind made in China. Aber China ist längst nicht mehr nur die Fabrik der Welt. China ist mehr. Und China kann mehr.

Die, die tagtäglich mit chinesischen Firmen zu tun haben, wissen das. Zum Beispiel Eberhard Veit, Vorstandschef des Kfz-Zulieferers Festo. Er sagt gegenüber der *Süddeutschen Zeitung*: »Die Zeit, dass China ein technologisches Entwicklungsland war, liegt lange zurück.« Deutsche Maschinenbauer erzählen, dass sie schon fast den Atem der chinesischen Konkurrenz im Nacken spüren. Hatten sie früher einen technologischen Vorsprung von fünf Jahren, so sind es jetzt nur noch zwei Jahre.

China holt auf. Die technologische Lücke zwischen dem Reich der Mitte und dem Westen wird kleiner und kleiner, auch wenn das viele im Westen nicht wahrhaben wollen. Besonders die Amerikaner tun sich schwer mit dieser Erkenntnis. Stellvertretend für dieses Denken sei aus der Rede von Barack Obama im Londoner Westminster zitiert: »Von Newton und Darwin zu Edison und Einstein, von Alan Turing bis Steve Jobs – wir waren immer führend in der Wissenschaft und der Spitzenforschung.«

US-Politiker glauben immer noch an die Wundertüte im Silicon Valley, das eine Innovation nach der anderen hervorzaubert. Dabei sagen schon die meisten amerikanischen Forschungsmanager laut dem *Global Technology Innovation Survey* von der Wirstschaftsprüfungsgesellschaft KPMG, dass in den nächsten Jahren das Silicon Valley abgelöst wird – von China.

Auch in Europa ist man realistischer und gedanklich weiter. »Der bisher für selbstverständlich gehaltene Wissens- und Technologievorsprung von Deutschland und Europa ist keine Versicherungspolice mehr gegen den Wettbewerb mit China. Von diesem hohen Ross gilt es schleunigst abzusteigen.« Das sagt Ex-Finanzminister Peer Steinbrück. Und der Sozialdemokrat sagt noch einen simplen Satz: »Technologie ist ein Produkt aus Wissen und Kapital.«

Geld und Köpfe – beides hat China nahezu im Überfluss. China pumpt Milliarden in Zukunftstechnologien wie Gen-, Nano- oder Grüne Technologien. China investiert Wahnsinnssummen in den Ausbau des weltweit größten Netzes von Hochgeschwindigkeitszügen, in die Entwicklung eines Passagierflugzeuges, das Airbus und Boeing Konkurrenz machen wird, und in Raumfahrtabenteuer Richtung Mond und Mars.

Geld ist nicht alles. Innovationen erfordern auch kritische, kreative Köpfe. Und die seien in einem autoritären System Mangelware, sagen Kritiker des chinesischen Wissenschaftsbetriebes. Das war vielleicht mal so. Die Realität heute sieht anders aus. In den Elite-Unis des Landes wird durchaus kritisches Hinterfragen gefordert und gefördert. »Es wäre falsch zu glauben, dass die Chinesen irgendein genetisches Defizit haben, das es ihnen nicht erlaubt, innovativ zu sein. Natürlich werden sie innovativ sein und interessante Dinge hervorbringen«, sagt der bekannte amerikanische Kolumnist Fareed Zakaria.

Was Zakaria in Worten fasst, kann man in Zahlen ausdrücken: Die Zahl der Patente aus China stieg in den vergangenen Jahren ebenso wie die Zahl der wissenschaftlichen Veröffentlichungen in den einschlägigen Publikationen. Für den BASF-Vorstand Martin Brudermüller ist es »nur eine Frage der Zeit, wann China auch einen Nobelpreisträger in den Wissenschaften hervorbringt«.

Und ist das Wissen im Lande noch nicht vorhanden, so holen sie es sich – legal wie illegal. Die Chinesen sind inzwischen so stark, dass sie westliche Firmen zwingen können, ihre Technologien mit den chinesischen Unternehmen zu teilen, bevor sie Zugang zum gigantischen Markt bekommen. Dieses schon jahrzehntelang praktizierte Tauschgeschäft – Marktzugang gegen Know-how – gibt es nach wie vor.

Reicht aber dieser mehr oder weniger erzwungene Technologietransfer nicht aus, greifen die Chinesen seit kurzem zu einem neuen, viel wirkungsvolleren Instrument. Entdecken sie irgendwo im westlichen Ausland eine Firma mit einer interessanten Technologie, beteiligen sie sich an dem Unternehmen oder kaufen es gleich ganz.

Noch sind es eher kleine innovative Nischen-Firmen, die die Chinesen kaufen. Aber was wird passieren, wenn sie nach den technologischen Kronjuwelen des Westens greifen?

Patente Weltmeister

Die Magazine heißen *Cell*, *Nature* und *Science*. Wer in diesen renommierten Wissenschaftsblättern seine Forschungsergebnisse veröffentlichen darf, zählt zur globalen Elite der klugen Köpfe. Vor zwanzig Jahren stammten nahezu alle wissenschaftlichen Artikel in diesen Magazinen von Autoren aus Nordamerika, Europa und Japan. Heute dagegen finden sich in diesen Zeitschriften immer mehr Beiträge chinesischer Wissenschaftler, vor allem aus den Bereichen Chemie und Materialwissenschaften. China ist inzwischen der zweitgrößte Produzent von wissenschaftlichen Publikationen, hat also Japan und die europäischen Länder überholt.

Wissenschaftliche Veröffentlichungen und Patente sind die beiden wichtigsten Gradmesser, die erklären, wie es um den technologischen und innovativen Status eines Landes steht. Auf beiden Feldern haben Chinas Forscher und Wissenschaftler in den vergangenen Jahren massiv aufgeholt.

Bei Patenten sind die Chinesen inzwischen Weltmeister. Schon 2010 haben sie die Tüftlernation Japan überholt, die zehn Jahre zuvor noch viermal so viele Patente entwickelte wie die Chinesen. 2011 zogen die Chinesen dann an den Amerikanern vorbei und sind damit die Nummer eins in der Welt. Genau 526 412 Patente meldeten die Chinesen im Jahre 2011 bei den Behörden an. »Es ist alles viel schneller passiert, als wir dachten,« sagt Robert Stembridge, der bei dem Informationskonzern Thomson Reuters die weltweite Patentszene beobachtet.

Chinas Kreativitätsboom hat seine Ursachen in der Förderung durch den Staat und Unternehmen. Die Regierung entwickelte ein Anreizsystem, um Patente zu fördern. Professoren bekommen schneller einen Lehrstuhl, Studenten und Angestellte leichter eine Hukou, die begehrte Wohnberechtigung in einer Stadt. Und Firmen mit einem hohen Patentanteil zahlen weniger Steuern. Neben dem Staat fördern auch die Unternehmen das kreative Potential ihrer Mitarbeiter. Sie zahlen denen, die Patente entwickeln, Boni. Bei Huawei sind das zwischen 10 000 und 100 000 Yuan pro patentierter Idee. Inzwischen ist aber Konkurrent ZTE die Nummer eins in der Welt hinsichtlich der Patent-Rate. 2826 Anmeldungen waren es 2011.

Natürlich gibt es immer wieder Nörgler, die kritisieren: Ja, aber die Patente in China sind nicht so viel wert wie im Westen. »Patente sind leicht zu beantragen«, sagt zum Beispiel Tony Chen, Patentanwalt bei der US-Kanzlei Jones Day in Shanghai. Andreas

Kreimeyer, Vorstandsmitglied beim Chemiekonzern BASF, kommt hingegen zu einem anderen relativierenden Urteil: Es kämen eine ganze Welle von Patenten aus China, die »nicht nur Masse, sondern auch Klasse« seien.

Ähnlich unterschiedlich werden die wissenschaftlichen Veröffentlichungen der Chinesen gesehen. Es komme nicht nur auf die Quantität an, argumentieren viele im Westen. »Bei der Qualität sieht es anders aus: da ist China noch weit abgeschlagen, aber das wird sich bald ändern«, sagt der Präsident der Max-Planck-Gesellschaft Peter Gruss. Eine andere führende deutsche Wissenschaftsinstitution, die Fraunhofer-Gesellschaft, schätzt die Chinesen hingegen schon höher ein: »Die Qualität der Publikationen hat sich dem Weltniveau angepasst.«

Die Basis hierfür ist die Bildung. Und die fängt in China früh an.

Tiger- oder Rabenmutter?

Amy Chua hat ein viel beachtetes und vor allem stark kritisiertes Buch geschrieben. In Englisch heißt es *The Battle Hymn oft the Tiger Mother*, auf Deutsch *Die Mutter des Erfolgs*. In ihrem Buch beschreibt Chua, die als Professorin an der Yale University Rechtswissenschaften lehrt, die Erziehung ihrer beiden Töchter Sophia und Louisa. Amy Chua selbst ist ein ABC-Kind, ein *American-Born Chinese*. Ihre Eltern kamen aus Taiwan, sie ist in den USA geboren und aufgewachsen. Sie kennt also beide Erziehungswelten: die strenge chinesische und die liberale amerikanische.

In ihrem Buch glorifiziert sie nicht das chinesische Drill-System, auch wenn das viele Kritiker so sehen wollten. »Viele Leute haben die Botschaft des Buches missverstanden«, sagt Amy Chua. Viele wollten sie offenbar auch missverstehen. Sie haben das differenzierende Buch undifferenziert verdammt. Joachim Käppner zum Beispiel hörte in der *Süddeutschen Zeitung* den »Schlachtruf des häuslichen Drills«. Das Urteil war schnell gefällt: Die Tigermutter ist eine Rabenmutter, die durch Drill und Zucht ihren beiden Kindern die Kindheit raubt. Die meistzitierte Passage war die, als sie eine ihrer Töchter bei Eiseskälte auf dem Balkon aussperrt.

Julia Schaaf, zweifache Mutter, räsonierte dagegen in der *Frankfurter Allgemeinen Sonntagszeitung*: »Ich denke darüber nach, ob auf dem Weg zum Glück chinesische Sekundärtugenden nicht vielleicht doch ganz nützlich sind.« Genau das war es, was Amy Chua bei Eltern im Westen wollte. Anregen zum Nachdenken. Denn sie glaubt durchaus zu Recht, dass westliche von chinesischen Eltern was lernen können.

An einem einfachen verständlichen Beispiel aus dem Schulalltag erklärt sie zunächst die Unterschiede im erzieherischen Denken chinesischer und westlicher Eltern: »Westliche Eltern werden ihr Kind für eine Eins minus loben. Die chinesische Mutter jedoch wird nach Luft schnappen und fragen, was falsch gelaufen ist.«

Dann kritisiert sie: »Westliche Eltern nehmen die Dinge manchmal zu leicht.« Sie meint, sie fordern ihre Kinder nicht genug, sie lassen ihnen viel zu viel durchgehen. »Der Effekt sturer Wiederholung wird in der westlichen Welt unterschätzt.« Doch Chua teilt auch Richtung China aus: »Dort übertreiben die Eltern.«

Eigentlich plädiert sie dafür, das Beste aus beiden Erziehungswelten zu kombinieren. Doch wenn das so einfach wäre … Sie versuchte das bei der Erziehung ihrer beiden Töchter und ist – das gesteht sie freimütig ein – damit gescheitert.

Interessant ist, dass das Buch auch in China eine Debatte auslöste, zumal dort zur selben Zeit Stories von einem bösen Wolfsvater kursierten, der seine Kinder im wahrsten Sinne des Wortes zur Universität prügelte. In China hatte Chuas Buch einen ziemlich neutralen Titel, nämlich *Parenting Guide by a Yale Law Professor: Raising Kids in America*.

Bei der Vorstellung ihres Buches in China stellte Chua den Zwiespalt bei chinesischen Eltern fest. Einerseits beklagen viele Eltern und Kinder den extremen Leistungsdruck des dortigen Bildungssystems. Anderseits wollten sie allzu häufig von ihr, der amerika-

nischen Yale-Professorin, wissen: »Wie schaffe ich es, dass mein Kind nach Harvard kommt?«
Chinesische Eltern denken und ticken anders.

Frühes Lernen, später Erfolg – Chinas Bildungssystem

Jedes Jahr spielt sich in der ersten Juni-Woche in Millionen von chinesischen Familien ein Drama ab. Die ganze Großfamilie ist aufgeregt: Großeltern, Eltern und natürlich das einzige Kind im Haushalt. Nach zwölf Schuljahren steht das *gaokao* an, die Aufnahmeprüfung für die Hochschule. In vier Fächern wird geprüft: Chinesisch, Englisch, Mathematik und einem Wahlfach.

Vom Ergebnis des *gaokao* hängt ob, was und wo der Sohn oder die Tochter studieren darf, ob an einer der Elite-Unis oder einer x-beliebigen Provinzhochschule. Und da die richtige Uni über den späteren Job und das Gehalt entscheidet, bekommt das *gaokao* eine nahezu lebenswichtige Bedeutung.

Dem Ereignis angemessen, herrscht rund um die prüfenden Schulen Ausnahmezustand. Straßen, die zu den Schulen führen, werden von der Polizei gesperrt, damit ja kein Prüfling im Verkehrsstau stecken bleibt. Nur Schüler und deren Eltern werden durchgelassen. Zudem werden Bauarbeiten rund um die Prüfanstalt eingestellt, damit kein Bohren und kein Hämmern das Nachdenken der Schüler stört.

Seit über 2000 Jahren gehören Tests zum Bestandteil des chinesischen Systems. Damals wurden sie erstmals eingeführt, um Regierungsbeamte und Militärs auszuwählen. Bei dieser Selektion sollte nicht die Herkunft eine Rolle spielen, sondern allein die Leistung. Das dauernde Geprüftwerden prägt auch heute noch die chinesische Gesellschaft.

Schon in jungen Jahren müssen chinesische Kinder (und ihre Eltern) permanent kämpfen um einen Platz in einem Kindergarten, dann in der Schule und schließlich an der Universität. Das hat negative Folgen – die Selbstmordrate rund um das *gaokao* ist relativ hoch – und es hat positive Folgen: Nach dem Prinzip des *Survival of the Fittest* spült dieses Auswahlverfahren meist die besten nach oben.

Chinas Bildungssystem ist extrem kompetitiv. Das fängt schon ganz früh an. Die chinesische Regierung hat frühkindliche Ausbildung zu einer nationalen Priorität erklärt. Neben den öffentlichen Schulen mischen in diesem lukrativen Markt auch private Anbieter wie zum Beispiel der amerikanische Walt-Disney-Konzern mit. Ketten überziehen das Land mit *early-education classes*. Die Teilnahme an einem solchen Unterricht kann bis zu 10 000 Yuan im Jahr kosten. Überall sprießen Englisch-Schulen für Kinder aus dem Boden. Es gibt spezielle Curricula für Zwei- bis Vierjährige und Drei- bis Sechsjährige.

Wenn er das liest und hört, rümpft der Westler die Nase. Er betrachtet solche lernenden Aktivitäten als Angriff auf die spielerische Kindheit. Nicholas Kristof tut das nicht. Der Amerikaner hat viele Jahre als Korrespondent für die *New York Times* in China gelebt. Er weiß, wovon er redet, wenn er in seinem Blatt schreibt: »China hat eine exzellente frühkindliche Ausbildung.«

Die Überschrift seines Artikels heißt *China's winning schools*. Der Vielgereiste beschreibt, dass selbst in abgelegenen ländlichen Gegenden Chinas Jungen und Mädchen eine weiterführende Schule besuchen. Lehrer hätten einen viel höheren Stellenwert als in den USA. Sein Fazit ist deutlich: »Die wirkliche Herausforderung [für den Westen] sind nicht Chinas Militärflugzeuge, sondern Chinas Bildungssystem.«

Bildung hat in China einen ganz anderen Stellenwert als bei uns im Westen. Sowohl für den Staat, aber auch für die Familien ist Bildung ein sehr hohes Gut. Der Staat verspricht sich von seinen Investitionen in Bildung und Wissenschaft ein Weiterkommen in Richtung innovativer Wissensgesellschaft; die Eltern erhoffen sich von den – oft verdammt hohen – Investitionen in ihre Kinder eine Verbesserung ihres sozialen Status.

Chinas Investitionen in Bildung und Forschung

Indikator	2000	2005	2010	2020
F+E*-Ausgaben (in Prozent des BIP)	1,0	1,3	1,8	>2,5
Bildungsausgaben (in Prozent des BIP)	2,58	2,79	3,84	>5
Schüler mit Abitur (in Prozent)	42,8	52,7	70	95

* Forschung und Entwicklung
Quelle: Hu Angang, China 2020, Seite 156.

Das Ergebnis beider Anstrengungen kann sich sehen lassen. Als die Chinesen 2011 zum ersten Mal an einem PISA-Test teilnahmen, überraschte das Ergebnis die Öffentlichkeit, aber nicht die Experten. Die Schüler aus Shanghai schafften Spitzenwerte in Lesen, Rechnen und in den Naturwissenschaften – vor allen anderen westlichen Nationen der OECD.

Prompt meldete sich die Ja-aber-Fraktion zu Wort. Ja, das ist ja alles schön und gut, aber die Chinesen können nur pauken und auswendig lernen. Dazu würden sie in der Schule und an der Uni erzogen. Kritisches Hinterfragen, die Basis jeglicher Kreativität, sei nicht erlaubt. Stellvertretend für diese Stimmen sei Hans-Jörg Bullinger, ehemaliger Präsident der Fraunhofer-Gesellschaft, zitiert: »Ein Trost: Wir in den westlichen Industrieländern haben etwas, das uns auszeichnet: Kreativität.«

Hier die Kreativen, dort die Imitatoren. Stimmt diese Dichotomie denn noch?

Andreas Schleicher, deutscher OECD-Direktor, antwortet den Kritikern des chinesischen Pauksystems: »Das sind längst überholte Klischees – meist von Leuten, die selbst nie in China waren.« Schleicher war sehr oft in China. Klar, sagt er, werde dort an den

Schulen gepaukt, »aber es wird auch Wert auf kreatives Problemlösen und auf Diskussionen gelegt.«

Statt in selbstgefälliger Überheblichkeit zu schwelgen, sollten die Verantwortlichen im Westen die Erfolge chinesischer Schüler und damit auch des dortigen Bildungssystems ernst nehmen. »Das ist ein Weckruf für alle OECD-Länder«, sagt Richard Hopper von der OECD. Bei manchen ist er immerhin angekommen. »Für mich ist das ein massiver Weckruf«, sagt Arne Duncan, amerikanischer Minister für Bildung, Erziehung und Wissenschaft. »Unser Ziel sollte es sein, bei Bildung in der Welt führend zu sein.« Ein hehres Ziel, von dem aber die USA weiter denn je entfernt sind.

Der Bericht *The Competition that Really Matters*, den das *Center for American Progress* und *The Centre for the Next Generation* im August 2012 veröffentlichte, kommt zu einer alarmierenden Zustandsbeschreibung des amerikanischen Bildungssystems:

- Die Hälfte der amerikanischen Kinder bekommt keine frühkindliche Erziehung;
- mehr als ein Viertel haben chronische Gesundheitsprobleme;
- mehr als 22 Prozent leben in Armut;
- mehr als die Hälfte der Studenten verlassen die Hochschule ohne Abschluss.

Dieser amerikanischen Katastrophenbilanz stellen die Autoren der Studie die Erfolge der chinesischen Bildungspolitik gegenüber (siehe oben) und kommen zu dem nicht unerwarteten Ergebnis: »Chinas bildungsfokusierte Strategie macht das Land zunehmend in solchen anspruchsvollen Industrien wettbewerbsfähig, in denen derzeit die Amerikaner noch die Nase vorn haben.«

Vergleiche zu den 50er Jahren drängen sich auf. Damals forderten die Russen die Amerikaner heraus. Sechs Monate nach dem Flug des sowjetischen Sputniks ins All erschien die Zeitschrift *Life* mit der Titelstory *Crisis in Education*. Der Sputnik-Schock wirkte: 1958 verabschiedete der amerikanische Kongress den *National Defense Education Act*, der unter anderem für Studenten der

Mathematik, Naturwissenschaften und Sprachen finanzielle Zuschüsse vorsah.
Und heute?
Der China-Schock ist mindestens so gefährlich wie der Sputnik-Schock. Dieter Ernst vom East-West Center in Honolulu fordert: Die USA brauchen eine »neue nationale Innovationsstrategie« und »Verbesserungen im Bildungssystem«. Doch nichts passiert.
Ein Nichtstun, das sich rächen wird. Jim Clifton, Chairman des Meinungsforschungsunternehmens Gallup, macht in seinem Buch *The Coming Jobs War* die Rechnung auf, dass von den künftig fünf Milliarden Menschen über 15 Jahre drei Milliarden arbeiten oder arbeiten wollen, dass es aber für sie nur 1,2 Milliarden Vollzeitjobs gebe. Sein Schluss: Es wird einen großen globalen Wettbewerb um die verfügbaren Jobs geben. Wer wird ihn gewinnen? Die, die die beste Ausbildung haben. Und »die Länder, die als Erste handeln«.
China handelt.

Der Staat denkt und lenkt

Die Handelnden sitzen in einem gigantischen Superministerium, das im März 2013 neu geschaffen wurde. Damals fusionierten das *Ministry of Science and Technology* und das *Ministry of Industry and Information Technology* zu einer Mammutbehörde. Diese hat eine zentrale Funktion in der Ausgestaltung der chinesischen Technologiepolitik. Es formuliert die Pläne mit und es verteilt die Gelder an die ausgewählten Industrien.
Pläne haben gerade in der Forschungspolitik Tradition in dem formal noch kommunistischen Land. Seit über 25 Jahren gibt es Pläne und Programme, die den wissenschaftlichen Fortschritt fördern sollen.
Das derzeit wichtigste Dokument ist *The National Medium to*

Long-Term Plan for the Development of Science and Technology (2005–2020) – kurz *MLP*. Es ist quasi der Rahmenplan, an dem sich die anderen Programme zu orientieren haben. Er ist auch ein sehr ambitiöser Plan, der klare Ziele definiert. Das wichtigste Ziel: Bis zum Jahr 2020 sollen die Ausgaben für Forschung auf 2,5 Prozent des Sozialprodukts steigen. Derzeit sind es 1,5 Prozent. Und bis zum Jahr 2020 will China auch die größte Anzahl an »Wissensarbeitern« in der Welt haben, nämlich 120 Millionen. Derzeit sind es »nur« 60 Millionen.

China leistet sich einen gigantischen Forschungsapparat. Insgesamt soll es rund 45 000 Forschungseinrichtungen aller Art geben, bei denen knapp 1,5 Millionen Menschen beschäftigt sein sollen. Nach wie vor das Rückgrat dieses Systems ist die Chinesische Akademie für Wissenschaften (englisches Kürzel: CAS). In den rund 100 Forschungsinstituten der CAS arbeiten rund 50 000 Beschäftigte. Lange Zeit war die Akademie so etwas wie ein schlafender Riese, in dem viel Wissen schlummerte. Doch »seit 1998 hat sich die Quantität und Qualität der CAS-Forschung merklich verbessert«, stellte die *United States-China Economic and Security Review Commission (USCC)* in einer Studie vom Januar 2011 fest.

Zweiter Eckpfeiler des chinesischen Forschungsbetriebes sind die Hochschulen, von denen es Hunderte gibt. Aber neun Universitäten ragen besonders heraus. Sie zählen – analog zur amerikanischen Nomenklatur – zur chinesischen *Ivy League* oder auch kurz zur C9: Die beiden Beijinger Elite-Unis Beida (*Beijing Daxue* oder *Beijing University*) und Qinghua, die beiden Shanghaier Hochschulen Fudan und Jiatong sowie die Zhejiang Uni, die Nanjing Uni, die Uni of S&T of China in Hefei, das Harbin Institute of Technology und die Xi'an Jiaotong.

Diese Unis residieren meist auf einem schicken Campus und müssen einen Vergleich mit ihren amerikanischen Counterparts in Harvard oder Stanford nicht scheuen. Fudan zum Beispiel: Weitläufiges Gelände, grüne Wiesen, lange Alleen, alte und viele neue

Gebäude. Aber wie sieht es hinter den Kulissen aus? Bürokratisch, sagen viele, und wenig kreativ, weil die Freiheit des Denkens eingeschränkt ist. An jeder öffentlichen Universität hat der Parteisekretär das letzte Sagen. Das stößt zunehmend auch der Führung negativ auf. Wen Jiabao forderte deshalb völlig zu Recht: »Wissenschaftler sollen die Universitäten leiten.« Es gibt schon seit Jahren Reformversuche – vor allem an der Beida –, aber die Bürokraten blocken.

Die starke Stellung des Staates in der Forschungspolitik hatte eine negative Folge: Lange Zeit nahmen die chinesischen Unternehmen Forschung und Entwicklung nicht sehr ernst. Das ist doch – sagten sich die Manager – traditionell Aufgabe des Staates mit seiner gewaltigen Infrastruktur, weshalb sie sich darum nicht weiter kümmerten. Diese Ohne-mich-Haltung hat sich allerdings in den vergangenen Jahren gravierend verändert. Die Unternehmen, von denen die meisten ja im Wettbewerb mit westlichen Firmen stehen, haben kapiert, dass sie in Forschung investieren müssen.

Aber sie tun dies in enger Abstimmung mit dem Staat, der eine ganz klare Industriepolitik betreibt. Er entscheidet, welche Technologien, welche Industrien und welche Unternehmen gefördert werden. So hat im Oktober 2010 der Staatsrat, dem alle Ministerien angehören, sieben strategische Industrien definiert, die es zu fördern gilt. Diese sieben wurden auch im derzeit laufenden Fünf-Jahres-Programm (2011 bis 2015) als prioritär genannt.

Die sieben Bereiche, die eine strategische Bedeutung haben, sind: Energiesparen und Umweltschutz, Informationstechnologie, Biotechnologie, Großmaschinen, Saubere Energien, Neue Materialien und Elektroautos.

Nun lässt sich vor allem im Westen trefflich streiten, ob diese Form der staatlichen Selektion von Branchen und Technologiefeldern marktwirtschaftlich konform ist. Ein müßiger, ein akademischer Streit, zumal auch die westlichen Staaten nicht lupenrein marktwirtschaftlich handeln. Auch sie fördern gewisse Industrien und Technologien, die sie für zukunftsträchtig halten, siehe erneuerbare Energien und Elektroautos, auf die sowohl China als auch der Westen setzen.

Die Frage ist, welche Technologiepolitik die bessere und effizientere ist? Die stärker interventionistische chinesische oder die westliche, die nur Rahmen setzen will? Es gibt auch im Westen durchaus Wissenschaftler, die dem chinesischen Modell einige Vorteile einräumen, der amerikanische Wirtschaftsprofessor Doug Guthrie, der an der *George Washington University* lehrt, zum Beispiel. Er sagt, dass die Chinesen ihren steilen Aufstieg einer originären neuen Wirtschaftsform verdanken, der staatlich verordneten Innovation. Er nennt es *Innovention*, eine Mischung aus Innovation und Intervention.

Bestes Beispiel dafür ist Chinas Politik bei der Entwicklung von Elektroautos (siehe auch Seite 132). Da hat sich die Regierung in Beijing – durchaus nach heftigen internen Diskussionen über die verschiedenen alternativen Antriebsmodelle – früh festgelegt: E-Mobilität ist die Zukunft. Chinas Wissenschaftler und Unternehmen haben damit für die nächsten Jahre Planungssicherheit. Sie wissen: Der Staat unterstützt sie, Forschungsgelder werden fließen.

E-Autos sind ein Teil einer technischen Revolution, an die die Führung in Beijing glaubt, nämlich alternative, saubere Energien. Die andere Revolution wird sich nach Ansicht der Beijinger Chefplaner in dem Bereich Life Science und Biotechnologie abspielen.

Deshalb gilt die klare Marschrichtung: In diesen beiden Zukunftstechnologien wollen die Chinesen den Westen überholen, in den anderen Technologien, in denen die Chinesen noch hinterherhinken, wollen sie ihn zumindest einholen.

Die Aufholjagd hat begonnen

Es gibt vor allem zwei Industrien, in denen die Deutschen weltweit führend sind: im Autobau und im Maschinenbau. Diese alten Industrien, die die Angelsachsen in ihrem Dienstleistungswahn vor gar nicht allzu langer Zeit als ewiggestrig verspottet haben, haben die deutsche Wirtschaft in den Krisenjahren seit 2008 gerettet.

Die deutsche Wirtschaft würde nie und nimmer so gut dastehen, wenn es diese beiden Branchen nicht geben würde, und – das muss man fast im selben Atemzug erwähnen – wenn nicht China unsere Autos und Maschinen in großen Stückzahlen gekauft hätte. Denn China kann zwar vieles, aber solche Autos und Maschinen bauen wie die Deutschen schaffen sie noch nicht. Die Betonung liegt auf noch nicht.

Doch die OECD sieht genau diesen deutschen Vorsprung in den beiden Vorzeigeindustrien bedroht – von den Chinesen. OECD-Generalsekretär Angel Gurría sagt: »Deutschlands Vorsprung schwindet langsam.« Der Verband Deutscher Maschinen- und Anlagenbau (VDMA) liefert zumindest für seine Branche die entsprechenden Zahlen. So waren nach einer VDMA-Studie im Jahr 2012 deutsche Firmen noch in 17 von 32 Sparten des Maschinenbaus Weltmarktführer. Aber die Chinesen würden schon in acht Sparten dominieren. Hierzulande unbekannte Unternehmen wie Shenyang Machine Tool oder Dalian Machine gehören inzwischen weltweit zu den Top-Fünf der Branche.

Und auch in einer dritten Branche, wo die Deutschen nicht ganz unbedeutend sind, holen die Asiaten auf, und zwar in der Chemie-Industrie. In der Chemieforschung leisten sie schon Beachtliches. BASF-Vorstandsmitglied Andreas Kreimeyer urteilt: »Wenn man sich das anschaut, wird einem schwindelig.«

China rückt also in den etablierten westlichen Industrien immer näher. Claudio Facchini, China-Chef des Schweizer Elektrokonzerns ABB, versucht die Aufholjagd in Zahlen zu fassen. Er sagt, dass die Fertigungsqualität der Chinesen nun bei 75 Prozent der deutschen liege. Vor fünf Jahren hätte sie dagegen erst bei 50 Prozent gelegen.

Wir werden also in wenigen Jahren einen ernsthaften Konkurrenten in »unseren« Industrien haben. Um es nochmals klar zu sagen: Dies ist eine Feststellung, keine Panikmache. Die Chinesen haben selbstverständlich genauso ein Recht auf Industrialisierung wie jede andere Nation auch. Nur sollten wir das endlich kapieren. Dazu gehört, dass wir von unserem hohen Ross heruntersteigen, auf dem wir uns überheblich-grinsend über chinesische Autos, die den Crash-Test nicht bestehen, lustig machen oder verächtlich über Billigwaren aus China, die – ich übertreibe – beim ersten Berühren auseinanderfallen, lästern.

Noch haben wir zumindest bei den alten, etablierten Technologien einen Vorsprung, den wir aber nur halten, wenn wir permanent in Bildung und in Forschung investieren.

Bei den Zukunftstechnologien sieht es dagegen schon anders aus. Da hat der Westen keinen jahrzehntelangen Vorsprung mehr, auf dem er sich ausruhen kann. Denn da fangen alle Nationen bei Null an – der Westen wie der Ferne Osten. Und genau da sehen die Chinesen ihre große Chance, den Westen abzuhängen. In drei Bereichen ist ihnen zumindest ein guter Start gelungen: Nanotechnologie, Bio- und Gentechnologie sowie Grüne Technologien.

Nanotechnologie: China ist in manchen Teilgebieten der Nanotechnologie führend, zum Beispiel beim Design und Fertigen von Nanoröhren. Bei den Publikationen in dieser Technologie liegt China weltweit an zweiter Stelle. »China hat beeindruckende Fortschritte in der Nanotechnologie gemacht«, konstatiert das amerikanische USCC *(United States–China Economic and Security Review Commission).* Sichtbares Zeichen des Nano-Booms: In Suzhou entsteht auf einer Fläche von 140 Fußballfeldern unter Leitung eines deutschen Architekturbüros das größte Nanotechnologiezentrum Chinas.

Bio- und Gentechnologie: Insbesondere im Bereich der Stammzellen ist China Weltklasse. Der Bonner Zellbiologe Armin Krawisch von der Deutschen Forschungsgemeinschaft, der drei Jahre in China forschte, sagt: »In der innovativen Stammzellenforschung gilt China weltweit als Vorreiter.« Neben den Milliarden Dollar, die der Staat bereitstellt, hat China noch einen anderen Standortvorteil gegenüber dem Westen: Es gibt keine Diskussion über ethische Bedenken.

Grüne Technologien: Weil die Führung erkannt hat, dass es mit der Umweltverschmutzung und Ressourcenverschwendung so nicht weitergehen kann, und weil sie einen riesigen globalen Markt wittert, den sie eventuell vor dem Westen besetzen kann, forciert sie seit zwei, drei Jahren die Grünen Technologien. Unter diesem Sammelbegriff verstehen die Chinesen vieles: saubere Kohlekraftwerke, Kernkraftwerke der dritten und vierten Generation, Elektroautos, Solar- und Windanlagen, Hochgeschwindigkeitszüge. Bei den Hochgeschwindigkeitszügen haben sie den Westen schon abgehängt.

Zug um Zug – Ausländer auf dem Abstellgleis

Meine erste Bahnfahrt in China, damals Anfang der 90er Jahre, unternahm ich von Guangzhou nach Shanghai. Rund 38 Stunden rumpelte der Zug durch die Gegend. Rund 50 Kilometer pro Stunde schaffte die grüne Lok. Im Soft-Sleeper-Abteil herrschte stickige Luft. Klimaanlage? Fehlanzeige. Das offene Fenster musste reichen. Lok und Waggons kamen aus dem damaligen Ostblock, aus der ČSSR und DDR. Mit zwei Stunden Verspätung erreichte der Bummelzug den Bahnhof von Shanghai.

Und heute, über 20 Jahren später? Ich fahre mit dem G12 vom supermodernen Hongqiao-Bahnhof in Shanghai zum supermodernen Südbahnhof in Beijing. Für die rund 1400 Kilometer braucht der Zug, der auf die Minute genau in der Hauptstadt ankommt, knappe fünf Stunden. Man sitzt bequem, die Klimaanlage funktioniert, und in der *Business Class* gibt es ein Getränk und eine Tüte Knabberzeug.

Auf dieser Strecke Shanghai–Beijing raste auch – allerdings nur für eine kurze Zeit – der CRH380A exakt 486,1 Stundenkilometer. Das war und ist heute noch Weltrekord. Und Wang Mengshu, Professor an der Jiaotong-Universität in Beijing, sagt im Rausch der Geschwindigkeit: »Ich glaube, dass China inzwischen die am weitesten entwickelte Technologie bei Hochgeschwindigkeitszügen hat.« Von 50 auf fast 500 Kilometer in 20 Jahren – diese Beschleunigung ist einzigartig. Wie konnte das gelingen?

Zu Beginn des 21. Jahrhunderts hatten die ausländischen Hersteller beim Eisenbahnbau – egal ob bei den Zügen oder der Schienentechnik – fast ein Monopol in China. Die führenden Unternehmen Alstom (Frankreich), Siemens (Deutschland), Bombardier (Kanada) und Kawasaki (Japan) teilten sich den chinesischen Markt unter sich auf. Die beiden führenden chinesischen Hersteller *China South Locomotive & Rolling Stock Corporation (CSR)* und *China CNR Corporation* spielten technologisch eine eher untergeordnete Rolle.

Doch dann wandten die Chinesen die Taktik an, die sie schon erfolgreich in der Autoindustrie praktiziert hatten. Sie zwangen die ausländischen Hersteller in Gemeinschaftsunternehmen, in die berühmt-berüchtigten Joint Ventures. Siemens und Kawasaki machten mit, Alstom nicht. Deren Vorstandschef Patrick Kron erklärte Jahre später gegenüber der *Financial Times*: »Wir wurden gefragt, ob wir mitarbeiten wollten, haben aber Nein gesagt. [...] Wir hätten Hochtechnologie-Komponenten an die Chinesen aushändigen müssen.«

Was Alstom verweigerte, haben jedoch Siemens und Kawasaki zugesagt. Siemens ging eine Partnerschaft mit CNR ein, Kawasaki mit CSR. Der Münchner Konzern bildete über 1000 CNR-Techniker in seinen deutschen Werken aus, Kawasaki holte CSR-Mitarbeiter zur Fortbildung auf die Insel.

Zu Beginn der beiden Partnerschaften lief alles in geordneten Bahnen. Bei der allerersten chinesischen Hochgeschwindigkeitsstrecke von Bejing ins 117 Kilometer entfernte Tianjin durfte Siemens noch Züge liefern. Doch beim nächsten großen Auftrag, der knapp 1400 Kilometer langen Prestigestrecke von Beijing nach Shanghai, war Siemens nicht mehr dabei, jedenfalls nicht mehr an vorderster Front, sondern lediglich als Subunternehmen. Ähnlich ging es Kawasaki.

Und auch beim weiteren Ausbau des chinesischen Hochgeschwindigkeitsnetzes – bis 2015 soll es 18000 Kilometer umfassen – werden Siemens und die anderen Ausländer nur als Trittbrettfahrer geduldet. Die weißen Züge, die mit rund 350 Kilometer Spitzengeschwindigkeit inzwischen durch das Reich der Mitte rasen, heißen CHR380A (basierend auf Kawasaki Technologie) und CHR380B (Siemens und Bombardier). Die Chinesen sagen stolz, sie hätten die ausländische Technologie so weiterentwickelt, dass man sie nun getrost als Eigenentwicklung bezeichnen dürfe. »Die Zeiten, in denen wir an China komplett fertige Züge verkaufen konnten, sind vorbei«, sagt resignierend ein Siemens-Sprecher.

Doch damit nicht genug: Nun machen die Chinesen den westlichen Firmen auch auf Drittmärkten Konkurrenz. Überall, wo es auf dieser Welt Hochgeschwindigkeitszüge zu bauen gibt, bieten und boten die Chinesen mit: In Kalifornien, Polen, Russland, Saudi-Arabien, Südafrika (Johannesburg–Durban) und der Türkei (Ankara–Istanbul), um nur ein paar Beispiele zu nennen. Der große Vorteil der Chinesen ist, dass sie inzwischen das größte Netz der Welt und viel – positive wie negative – Erfahrung in der Handhabung eines solchen haben.

Und sie sind weiter ambitioniert. Was man von den Deutschen, den Pionieren des Eisenbahnbaus, nicht mehr behaupten kann. Bahn-Chef Rüdiger Grube sagt jedenfalls: »Ein Zug, der in Deutschland 250 fährt, ist schnell genug.« Die 220 ICE-Züge, die die Deutsche Bahn 2011 bei Siemens bestellt hat, werden deshalb höchstens 250 Stundenkilometer erreichen.

Angesichts solch selbst auferlegter Geschwindigkeitsbegrenzung befürchtet der Chef des Instituts für Bahntechnik in Berlin, Peter Mnich, dass die Bahnbranche in Deutschland weitere Kompeten-

zen nach China verlieren könnte. Gegenüber der *Berliner Zeitung* sagte er:»Wenn wir keine Projekte im eigenen Lande haben, werden wir in Zukunft auch in der Bahntechnik die Technologieführerschaft verlieren.«
Und irgendwann kann das auch in der Luftfahrt passieren.

Keine Luftnummer: Die neue C919

Im Citic-Gebäude, einem der ersten Hochhäuser in Beijing, residiert der feine Club *Capital Mansion*, Zutritt nur für Mitglieder. Ein separater Aufzug rast hoch zur 50. Etage. Die Bar dort bietet abends einen tollen Ausblick auf das nächtliche Beijing. In solchen Höhen fühlen sich Flugzeugmanager offenbar wohl. Ich treffe dort Laurence Barron, damals noch Präsident von Airbus China, zu einem Feierabend-Drink.

Barron, seit 2003 vor Ort, ist ungewöhnlich offen. Als ich ihn frage, ob die Airbus-Produktion im 120 Kilometer von Beijing entfernten Tianjin den Chinesen nicht wertvolles Know-how sozusagen frei Haus liefere, antwortete er, ohne lange nach einer diplomatischen Antwort zu ringen: »Wir werden unsere Technologie nicht ewig schützen können. Im Prinzip kann jeder ein Produkt zerlegen und damit wissen, wie es funktioniert und wie man es produziert.«

Bislang produzierte China mehr oder weniger erfolgreich zwei kleinere Passagierflugzeuge, die MA60 (60 Sitze) und den ARJ21 (90 Sitze). Doch nun soll der große Wurf gelingen. Ein Flieger mit Platz für um die 160 Sitze. Dies ist weltweit das lukrativste Segment in der Luftfahrt. Bei diesen sogenannten Mittelstreckenmodellen dominieren noch Airbus und Boeing, die Europäer mit ihrer A320 und die Amerikaner mit ihrer 737, dem meistverkauften Flugzeug der Welt.

Gegen die beiden will China nun mit seinem C919 antreten. C steht für China, 9 für Ewigkeit, 19 für 190, der maximalen Anzahl von Sitzplätzen. Warum bauen die Chinesen überhaupt ein solches Flugzeug? Wer – wie die Chinesen – den Anspruch hat, eine Hightech-Nation zu werden, muss eines der anspruchsvollsten Produkte selber konstruieren und bauen können. Das Flugzeug ist ein solches Produkt.

Außerdem steckt hinter der Entscheidung für den C919 auch ein schnödes wirtschaftliches Kalkül: Warum sollte der boomende chinesische Markt, auf dem in den nächsten Jahren mindestens 4000 neue Flugzeuge verkauft werden, den Amerikanern und Europäern überlassen werden? Boeing (etwas mehr als 55 Prozent Marktanteil) und Airbus (um die 45 Prozent) teilen sich bislang nahezu brüderlich den chinesischen Markt auf.

Diesem Duopol soll nun mit dem C919 ein Ende bereitet werden. Dafür wurde eigens ein Unternehmen gegründet: die *Commercial Aircraft Corporation of China (Comac)* mit Sitz in Shanghai. Das nötige Startkapital stammte von Staatsbanken und anderen Staatsunternehmen.

Den Chinesen war klar, dass sie nicht alles selber entwickeln können und deshalb Know-how aus dem Ausland brauchen. Um dieses zu bekommen, haben sie die schon bei Auto und Bahn bewährte Methode des Joint Ventures angewandt. Zulieferer für das C919-Projekt konnte nur werden, wer bereit war, ein Joint Venture mit einem chinesischen Partner einzugehen. Mark Howes, ehemaliger Präsident von Honeywell Aerospace Asia Pacific, sagt: »Die chinesische Regierung hat den westlichen Firmen klargemacht, dass sie bereit sein sollten, Technologie und Know-how zu teilen.«

Und wieder standen die westlichen Firmen vor einem Dilemma: »Wir können mitmachen oder an der Seitenlinie sitzen und zugucken«, sagt John G. Rice, Vice Chairman des US-Konzerns General Electric (GE). Sie entschieden sich bei GE fürs Mitmachen und gingen ein Joint Venture für Avionik – darunter versteht man die elektrischen und elektronischen Geräte an Bord eines Flugzeugs – ein. GE erklärte sich sogar bereit, seine am weitesten entwickelte Elektronik, die auch im 787 Dreamliner von Boeing verwendet wird, zu liefern.

Andere amerikanische Hersteller liefern ebenfalls für den C919: Rockwell Collins, Honeywell, Hamilton Sundstrand, Parker Aerospace – alle sind mit an Bord. Ebenso die Crème de la Crème der Motorenhersteller: GE, Rolls-Royce sowie Pratt & Whitney. Ein Prototyp des C919 wurde schon vorgestellt. Die Konkurrenz ist beeindruckt. Fabrice Brégier, neuer CEO bei Airbus, sagt: »Wir betrachten den C919 als eine sehr ernsthafte Entwicklung.« Der Jungfernflug ist für 2014 geplant, die ersten Auslieferungen sind für Mai 2016 vorgesehen. Manche Experten halten das für zu ambitiös. Doch Jim Albaugh, Ex-Chef der zivilen Sparte bei Boeing, teilt diese Skepsis nicht: »Sie werden schneller auf dem Markt sein, als alle denken.«

Die ersten Kunden sind auch schon da. Die drei staatlichen Airlines Air China, China Southern und China Eastern sowie die private Hainan Airlines haben jeweils 50 Flugzeuge geordert. Aber Ryanair, bislang nur in Boeings 737 unterwegs, hat schon Interesse angemeldet. Insgesamt – so vermeldet Comac – seien schon rund 300 Bestellungen eingegangen.

Während die Luftfahrt noch aufholt, ist eine andere Branche über den Wolken schon weiter: die Raumfahrt.

Ein Kuss im All und seine Folgen

Als das Manöver gelungen war, titelten die gemeinhin reichlich spröden chinesischen Medien sehr romantisch: »Das war ein Kuss im All.« Der »Kuss« spielte sich 343 Kilometer von der Erde entfernt ab und näher gekommen sind sich am 3. November 2011 um 1 Uhr 36 morgens, das Raumschiff Shenzhou VIII und die Raumstation Tiangong.

Solche Andockmanöver gelten als die schwierigsten Unterfangen in der Raumfahrt. Deshalb probten es die Chinesen im Juni 2012 gleich nochmal, diesmal wurde Shenzhou IX manuell an die Tiangong angedockt. Und auch dieses Manöver gelang.

Chinas Medien überschlugen sich vor Enthusiasmus. Jubelstürme fegten über das Land. Denn für China hat das Raumfahrtprogramm auch eine symbolische Bedeutung. Raumfahrt ist ein Symbol der Stärke. Wer Raumschiffe ins All schicken kann, ist schon eine Weltmacht oder steht an der Schwelle, eine zu werden.

In den Jubelarien durfte auch ein Seitenhieb gegen den Westen nicht fehlen. Das ganze Equipment sei selbst entwickelt, darauf wiesen die Chinesen gerne hin. Nicht ohne berechtigten Stolz. Sie mussten es auch selbst entwickeln, weil all die benötigten Hightechgeräte auf der Embargoliste der Amerikaner und Europäer stehen, die diese nach dem Tiananmen-Massaker 1989 verhängt hatten. Insofern hatte das Embargo einen kontraproduktiven Effekt: Es hat die chinesische Innovationen eher beschleunigt.

Lange Zeit war sich die Volksrepublik unschlüssig, ob sie sich an dem *Space Race* der Großmächte beteiligen solle. Mao Zedong schwankte, gab erst grünes Licht, dann wieder rotes. Und als 1978 Deng Xiaoping an die Macht kam, sprach sich dieser gegen chinesische Abenteuer im Weltraum aus, denn schließlich habe das Land genug Probleme auf Erden zu lösen.

Doch als sich in den 80er Jahren das weltpolitische Klima änderte und sich das amerikanisch-russische Wettrüsten in den Weltraum verlagerte, meinte auch China, reagieren zu müssen. So wurde 1992 das Programm zur bemannten Raumfahrt beschlossen. 1999 startete das erste unbemannte Raumschiff Shenzhou I, 2003 die Shenzhou V mit dem ersten chinesischen Astronauten, Yang Liwei, an Bord. Weitere fünf Jahre später der nächste Meilenstein: Die Shenzhou VII brachte drei Astronauten ins All, die dort ihren ersten *Spacewalk* unternahmen.

Wie es danach weitergehen soll, legte China Ende Dezember 2011 dar, als es seit langem wieder ein Weißbuch zur Raumfahrt veröffentlichte.

In der zweiten Jahreshälfte 2013 soll die erste unbemannte Raumsonde auf dem Mond landen. Bis 2020 soll die neue, 60 Tonnen schwere Raumstation *Himmelspalast* im All positioniert werden. Und in den frühen 20er Jahren soll der erste Chinese (oder Chinesin) auf dem Mond landen.

Frank Klotz vom amerikanischen *Council on Foreign Relations* (*CFR*) schreibt anerkennend: »China hat in vielerlei Hinsicht zu den führenden Raumfahrtnationen aufgeschlossen.« Als da sind die USA, Russland und die EU. Doch Klotz weist auch sogleich darauf hin, dass Chinas All-Macht nicht nur eine logische Folge von Großmachtgehabe sei, sondern auch eine militärische Dimension habe: »Weltraumsysteme spielen eine wichtige Rolle bei der Unterstützung von Operationen in der Luft, zu Land und zu Wasser.«

Deshalb schießen die Chinesen auch Jahr für Jahr einen Satelliten nach dem anderen ins All. Satelliten, die den Planeten Erde ausspähen. Ziel ist ein eigenes Satelliten-Navigationssystem namens *Beidou* (Kompass), das dem amerikanischen *GPS* (*General Positioning System*) Paroli bieten kann. Bis 2012 hatten die Chinesen schon 16 Überwachungssatelliten im All positioniert. Damit war schon mal der gesamte Asien-Pazifik-Raum abgedeckt. Bis zum Jahr 2020 sollen es 35 Satelliten sein. Mit diesen können die Chinesen dann die ganze Erde abdecken. Sie können Truppenbewegungen – die eigenen und die fremder Mächte – beobachten. Das ist die militärische Dimension.

Und dann gibt es noch die kommerzielle Dimension: Spätestens 2020 heißt der globale Wettbewerb *Beidou* gegen *GPS*. Die Chinesen wollen das weltweite Monopol der Amerikaner knacken. Vermutlich wird *Beidou* billiger sein als das *GPS*. Dieser kommerzielle Aspekt ist für die Chinesen aber nur ein Nebeneffekt. Viel wichtiger für sie ist, dass sie dann nicht mehr von den Amerikanern abhängig sein werden. Ex-General Xu Guangyu drückt es so aus: »Die Welt muss nun nicht mehr länger die USA nach dem Weg fragen.«

Ursprünglich wollten die Chinesen und die EU bei der Entwicklung eines Satelliten-Navigationssystems, das sie Galileo nannten, gemeinsame Sache machen. Doch 2007 drängte Brüssel – wohl auf

Druck der Amerikaner – die Chinesen aus dem Galileo-Projekt. »Damals hatte man sich nicht vorstellen können, dass China ein eigenes Netzwerk bauen könnte. Rückblickend war man unfassbar naiv«, sagt heute der Münchner Satellitenexperte Hans Dodel.

Die Chinesen werden häufig unterschätzt. Offenbar auch bei der Entwicklung von sogenannten *Spaceplanes*. Diese Raumflugzeuge, die ganz normale Start- und Landebahnen benutzen, haben eine doppelte Funktion: In der Erdatmosphäre sind sie ein Flugzeug, aber wenn sie diese verlassen, sind sie ein Raumschiff. In dieser neuen Technik haben die Amerikaner noch einen Vorsprung, aber »die Chinesen holen schneller auf, als viele dachten«, sagt Andrew Erickson, China-Experte beim *US Naval War College*.

Anfang Januar 2011 startete das Raumflugzeug Shenlong einen ersten Testflug – zur Überraschung aller Experten.

Wie bei vielen Technologien sind die Chinesen Nachzügler. Aber das muss kein Nachteil sein – im Gegenteil.

Der Vorteil des Nachzüglers

Das Taxi hält vor einer Straßenkreuzung an der roten Ampel, was auch in Beijing durchaus Sinn macht. Blitzschnell stürmen ein paar junge Burschen auf die wartenden Autos zu. Wollen sie für ein paar Fen die Windschutzscheiben putzen? Nein, so was gibt es nur im Westen. Ich traue erst meinen Augen nicht, sie verkaufen Bücher, und zwar keine leichte, seichte Kost, sondern die Steve-Jobs-Biographie von Walter Isaacson. Ob Raubdruck oder nicht – viele greifen zu.

Unvorstellbar: Bereits am ersten Tag des Erscheinens der chinesischen Ausgabe waren alle 250 000 Exemplare der Biographie über diese kurz zuvor gestorbene Ikone verkauft. Jobs wird in China verehrt wie ein Popstar. Die Leute dort lieben seine Produkte – die umsatzstärksten Apple-Stores stehen in China – und sie lieben den Gründer.

Bei all dem Rummel um Steve Jobs und dessen Glorifizierung, muss man jedoch anmerken und mancher mag das nicht glauben: Er war kein Innovator im klassischen Sinne. Steve Jobs hat nicht den PC, den digitalen Music Player, das Smartphone oder das Tabloid erfunden. Er hat aber auf der Basis dieser bereits von anderen entwickelten Produkte »Neues« erfunden, eben das iPhone und das iPad.

Und genau diesen Weg gehen auch die Chinesen. Vielleicht mögen sie ihn deswegen so. »China ist Meister in dieser *second-generation innovation*«, schreibt Dan Breznitz in seinem sehr interessanten Buch *Run of the Red Queen*, in dem er den Innovationspfad Chinas beschreibt. Er hält nichts von dem westlichen Techno-Fetischismus, für den Innovationen nur neue Produkte oder Prozesse sind. Die Chinesen marschieren nicht vorweg, sondern studieren sehr genau, was die vor ihnen gemacht haben. Dann machen sie es nach und verbessern es.

Ein gutes Beispiel für diese Strategie sei – schreibt Breznitz – das Internetunternehmen Baidu. Die chinesische Suchmaschine wurde 2000 gegründet. Vorbild war natürlich das amerikanische Unternehmen Google.

Baidu war und ist kein Einzelfall. Fast alle führenden chinesischen Internetunternehmen waren anfangs ein Abklatsch ihrer amerikanischen Vorbilder. Weibo kopierte den Mikroblogger Twitter, Tencent den Instant Messenger Service ICQ, Youku das Videoportal Youtube, Renren das soziale Netzwerk Facebook und Alibaba den Online-Verkäufer Ebay.

Die Nachzügler sind dabei oft im Vorteil. Dieser Gedanke geht auf die Forschung von Alexander Gerschenkron zurück, einem geborenen Russen, der später 25 Jahre lang als Professor in Harvard Wirtschaftsgeschichte gelehrt hatte. Er entwickelte die Theorie der »Vorteilhaftigkeit der Rückständigkeit«.

Isaac Wanasika (University of Northern Colorado) und Suzanne L. Conner (New Mexico State University) entwickelten Gerschenkrons Gedanken weiter. Die beiden amerikanischen Forscher fanden heraus, dass das Nachahmen oft zu bahnbrechenden Ergebnissen führt, während echte Innovationen nicht notwendigerweise Wettbewerbsvorteile bringen. Nichts anderes sei die Apple-Strategie, die auch die Chinesen anwenden.

Diese Strategie spare Kosten und minimiere das Risiko: Ein eingeführtes Produkt nachzuahmen, das kostet ein Unternehmen gut ein Drittel weniger, als es zuerst auf den Markt zu bringen. Man spart nicht nur den Forschungsaufwand, man braucht auch deutlich weniger Zeit. Zudem entfällt das Risiko, denn der Nachahmer kann zunächst in Ruhe beobachten, wie Konsumenten auf ein neues Produkt reagieren – und daraus seine Schlüsse ziehen.

Wenn die Chinesen ein Produkt – egal, ob kopiert, verfeinert oder ganz neu – entwickelt haben, gehen sie ganz anders vor als westliche Unternehmen. Im Westen werden große Marktforschungen und Kundenbefragungen durchgeführt, bevor sie ein Produkt auf den Markt bringen. Die Chinesen hingegen gehen ziemlich schnell mit ihrem Produkt auf den Markt und testen dieses in der Praxis. Wenn es nicht ankommt, ziehen sie es zurück und verbessern es. Diesen Vorgang können sie durchaus vier- oder gar fünfmal wiederholen.

Kevin Wale, Präsident von General Motors China, lobt dieses *Trial-and-Error*-Vorgehen der Chinesen: »Was China bessermacht als jedes andere Land in der Welt ist *to innovate by commercialization.*« Das sei ein sehr innovativer Weg, den der Rest der Welt nur schwer verstehen würde, sagt der Automanager.

Neben den Produktinnovationen gibt es noch eine weitere Innovation: die Prozessinnovation. Geht es bei Ersterem um die Entwicklung eines neuen Produktes, geht es bei dem anderen um Verfahren, wie ein Produkt hergestellt wird, zum Beispiel durch den Einsatz neuer Maschinen oder die neue Organisation der Abläufe.

China ist ja die größte Fabrik der Welt. Das Land hat deshalb ein Produktions-Know-how wie kein anderes. Christoph Nettesheim hat als China-Chef des Beratungsunternehmens *Boston Consulting Group* schon viele Fabriken von innen gesehen. Sein Urteil zählt deshalb: »Bei Prozessinnovationen sind Chinas Firmen weit vorn.« Geschickt passe man sich Kundenwünschen an, nutze andere Rohstoffe, um Produkte billiger und robuster zu machen.

Wenn heute ein Unternehmen ein Produkt – sei es ein T-Shirt oder ein Smartphone – schnell und in sehr großer Stückzahl auf den Weltmarkt bringen will, gibt es nur ein Land auf dieser Welt, das die Kapazitäten und das Know-how hat: China.

Das gilt für legale wie illegale Waren.

Diebe, Fälscher und Spione

Jeden Tag lungern sie mitten in Shanghai an der Ecke Nanjing Lu und Shanxi Bei Lu herum. Sie stürzen sich meist auf ausländische Passanten und werfen ihnen ein paar wenige Englisch klingende Worte zu, die jeder der Touristen gleich versteht: Rolex, Copy Watch, Look, Look, Look. In ihren Etuis, die sie unter die Nase der Passanten halten, blinken perfekt gefälschte Uhren.

Das Treiben der Fake-Verkäufer geschieht unter den Augen des Gesetzes. Denn der Polizist mit der Nummer 028168 – und dieser ist offenbar kein Fake – patrouilliert auch jeden Tag an dieser Kreuzung. Nur: Die billigen Fälscher bleiben unbehelligt, sie interessieren den Mann in der dunkelblauen Uniform nicht. Er verscheucht lieber ein paar arme Obsthändler, die echte Bananen und Melonen auf dem Bürgersteig verkaufen wollen.

Fälschen ist – na ja – höchstens ein Kavaliersdelikt und Teil der Kultur, auch wenn dies im Westen nur schwer bis gar nicht verstanden wird. In China gibt es dafür einen speziellen Ausdruck: *Shanzhai*. Übersetzt heißt es Bergdorf. Heute steht der Begriff für Plagiate, aber eben keine Kopien, die eins zu eins ein Produkt abkupfern, sondern es irgendwie weiterentwickeln.

Die ganze chinesische Internet-Industrie ist irgendwie Shanzhai. Auch in der Handyindustrie ist Shanzhai weit verbreitet. Die Mobilgeräte von Tianyu oder auch Xiaomi ähneln sehr der westlichen

Konkurrenz. Selbst Ikea hat schon mit 11Furniture einen Nachahmer.

Fälschen, Klauen, Spionieren. Die Chinesen haben einen schlechten Ruf. Ihnen traut man inzwischen alles zu. Amerikas Medien tragen, wann immer es geht, gerne zu diesem Image bei. So titelte das amerikanische Wirtschaftsmagazin *Bloomberg Businessweek* im März 2012 auf seinem Titelbild ziemlich reißerisch: *Hey China! Stop Stealing Our Stuff!* Im Inneren des Heftes wird dann sehr detailliert über einen Spionage-Deal berichtet, bei dem der chinesische Windradbauer Sinovel beim amerikanischen Konkurrenten AMSC Geschäftsgeheimnisse ausspionierte. Außerdem berichtet das Blatt noch von anderen Fällen. Die Opfer waren große Namen: Apple, Boeing, Ford und DuPont.

Der Chemiekonzern DuPont hat seine ehemaligen Mitarbeiter Walter und Christina Liew verklagt, weil sie angeblich Betriebsgeheimnisse an das chinesische Staatsunternehmen Pangang Group verkauft haben.

Spektakulär auch der Fall bei Motorola: Jin Hanjuan hatte schon für einen Flug nach Beijing eingecheckt, doch bevor sie das Flugzeug betreten konnte, wurde sie verhaftet. In ihrem beschlagnahmten Laptop fanden sich Hunderte von vertraulichen Dokumenten ihres Arbeitgebers Motorola, wo sie Software-Ingenieurin war. Im August 2012 wurde sie zu vier Jahren Haft verurteilt.

Solche Stories liest man öfters. Auch in einem umfassenden Bericht über Industriespionage durch die Chinesen, den die amerikanischen Geheimdienste im November 2010 veröffentlichten. Einer ihrer Chefs, General Keith Alexander, Direktor der *National Security Agency*, sagte: »Es ist der größte Transfer von Reichtum in der Geschichte.« Eine Nummer kleiner wettert Hans Joachim Fuchs, Chef von Chinabrand Consulting in München und Experte auf diesem Gebiet: »Die chinesische Marken- und Produktpiraterie hat zunehmend den Charakter der systematischen Industriespionage.«

Stimmt das denn? Sind die Chinesen die größten Ideenklauer

aller Zeiten? Willy Shih, Professor an der Harvard Business School, relativiert die vorschnellen Vorwürfe der Amerikaner. Der Diebstahl intellektuellen Eigentums sei – so seine richtige Erkenntnis – seit der Industriellen Revolution gang und gäbe. Schon die Amerikaner hätten damals von den Briten geklaut, im Kalten Krieg die Russen von den Amerikanern, und später die Japaner und Koreaner vom Westen. Und nun seien eben die Chinesen dran. »Ich würde sagen, das ist eine ganz normale Entwicklung«, kommentiert Shih. Und nebenbei bemerkt: Auch Unternehmen der westlichen Industriestaaten spionieren gerne untereinander.

Aber eigentlich haben die Chinesen Spionage gar nicht nötig. Sie kommen auch so – ganz legal – an das gewünschte Know-how aus dem Westen.

Der Kotau des Westens

Westinghouse Electric ist ein amerikanischer Konzern, der auch Atomkraftwerke baut. Seine Technologie in diesem Bereich gilt als eine der besten der Welt. Die Chinesen können da (noch) nicht mithalten. Trotzdem wollen die Chinesen ihre vielen neuen Atommeiler mit neuester Technologie bauen. Und Westinghouse hätte natürlich sehr gerne den Auftrag für den Bau mehrerer Atomreaktoren in China bekommen. Doch der Wettbewerb war hart. Auch die Franzosen von Areva buhlten um den Milliardenauftrag.

Die Amerikaner bekamen ihn schließlich. Doch dafür mussten sie ein großes Zugeständnis machen. Sie mussten einem Technologietransfer-Abkommen zustimmen. Mehr als 75 000 Dokumente über den Kernreaktor der Generation AP 1000 mussten sie an die Chinesen aushändigen.

Natürlich wissen die Westinghouse-Manager um die Gefahr, die ein solcher Deal mit sich bringt. Sie denken aber nur an heute und nicht an morgen. Heute haben sie einen satten Auftrag, der die Produktion auslastet und Arbeitsplätze sichert, aber morgen haben sie vielleicht weder das eine noch das andere. Denn – wer weiß, vielleicht können die Chinesen nächstes Mal den Reaktor selber bauen – ohne Westinghouse oder einen anderen westlichen Lieferanten.

Diese – aus chinesischer Sicht – clevere »Markt für Technologie«-Strategie haben die Chinesen schon in den 90er Jahren entwickelt: Ihr bekommt Zugang zu dem großen Markt, wir bekommen technologisches Know-how. Viele westliche Firmen stimmten diesen Deals zähneknirschend zu, begaben sich – wie zum Beispiel die Auto-, Bahn- und Luftfahrtfirmen – in Gemeinschaftsunternehmen, in sogenannte Joint Ventures.

Diesen industriellen Kotau kann man leicht kritisieren. Aber was ist denn für die westlichen Unternehmen die Alternative? Auf dem größten Wachstumsmarkt der Welt nicht präsent zu sein? Wer kann sich das leisten, wo doch die gesättigten Märkte des Westens immer weniger Wachstum versprechen?

Ob es uns passt oder nicht – die Chinesen sitzen am längeren Hebel. Sie wissen, dass viele große westliche Konzerne inzwischen mehr oder weniger von China abhängig sind. Unternehmen, die zehn bis 20 Prozent ihres Umsatzes in China machen, haben keine andere Wahl, als die Wünsche oder Forderungen der Chinesen zu erfüllen.

Deshalb akzeptieren sie, wenn auch ziemlich zähneknirschend, das Vorgehen der Chinesen, das diese seit 2006 unter dem Stichwort *Indigenous Innovation* praktizieren. Das besagt nichts anderes, als dass heimische Firmen bei der Vergabe öffentlicher Aufträge bevorzugt werden. Als heimisch gelten dabei auch ausländische Firmen oder deren Tochterunternehmen, wenn sie einen Großteil ihrer Forschung in China, also vor Ort, betreiben.

Viele westliche Unternehmen folgen simpler ökonomischer Logik, die da lautet: Da, wo ich viel Produktion habe, brauche ich auch Forschung und Entwicklung (F+E). Nach einer Studie der Deutschen Bank mit dem Titel *Forschung folgt Fertigung* verlagern deshalb immer mehr westliche Unternehmen ihre F+E-Aktivitäten nach China.

Nirgendwo wird dieser Trend deutlicher als in Beijings Nordwesten. Fährt man dort im Haidian-Bezirk – wo sich auch die beiden Elite-Unis Beida und Qinghua befinden – durch die breiten Straßen, sieht man links und rechts viele moderne Bürogebäude, an deren Fassaden die Logos vieler westlicher Konzerne prangen: Motorola, Nortel, Ericsson, Agilent, Samsung, Alcatel-Lucent oder auch IBM, die schon 1995 hierherkamen und damit eine der Ersten waren. Hinter den Glitzerfassaden verbergen sich häufig Forschungseinrichtungen.

Die großen Konzerne haben schon komplette Forschungsnetzwerke in diversen chinesischen Städten aufgebaut. Der Telekomausrüster Alcatel-Lucent hat zum Beispiel sogenannte *Innovation Laboratories* in den chinesischen Städten Shanghai, Beijing, Qingdao, Nanjing und Chengdu. Rund 6000 Ingenieure und Forscher arbeiten in diesen Labors. Das ist ein Viertel des weltweiten F+E-Personal von Alcatel-Lucent.

Für viele ist China inzwischen als Forschungsstandort so wichtig, dass sie sogar ihr Spitzenpersonal nach China versetzen, was ein neuer Trend ist. Applied Materials, der amerikanische Hersteller von Halbleiterausrüstungen, hat viele Forschungsaktivitäten nach China verlagert und seinen damaligen Chief Technology Officer Mark Pinto gleich mit. Auch Intel schickte mit Sean Maloney einen seiner besten Leute aus dem Silicon Valley nach China.

Inzwischen haben nach Angaben des chinesischen Handelsministeriums bereits rund 1200 ausländische Unternehmen irgendwelche Forschungseinrichtungen in China.

Auch deutsche Firmen können sich diesem Trend nicht entziehen. Für den Elektrokonzern Bosch ist China bereits der zweitwichtigste Entwicklungsstandort. BASF – um nur ein weiteres Beispiel zu nennen – hat im November 2012 in Shanghai einen Innovation Campus mit 450 Mitarbeitern eingeweiht.

Diese Einrichtungen sind gute Aus- und Weiterbildungsstätten für junge Chinesen. Viele von ihnen haben schon ein Studium im Ausland hinter sich.

Brain Train: Einmal USA und zurück

Shi Yigong ist eine weltweit anerkannte Choryphäe in der Krebsforschung. Shi lehrte in Princeton, einer der führenden US-Universitäten, Molekularbiologie. Doch plötzlich kündigte Shi. Die Amerikaner reagierten und schüttelten ihn mit Geld und sonstigen Annehmlichkeiten zu. Das *Howard Hughes Medical Institute* wollte ihm zehn Millionen Dollar geben, die Princeton University erfüllte ihm fast alle Wünsche, was die Labors anbetrifft. Das *US National Institutes of Health* intervenierte.

All die Bemühungen waren umsonst. Shi verließ Princeton und ging zurück nach China, an die Qinghua-Universität in Beijing. »Er war einer unserer Stars«, sagte Princeton-Professor Robert H. Austin. Als er hörte, dass er nach Beijing gehe, dachte er zunächst, er sei verrückt geworden.

Shi ist sicher einer der prominentesten Vertreter einer Entwicklung, die es schon seit Jahren gibt und im Englischen *Reversed Brain Drain* heißt. Von *Brain Drain* spricht man, wenn kluge Köpfe ihr Land verlassen, um woanders zu studieren, forschen, lehren oder arbeiten. Vom *Reversed Brain Drain*, wenn sie nach ihrem Auslandsaufenthalt wieder in ihr Heimatland zurückkommen.

Am Anfang steht der *Brain Drain*. Die Zahl der Chinesen, die im Ausland studieren, nimmt permanent zu. Rund 340 000 Chinesen studierten 2011 im Ausland, vor allem wegen der Sprachkenntnisse in den USA und anderen angelsächsischen Ländern wie England, Kanada, Australien und Neuseeland. Dieser Drang ins Ausland ist besonders in den reichen Familien groß. Rund 85 Prozent der Eltern (mit einem Vermögen von mehr als 750 000 Euro) wollen ihre Kinder zur Ausbildung ins Ausland schicken.

Vor allem für diese vermögende Schicht gibt es in China bereits Agenturen, die quasi Schnupperkurse anbieten. Auf sogenannten *Study Tours* reisen potentielle Interessenten in kleinen Gruppen (so um die 15 angehende Studenten) zwei bis drei Wochen durch die USA, um sich die Campus von führenden Unis anzusehen und zu begutachten. Ein teures Vergnügen: Drei Wochen Ostküste mit Besuchen in Boston, Harvard, New Haven und Princeton kosten 42 800 Yuan. Die Luxusversion, die auch die Westküste (Stanford & Co.) einschließt, gibt es für rund 100 000 Yuan.

Amerika – und das ist ein merkwürdiger Widerspruch zu der ansonsten eher anti-amerikanischen Grundhaltung vieler Chinesen – ist für chinesische Eltern das Gelobte Land, nicht nur für die, die es sich leisten können, sondern auch für die, die sich ein US-Studium ihres Kindes im wahrsten Sinne des Wortes vom Munde absparen müssen. Ein Master in den USA gilt als Eintrittskarte in eine vielversprechende Berufswelt.

Und die muss nicht unbedingt in den USA sein. Am liebsten hätte es die Regierung, wenn ihre auswärts bestens ausgebildeten Landsleute wieder zurück ins Heimatland kämen. Was tut sie dafür nicht alles: In jeder größeren Stadt gibt es sogenannte Rückkehrer-Zentren, im südchinesischen Guangzhou findet jeden Dezember eine Messe für Rückkehrer statt.

Das Potential ist riesig. Zwischen 1987 und 2007 machten rund 50 000 Chinesen an amerikanischen Universitäten ihren Doktor in Natur- und Ingenieurswissenschaften. Derzeit studieren mehr als 160 000 Chinesen in den USA. Ihr Vorteil: Sie lernen beide Welten kennen, was in Zeiten der Globalisierung sicher kein Nachteil ist.

Ding Yinghan, der im Herbst 2012 am Hamilton College im Staate New York sein Examen machte, sagt: »Chinesische Werte verlangen von mir, ein guter Zuhörer zu sein, und westliche Werte fordern von mir, ein guter Redner zu sein.« Scherzhaft vergleichen sie sich mit Bananen: Außen gelb, innen weiß. Äußerlich chinesisch, innerlich westlich.

Inzwischen kommen viele dieser »Bananen«-Chinesen zurück. Sie wollen lieber Unternehmen in China gründen als in den USA. Vor allem im IT-Sektor sind die erfolgreichsten Start-ups von Rückkehrern gegründet worden; sie sind am besten gemanagt und technologisch am fortgeschrittensten.

Ob als Gründer, Wissenschaftler oder Manager auf der zweiten

Ebene – die Heimkehrer verändern und bereichern China. Das ist ein individueller Know-how-Transfer, den kein anderes Land der Welt in einem solchen Ausmaße bekommt.

Aber offenbar ist dies den Chinesen noch zu wenig. Ende 2011 startete die Regierung *The One Thousand Foreign Experts Project*. Es soll in den nächsten zehn Jahren bis zu 1000 Wissenschaftler aus aller Welt nach China locken. Natürlich ist Geld im Spiel. Bis zu fünf Millionen Yuan (800 000 Dollar) an Forschungsgeldern kann es geben. Rund 300 Forscher – darunter auch aus Deutschland – haben sich bereits beworben.

Kapitel Vier *Umweltschutz:*
Schmutzfinken gegen Saubermänner

> »Während wir den Klimawandel und den Übergang zu einer kohlenstoffarmen Wirtschaft diskutieren, ist diese Debatte in China bereits gelaufen. Für sie ist es nur noch eine Frage der Umsetzung.«
>
> Donald Pols, Ökonom beim WWF

Bis vor gar nicht allzu langer Zeit galt das sich in rasantem Tempo modernisierende China als der Schmutzfink unter den großen Wirtschaftsnationen. Seine Fabriken und Kraftwerke waren Dreckschleudern. Die Luft war verpestet, die Flüsse waren verseucht. Der Westen prangerte China deshalb bei jeder internationalen Umweltkonferenz an. Dabei vergessen oder verdrängen diese westlichen Ankläger, dass die Industrialisierung des Westens ebenfalls mit einer enormen Verschmutzung der Umwelt einherging.

Dieser Hinweis soll kein Freibrief dafür sein, dass die Chinesen die gleichen Fehler, die wir im Westen gemacht haben, einfach wiederholen dürfen. Dafür steht viel zu viel auf dem Spiel. Chinas Umweltprobleme machen nicht an den Grenzen des Landes halt. Sie haben häufig Folgen für den gesamten asiatischen Raum, in dem derzeit zwei Drittel der Menschheit lebt. Man denke nur an den sauren Regen, der aus China in andere Gegenden des Kontinents geweht wird.

Aber ein bisschen mehr Verständnis für Chinas Situation wäre angebracht. Klar, wenn man die absoluten Zahlen nimmt, dann ist China der größte Umweltverschmutzer der Welt, denn China jagt nun mal die größten Emissionen von Schwefel- und Kohlenstoffdioxid in die Luft und Atmosphäre. Aber relativ gesehen – also pro Kopf gerechnet – liegt der Chinese weit hinter den Deutschen oder Amerikanern zurück, die mit ihren spritfressenden SUVs durch die Innenstädte schleichen.

Haben diese Leute ein Recht, mit dem moralisierenden Zeigefinger auf die Chinesen zu zeigen, die in ihrem ersten, mühsam ersparten Kleinwagen sitzen und die ersten Kilometer zumindest mobiler Freiheit genießen?

Die indirekte und richtige Antwort gibt Hu Tao vom *Policy Research Center for Environment and Economy*: »Wir können doch wohl kaum zurück ins Steinzeitalter. Wir verlangen ja auch nicht von den Deutschen, dass sie wieder im Wald leben. Mehr als die Hälfte der Bevölkerung hat im Winter keine Heizung. Die Frage ist doch, ob wir das Recht haben, im Winter zu heizen.«

Das zur moralischen Komponente der Debatte, die im Übrigen schon viel weiter ist, als viele im Westen vermuten. Denn China hat gar nicht die Absicht, die Umweltprobleme so langsam zu lösen, wie es einst der Westen bei seiner Industrialisierung getan hat.

Chinas Führung hat in den vergangenen Jahren erkannt, dass sie mit der bisherigen ressourcen-verschwendenden und umweltverschmutzenden Politik nicht weitermachen kann. Und das aus mehreren Gründen.

Schon 2004 alarmierte eine Rechnung die chinesische Führung: Wenn jeder Chinese irgendwann so viel Öl konsumieren würde, wie es zu diesem Zeitpunkt ein durchschnittlicher Amerikaner getan hat, müsste China im Jahre 2030 die Ölproduktion der Welt aufkaufen. Eine völlig utopische Vorstellung. Deshalb gibt es seit Jahren Energiespar-Appelle und -Programme der Regierung. Man will und muss weniger Energie verbrauchen, aus Kosten-, aber auch aus ökologischen Gründen.

Das Umweltbewusstsein der Regierung und der Bevölkerung ist in den vergangenen Jahren gewachsen. Die Regierung hat eingesehen, dass China zunehmend vom Klimawandel betroffen ist. Und die Bevölkerung ist durch diverse Umweltskandale aufgeweckt worden. Sie neigt deshalb zunehmend zu lokalen Protesten, was wiederum die Regierung nervös macht und diese für ökologische Themen noch mehr sensibilisiert.

Aber die vielleicht wichtigste Erklärung, warum Chinas Führung auf dem Öko-Trip ist, hat einen wirtschaftlich-strategischen Hintergrund:

China sieht plötzlich die einmalige Chance, in einer Branche, die gemeinhin als eine der Schlüsselindustrien der Zukunft gilt, die weltweite Vorreiterrolle zu übernehmen: In der Grünen Technologie. Vordenker Hu Angang von der Qinghua-Universität sagt: »China hat die Möglichkeit, ein neues Entwicklungsmodell zu kreieren: eine *low-carbon economy*.«

Dazu zählen Sonnen- und Windenergie, aber auch umweltfreundliche Alternativen zum Benzin-Auto. In all diesen Bereichen haben der Staat und seine Unternehmen in den vergangenen Jahren massiv investiert. Die Folge: In der Solar- und Windenergie beherrschen die Chinesen inzwischen die Weltmärkte. Und bei den Elektroautos kann dieses Überholmanöver auch passieren, wenn der Westen weiterhin so langsam ist oder gar bremst.

Innerhalb weniger Jahre sind diese Märkte, in denen der Westen – und dort vor allem die Deutschen – glaubten, zukünftig eine weltweit dominante Rolle zu spielen, gekippt. China, der größte Umweltverschmutzer der Welt, wandelte sich – wer hätte das vor ein paar Jahren gedacht – zum Vorreiter in Sachen Grüne Technologien. Im Jahr 2012 war China der größte Investor in erneuerbare Energien.

Die Folgen für den Westen sind weitreichend. Die italienische Journalistin Loretta Napoleoni prophezeit: »Wenn dieses Land das neue Vorbild bei grüner Energie werden wird, müssen sich alle anderen anpassen, genau wie damals in der Industriellen Revolution. Und das wäre das Ende der westlichen Vorherrschaft und der Beginn einer neue Ära.«

Der schleichende Tod der schwarzen Katze

Der 15. November ist für die meisten Chinesen nördlich des Jangtse-Flusses ein wichtiger Tag. Die Verfrorenen können dann aufatmen: Endlich darf geheizt werden. Die Unverfrorenen hingegen lästern: Jetzt wird die Luft noch schlechter.

Ab dem 15. November darf nämlich im nördlichen China geheizt werden. Vier Monate lang bis zum 15. März, dem Ende der offiziellen Heizperiode, kann man dann in den großen Städten die Kohle riechen und den Ruß sehen.

Kohle ist immer noch, mit rund 70 Prozent, der wichtigste Energieträger des Landes. Zwar wurden viele kleine Kohlekraftwerke inzwischen geschlossen, viele große umgerüstet und neue werden nur mit neuester Technologie genehmigt. Aber China ist immer noch »die größte schwarze Katze der Welt«, wie Hu Angang, Professor an der Qinghua-Universität, China wegen seines enormen Kohleverbrauchs tituliert.

Deshalb ist China auch der größte Emittent von Schwefeldioxid, das in saurem Regen niedergeht. In 200 der 440 kontrollierten Städte Chinas ist der saure Regen inzwischen ein großes Problem.

Chinas Städte trifft es besonders hart. Es ist nicht nur saurer Regen, der auf die Städter niederprasselt. Sie müssen die schlechte Luft – verursacht durch den ständig zunehmenden Verkehr und die wachsende Industrialisierung – einatmen. Zhong Nanshan, Präsident der *China Medical Association*, warnt deshalb, dass die Luftverschmutzung die größte Gefahr für die Gesundheit vieler Chinesen sei. Derzeit würden Städter zwei- bis dreimal häufiger an Lungenkrebs sterben als ihre Landsleute auf dem Lande.

Zum Problem mit der Luft kommt das Problem mit dem Wasser. Mehr als ein Viertel der Flüsse und Seen des Landes sind schon so verseucht, dass sie als Trinkwasser nicht mehr benutzt werden können. Das verstärkt den Wassermangel, unter dem schon zwei Drittel der Städte leiden.

Verschmutzte Luft, verseuchtes Wasser und dazu immer wieder

verunreinigte Lebensmittel – viele Chinesen haben diese Angriffe auf ihr Leben satt. Sie fangen an, sich zu wehren. Sie melden sich in den sozialen Medien zu Wort, sie engagieren sich in lokalen Umweltgruppen, und sie gehen notfalls auf die Straßen, um zu demonstrieren.

Das Umweltbewusstsein der Bevölkerung steigt. Während die lokalen Regierungen sich noch schwertun mit dieser neuen Form des Widerstands, hat die zentrale Regierung begriffen, welches Unruhepotential da heranwachsen könnte.

Sie nimmt die Probleme ernst und leugnet sie nicht. Ganz im Gegenteil: Sie begreift sie als Chance.

Umweltpolitik ist Chefsache in Beijing.

Das rote China wird grün

Im Dezember 2009 fand die Klimakonferenz der Vereinten Nationen in Kopenhagen statt. Es war ein gigantischer Aufmarsch. Über 27 000 Teilnehmer kamen zusammen. Doch das Ergebnis stand in keinem Verhältnis zu diesem Aufwand an Mensch und Material. Am Konferenzende konnten sich die Delegationen nicht auf verbindliche Regeln einigen, wie man der Erderwärmung Herr werden will. Kopenhagen gilt deshalb zu Recht als der größte Flop in der bislang kurzen Geschichte der globalen Umweltkonferenzen.

Und der Sündenbock für dieses Desaster war schnell ausgeguckt: es waren die Chinesen – so sahen es zumindest die westlichen Beobachter. China hätte sich partout nicht auf Emissionsziele einlassen wollen, klagten unisono die westlichen Delegierten und Medien. Das stimmt. Die Chinesen wollten sich nicht von der westlichen Welt, insbesondere nicht von den Amerikanern, vorschreiben lassen, wie sie ihre Umweltpolitik zu gestalten hätten.

Die Amerikaner seien – so die chinesische Sicht der Dinge – von Anfang an feindselig gegenüber China aufgetreten. Ihnen sei es vor allem darum gegangen, Chinas Exporte einzudämmen, indem man diese durch Umweltauflagen verteure. Man würde außerdem immer die absoluten Zahlen über Emissionen auf den Tisch legen, und diese nicht durch die 1,3 Milliarden Chinesen dividieren. Denn dann sähe das alles anders aus.

Es waren deshalb eher machtpolitische Spielchen, die die Chinesen da betrieben. Übrigens in ziemlich trauter Eintracht mit den anderen großen Schwellenländern Brasilien, Indien und Südafrika. Zum ersten Mal – und dabei kam unter diesen Staaten klammheimliche Freude auf – konnten sie eine große Konferenz platzen lassen, weil sie sich nicht dem Diktat des Westens unterwerfen wollten.

In der Sache dagegen waren die Kontrahenten aus dem Westen und China gar nicht so weit auseinander. Denn kurze Zeit später verabschiedete China ein äußerst ambitiöses Umweltprogramm: Bis 2020 sollen die CO_2-Emissionen (per Einheit Bruttosozialprodukt) um 40 bis 45 Prozent reduziert werden. Als Basisjahr soll das Jahr 2005 gelten. Viel weitgehender waren auch die Forderungen in Kopenhagen nicht. Aber in diesem Falle hat China souverän selbst entschieden.

Mit diesem Beschluss im Rücken ist China dann in den Kopenhagen-Folgekonferenzen, die in Cancun (2010) und Durban (2011) stattfanden, viel konzilianter und auch diplomatischer aufgetreten. Auch der Ton zwischen den USA und China war viel gemäßigter.

Der Westen honorierte Chinas Programm zur Emissions-Reduzierung. Er sah auch, dass diese Ankündigung nicht nur heiße Luft war, sondern China sich daranmachte, dieses Ziel durch diverse Maßnahmen umzusetzen.

Die wichtigste ist der Ausbau der erneuerbaren Energien: Ihr Anteil am gesamten Energieverbrauch des Landes soll erst auf elf Prozent (2015), dann auf 15 Prozent (2020) und schließlich gar auf 30 Prozent (2030) steigen. Kein Land der Welt, auch nicht die musterknabenhaften Deutschen, hat ein solch ehrgeiziges Programm zum Ausbau der alternativen Energien aufgelegt.

Zu den grünen Energien zählen die Chinesen Sonne, Wind und Wasser. Aber auch der Atomstrom gehört dazu, weil er als klimafreundlich und umweltschonend betrachtet wird. Derzeit sind in China 13 Atommeiler in Betrieb. Weitere 25 sind in Bau und Planung. Die Reaktorkatastrophe im benachbarten japanischen Fukushima hat nur ein kurzzeitiges Nachdenken bei Chinas Verantwortlichen ausgelöst, ehe wieder grünes Licht für die Kernkraft gegeben wurde. Trotz dieses massiven Ausbaus wird der Atomstrom-Anteil bis 2020 nur rund fünf Prozent betragen. Viel mehr sollen Wasser, Wind und Sonne beisteuern.

Ein zweiter wichtiger Punkt – neben der Forcierung der erneuerbaren Energien – ist eine Erhöhung der Energieeffizienz. Vor allem in der Industrie hat man mangels moderner Maschinen viel mehr Energie verbraucht als nötig. Deshalb gibt es schon seit 2006 ehrgeizige Ziele zur Steigerung der Energieeffizienz. Im Zeitraum bis 2015 soll der Energieeinsatz pro Einheit BIP jedes Jahr um 15 bis 20 Prozent reduziert werden.

Um diese Ziele zu erreichen, greifen die Bürokraten in Beijing auch zu ungewöhnlichen Maßnahmen. Eine ist, die Gehälter von Top-Managern der Staatsunternehmen an das Erreichen von Energiesparzielen zu koppeln. Bei Zielverfehlung werden Boni gekürzt. Oder: Unternehmen, die sich nicht an Energiesparziele halten, werden im schlimmsten Falle geschlossen oder ihnen wird der Strom abgestellt. Außerdem bekommen sie keine Kredite mehr von Banken.

Siemens-Chef Peter Löscher sagt: »China hat Energieeffizienz längst als Riesenthema erkannt. Dort will man die modernste Technik.« Die kostet freilich Geld, das der Staat und die Unternehmen aber auch ausgeben wollen. Vor allem in das marode Stromnetz sind Milliardeninvestitionen notwendig. Die Rede ist von über 500 Milliarden Dollar, die der staatliche Netzbetreiber *State Grid* bis 2020 investieren soll.

Die diversen Aktivitäten der Chinesen werden inzwischen auch vom westlichen Ausland anerkannt. So sagte David Sandalow, *Assistant Secretary of Energy for Policy and International Affairs*, vor dem USCC anerkennend: »China bewegt sich mit klarer Politik und smarten Anreizen nach vorne.«

Und in diese Lobeshymnen mischen sich erste Ängste, ob denn die vor gar nicht allzu langer Zeit als Schmutzfinken beschimpften Chinesen die Amerikaner bei der Einführung der sauberen Energien überholen könnten.

Plötzlich taucht ein neuer Begriff in der Diskussion auf: *clean energy race*. Wer wird das Rennen um die sauberen Energien gewinnen? Der Westen oder der Ferne Osten. *The Pew Charitable Trust* hat in seiner Studie *Who's winning the clean energyrace?* die Antwort schon gegeben: »Es ist klar, dass sich das Gravitätszentrum für Investitionen in saubere Energien vom Westen in den Osten verlagert.« China sei bereits die globale Supermacht in Sachen sauberer Energie.

Während zum Beispiel China in rasender Geschwindigkeit ein Netz von Hochgeschwindigkeitszügen aufbaut, streiten im Autoland USA die Parteien, ob sie solche Züge überhaupt brauchen. Für die Demokraten sind sie die Zukunft der umweltfreundlichen Mobilität, für die Republikaner dagegen reine Geldverschwendung. So haben die republikanischen Gouverneure der Staaten Florida, Ohio und Wisconsin Gelder des Bundes für den Bau einer Hochgeschwindigkeitsstrecke abgelehnt. Nur Kalifornien plant den Bau einer Strecke von Los Angeles nach San Francisco.

Investitionen in saubere Energien

Platz	Land	Ausgaben in Mrd. $
1	China	54,4
2	Deutschland	41,2
3	USA	34,0
4	Italien	13,9
5	Rest-EU	13,4

Quelle: The Pew Charitable Trust

Was den Amerikanern fehlt, ist der politische Wille, sagt Bruce Usher, Professor an der *Columbia Business School* in New York. Die Chinesen hingegen hätten es verstanden, aus der globalen Herausforderung des Klimawandels eine nationale Opportunität zu kreieren.

Die chinesische Führung hat in der Tat die Gunst der Stunde erkannt. Sie wollen bei dieser grünen Revolution an vorderster Front dabei sein. Sie haben schon zwei industrielle Revolutionen verpasst, die dritte wollen sie nicht auch noch verpassen.

Amerika dämmert es langsam, dass sie in diesem Rennen den Kürzeren ziehen. So warnte Steven Chu, US-Energieminister in der ersten Obama-Amtszeit, in einer Rede vor dem National Press Club: Die USA würden mal wieder vor einem »Sputnik-Moment« stehen und weit hinter China und anderen Ländern zurückfallen.

Nirgends ist das deutlicher als in der Solarbranche.

Sonnenaufgang im Osten

Die Sechs-Millionen-Stadt Wuxi ist rund 100 Kilometer von Shanghai entfernt. Mit dem Hochgeschwindigkeitszug ist man in nicht mal einer halben Stunde da. Hier in Wuxi hat die Solarfirma Suntech ihren Sitz. Die schrägen Außenfassaden der futuristischen Hauptverwaltung sind komplett mit riesigen Solarzellen bedeckt. Über einen Steg, der über einen kleinen Kanal mit Fischen führt, gelangt man in das Foyer.

An Stellwänden und in Glasvitrinen werden dort wichtige Dokumente der kurzen Firmengeschichte gezeigt. Eine glänzende Trophäe vom Staatsrat zum Beispiel. Und Fotos der Politgrößen von einst (Jiang Zemin), heute (Wen Jiabao) und morgen (Xi Jinping). Immer mit im Bild: Shi Zhengrong.

Er ist Gründer und Chef von Suntech, des inzwischen größten Solarunternehmens der Welt. Eine dieser vielen Tellerwäscherkarrieren, die das moderne China zuhauf zu bieten hat. Geboren in einer armen Bauernfamilie, durfte der intelligente Junge zum Studieren ins Ausland. Er wollte in die USA, landete aber in Australien. Er promovierte in Photovoltaik an der Universität von New South Wales in Sydney, wo er auch anschließend als Technologiechef in einem Solarunternehmen arbeitete.

Dort bekam er im November 2000 Besuch von vier Beamten aus der chinesischen Provinz Jiangsu. Er solle doch bitte in Wuxi, das in Jiangsu liegt, eine Solarfima gründen. Er müsse sich um nicht viel kümmern: Land, Arbeiter und Kapital werde ihm gestellt. Shi ließ sich in die patriotische Pflicht nehmen und gründete im Jahr 2001 Suntech.

Heute ist Suntech das größte Solarunternehmen der Welt. Es verkauft nicht nur weltweit seine Solarpanels, sondern ist auch an der Spitze ein wirklich globales Unternehmen. Briten und Australier sind in der Führung, darunter Stuart Wenham und David King, der schon bei Walt Disney und Bechtel arbeitete.

Die Geschichte von Shi und Suntech ist auch eine Geschichte der chinesischen Solarindustrie, die es innerhalb weniger Jahre an die Spitze schaffte und inzwischen den Weltmarkt dominiert.

Neben Suntech sind auch andere chinesische Solarfirmen mit globalem Anspruch entstanden. Zum Beispiel Yingli Green Energy, LDK Solar oder Trina Solar. Sie beherrschen inzwischen die Hälfte des Weltmarktes. Als *Global Player* haben sie auch erkannt, dass sie nach den internationalen Regeln spielen müssen. Das heißt vor allem, eine Marke aufbauen und ins Marketing investieren.

So hat Yingli einen millionenschweren Sponsoring-Deal mit dem Weltfußballverband Fifa abgeschlossen. Bei allen Top-Ereignissen im Fußball ist an den Banden der Yingli-Schriftzug zu sehen – neben so bekannten Marken wie Coca-Cola oder Adidas. Eine Nummer kleiner machte es Suntech. Sie sponsorn unter anderen den deutschen Fußball-Bundesligisten TSG 1899 Hoffenheim.

In China gibt es so etwas wie ein Lemminge-Verhalten. Ist ein Unternehmen in einer Branche erfolgreich, kommen sofort andere Unternehmer und wollen den Erfolg nachmachen. Das ist beileibe

Die zehn größten Solarunternehmen der Welt

Rang	Name	Land
1	Suntech	China
2	First Solar	USA
3	Sharp	Japan
4	Yingli Green Energy	China
5	Trina Solar	China
6	Canadian Solar	Kanada
7	Hanwha Solarone	China/Korea
8	SunPower	USA/F
9	Renewable Energy Corp.	Norwegen
10	SolarWorld	Deutschland

Quelle: Geoff Hiscock, Earth Wars, Seite 132.

nicht nur ein Phänomen in der Solarindustrie. Es ist in vielen Industrien des Landes anzutreffen und hat viel mit dem *entrepreneurial spirit* der Chinesen zu tun. Chinesen sind begnadete Händler und Geschäftemacher, wenn man sie denn lässt.

Oft sitzen das Original und die vielen Nachahmer am selben Ort. Clusterstädte werden solche Ansammlungen von Firmen aus der gleichen Branche an einem Ort genannt. Die Clusterstadt der Solarindustrie heißt Baoding, 150 Kilometer südwestlich von Beijing. Hier in dieser Zehn-Millionen-Stadt hat Yingli seinen Sitz. Das Unternehmen fing schon früh Ende der 90er Jahre mit der Produktion von Solarpanels an und fand schnell viele Nachahmer in der Stadt. Heute ist Baoding Chinas Zentrum der erneuerbaren Energien. Rund 150 Firmen aus der Solar- und Windbranche sitzen inzwischen in Baoding, das schon 2006 von seinen Stadtvätern zur *Clean Energy City* ausgerufen wurde.

Läuft man durch die klinisch sauberen Produktionsstätten Yinglis, sieht man – wie übrigens auch bei Suntech – überall Maschinen aus Europa, vor allem aus Deutschland. Yingli – sagen Experten – hat mit die modernsten Werke weltweit. Fünf Prozent vom Umsatz geben sie bei Yingli für Forschung und Entwicklung aus. Yingli will auch technologisch den Anschluss an den Westen schaffen.

Gute Produkte aus einer Massenproduktion – das war bislang das Erfolgsrezept der Chinesen. Aber nicht nur. Es kam noch eine weitere Komponente hinzu: Die deutsche Solarförderung. Das Erneuerbare-Energien-Gesetz (EEG) fördert und subventioniert den Strom aus Sonnenenergie. Deshalb boomt das Solargeschäft in Deutschland. Jedes Panel auf einem Dach wird subventioniert – egal, ob es aus deutscher oder chinesischer Produktion stammt. Es wird geschätzt, dass rund 60 Prozent der Module auf deutschen Dächern aus China kommen.

Shawn Qu, Gründer des chinesischen Unternehmens Canadian Solar, sagt deshalb nicht ohne Ironie: »Die ganze Welt dankt Deutschland für die Initiative.« Es sei die deutsche Solarförderung gewesen, die zu Beginn des vergangenen Jahrzehnts das Wachstum der Branche weltweit angekurbelt habe.

Die chinesischen Hersteller profitierten also doppelt: Einerseits von der großzügigen deutschen Solarförderung und andererseits von den heimischen Subventionen, meist auf lokaler Ebene. Dieser Doppel-Bonus katapultierte sie an die Weltspitze, ließ sie aber auch übermütig werden. Sie produzierten viel zu viel. Es entstanden weltweit gewaltige Überkapazitäten, die Preise purzelten nach unten – und auch die chinesischen Hersteller kamen in Schwierigkeiten.

Die zehn größten – im Ausland börsennotierten – chinesischen Unternehmen schreiben Verluste. Die Rede ist von mehreren Milliarden Euro. Doch die Regierungen – die lokalen wie die nationale – werden »ihre« Solarunternehmen nicht hängen lassen. Man kann davon ausgehen, dass sie die kriselnden Unternehmen sanft zu Fusionen zwingen werden, gesunde Konzerne aus anderen Branchen zur Übernahme der ein oder anderen Solarfirma »überreden«, und/oder mit einer großzügigen Finanzspritze nachhelfen werden.

Schließlich ist diese Industrie für Beijing eine strategisch ganz wichtige. Sie wird sie deshalb mit allen Mitteln am Leben halten – anders als im Westen.

Sonnenuntergang im Westen

Frank Asbeck ist eine illustre Persönlichkeit. Ein Grüner, der noch mit Petra Kelly Politik machte. Ein Unternehmer, der meist in Lodenjacke auftritt. Ein Ökofreak, der einen Maserati fährt und gerne Villen kauft. Ein gnadenloser Selbstdarsteller sei er, sagen seine Feinde und Neider. Ein Unternehmer sei er, der von seiner Sache hundertprozentig überzeugt sei, sagt er selbst.

Seine Sache ist der Solarstrom. Für ihn setzt er sich ein. Solarstrom ist sein Lebenswerk, weswegen er auch »Sonnenkönig« genannt wird.

Asbeck ist Chef und Miteigentümer von Solarworld, Deutschlands größtem Hersteller von Photovoltaik-Modulen. 1998 hat er das Unternehmen gegründet und zu einem Global Player ausgebaut.

Doch nun ist sein Lebenswerk gefährdet – durch die Chinesen. Er kämpft deshalb den Kampf seines Lebens – gegen die Chinesen. Die seien, so sein Vorwurf, schuld, dass im Westen ein Solarunternehmen nach dem anderen Pleite geht.

Allein in Deutschland hat es innerhalb weniger Monate Solar Millenium, einst ein Vorzeigeunternehmen der Branche, erwischt. Ihm folgten Q-Cells, Solon und Solarhybrid. Wann ist Solarworld dran? Der Konzern aus Bonn macht dreistellige Millionenverluste.

Asbeck verzichtet in der Not auf sein Gehalt und gibt sich mit einem symbolhaften Euro zufrieden.

Um selbst den Gang zum Konkursrichter zu vermeiden, hat sich Asbeck zum Retter der westlichen Solarindustrie aufgeschwungen. Seine Firma initiierte sowohl in den USA und in der EU Klagen gegen die chinesische Konkurrenz. Er sagt gegenüber der *Süddeutschen Zeitung*: »China hat einen Industriekrieg begonnen.« Der chinesische Staat habe den Firmen allein 2011 mit mehr als 20 Milliarden Euro geholfen.

Die Chinesen würden – so Asbecks Argumentation – ihre Produkte zu Dumpingpreisen anbieten, teilweise sogar 30 Prozent unter den eigenen Kosten. Ihr Ziel sei, den Rest der Welt aus dem Markt zu drängen und ein Monopol zu schaffen auf die Technik zur Nutzung der größten Energiequelle der Welt. »Das wäre noch wertvoller, als auf allen Öl- und Gasvorräten der Erde zu sitzen«.

In Amerika waren Asbeck und seine Mitstreiter bereits erfolgreich. Die Regierung verhängte gegen die Chinesen Strafzölle. »Ich begrüße, dass in den USA die unfairen Handelspraktiken der Chinesen erkannt wurden«, kommentierte Frank Asbeck die amerikanische Entscheidung.

Er will erreichen, dass auch in Europa Strafzölle für chinesische Solarimporte eingeführt werden. Mehr als 20 Hersteller, die die Initiative EU Pro-Sun gegründet haben, haben Klage in Brüssel eingereicht. Dort wird es als eines der wichtigsten Anti-Dumping-Verfahren aller Zeiten betrachtet. Nicht nur wegen seiner ökonomischen Relevanz (die EU importierte 2011 Solarpanel aus China im Wert von 21 Milliarden Euro), sondern wegen seiner politischen Brisanz. Eine Verurteilung Chinas durch die EU hätte schwerwiegende Folgen für den europäisch-chinesischen Handel.

Trotzdem übernimmt die deutsche Politik brav die Asbeck'sche Position. Ex-Umweltminister Norbert Röttgen: »Die Chinesen verfolgen eine Preispolitik, die auf die Verdrängung deutscher Unternehmen gerichtet ist.« China strebe letztendlich ein Technologiemonopol an. Sein Nachfolger Peter Altmaier sagte bei einem Besuch der insolventen Solarfirma Q-Cells in Bitterfeld-Wolfen: »Nicht die Technologie (der deutschen Solarindustrie) ist schlecht, sondern der Kostendruck ist enorm.« Er stehe deshalb einem Anti-Dumping-Verfahren in Brüssel offen gegenüber.

Die deutschen Politiker sollten den Mund mal nicht so voll nehmen, denn schließlich war es auch ihre Förderungspolitik, die die Chinesen stark gemacht haben. Zudem wird auch hierzulande kräftig subventioniert.

Die Chinesen wehren sich deshalb. Miao Liansheng, Vorstandschef von Yingli Green Energy, erklärt gegenüber der *Wirtschaftswoche*: »Wir bekommen in China derzeit Kredite zu einem Zinssatz von 6,5 Prozent. Das ist viel höher als in Europa. Und Yingli bekommt überhaupt keine Hilfen vom Staat. Auch billiges Land für neue Fabriken gibt es nicht.«

China versteht sich deshalb als zu Unrecht von den Europäern und Amerikanern angegriffen. Und droht deshalb. Das Handelsministerium in Beijing lässt verlauten: Sollte die EU-Kommission Strafzölle verhängen, sei es wahrscheinlich, dass China Gegenmaßnahmen ergreifen werde.

Die führenden Solarunternehmen Suntech, Yingli, Trina Solar und Canadian Solar gaben eine gemeinsame Erklärung heraus, in der sie sowohl eine Drohung als auch eine Befürchtung aussprachen. Mögliche Strafzölle würden »einen umfassenden Handelskrieg zwischen der EU und China auslösen, der auf beiden Seiten nur zu enormen Verlusten führen wird«, sagte Yingli-Chefstratege Yiyu Wang.

Wir stehen bereits am Beginn eines Handelskrieges. Gegen die USA haben die Chinesen ihrerseits eine Anti-Dumping-Klage eingereicht. Wir sind damit bereits in dieser gefährlichen Spirale von Reaktion und Gegenreaktion, die immer weiter eskalieren und auch auf andere Branchen übergreifen kann.

Es stimmt ja, dass die Chinesen ihre Solarpanels billiger produzieren als die Deutschen oder Amerikaner. Das Beratungsunternehmen Ernst & Young rechnet vor, dass die Herstellungskosten eines

Solarpanels in China im Schnitt 30 Prozent geringer sei als in den Industriestaaten. Aber hat es diesen Kostenvorteil nur den Subventionen durch den Staat zu verdanken, oder sind die Chinesen vielleicht einfach nur produktiver?

Als Kronzeugen für Letzteres tritt ausgerechnet ein deutscher Spitzenmanager auf. Ex-Bosch-Chef Franz Fehrenbach sagt: »Die Chinesen sind inzwischen bei Photovoltaik-Modulen vorne. Sie erreichen in der Serienfertigung die höchsten Wirkungsgrade.« Lange Zeit nahmen die Deutschen die Chinesen nicht ernst. Die meisten deutschen Unternehmen hätten es versäumt, sich auf die harte Konkurrenz aus Asien einzustellen, ergab eine Analyse des in der Industrie nicht besonders beliebten Solarexperten Wolfgang Hummel. Seiner Meinung nach sind deutsche Solarunternehmen zu teuer, zu langsam und zu einfallslos. Das Bundeswirtschaftsministerium urteilt ähnlich: »Sie hätten sich früher dem internationalen Wettbewerb stellen und Forschung und Entwicklung verstärken müssen.«

Auch Asbeck gibt dieses Versäumnis indirekt zu. Er hat nun – nachdem er zuvor viel Geld in teure Marketingkampagnen gesteckt hat – eine Innovationsoffensive angekündigt. Es wird wohl zu spät sein. Denn: »Die Solarindustrie hat in Deutschland keine große Zukunft mehr.« Zu diesem harten Urteil kommt der renommierte Umweltjournalist Fritz Vorholz in der *Zeit*. Bestenfalls werden, so Vorholz, deutsche Firmen asiatische Produkte in Zukunft kaufen und verkaufen, konfektionieren und laminieren.

Innerhalb weniger Jahre ist so aus einer deutschen Vorzeigeindustrie, der eine große Zukunft bevorstand, eine sterbende Branche geworden. Den Niedergang auf subventionierte chinesische Konkurrenz zu schieben, ist zu billig. Die Unternehmen selbst haben Fehler gemacht. Sie haben die Konkurrenz aus Fernost lange Zeit nicht ernst genommen. Und eine staatliche Förderpolitik hat ihnen den Rest gegeben.

Der Präsident des Bundesverbandes Windenergie Hermann Albers warnt, eine verfehlte deutsche Industriepolitik habe es zugelassen, dass die Sonnenenergie-Anlagenbauer »von den Chinesen plattgemacht« worden seien.

Droht dies auch den Herstellern von Windkraftanlagen?

Europäische Flaute, chinesischer Sturm

Es war einmal – so fangen Märchen an. Und es klingt wie ein Märchen, wenn man über ein Unternehmen aus dem Lande des großen dänischen Märchenerzählers Hans Christian Andersen schreibt.

Es war einmal ein Mann, der hieß Peder Hansen. Er lebte in dem kleinen Städtchen Lem auf Jütland, der dänischen Halbinsel zwischen Nord- und Ostsee. Hier pfeift meist ordentlich der Wind. Als in den frühen 70er Jahren des vergangenen Jahrhunderts plötzlich die Ölkrise ausbrach, hatte Peder Hansen eine pfiffige Idee:

Er wollte den reichlich vorhandenen Wind nutzen und ihn in Energie umwandeln. Seine Firma Vestas, die vorher nur diverse elektrische Geräte herstellte, begann mit der Produktion von Windkraftanlagen.

Heute ist Vestas der weltgrößte Hersteller von Windkraftanlagen: Fast sieben Milliarden Euro Umsatz, 22 000 Beschäftigte in 26 Ländern. Vestas war der Stolz Dänemarks und ein Symbol für Europas Dominanz und Erfindungsgeist im Bereich der Grünen Technologien.

Doch damit ist es nun vorbei. Vestas hat in den vergangenen Jahren kräftig Gegenwind bekommen, vor allem aus Fernost, aus China. Vier der zehn größten Windunternehmen weltweit sind inzwischen chinesisch: Xinjiang Goldwind Science & Technology, Sinovel Wind, Dongfang Turbine und Guodian United Power Technology. Die ersten drei haben bereits einen Weltmarktanteil von 57 Prozent.

»Die Konkurrenz ist beinhart«, klagt Vestas-Vorstandschef Ditlev Engel. Vestas Marktanteile schrumpfen. Das Unternehmen schreibt kräftig rote Zahlen. Einige Top-Manager mussten gehen.

Mehrere Entlassungsrunden wurden durchgezogen. Angesichts des Niedergangs meldete sich sogar Dänemarks Premierministerin Helle Thorning-Schmidt zu Wort und kommentierte: »Das ist ein enormer Rückschlag.«

Die zehn größten Windkraftunternehmen der Welt

Platz	Name	Land
1	Vestas	Dänemark
2	Sinovel Wind	China
3	GE Wind Energy	USA
4	Xinjiang Goldwind	China
5	Enercon	Deutschland
6	Gamesa	Spanien
7	Dongfang Turbine	China
8	Suzlon Energy	Indien
9	Siemens Wind Power	Deutschland
10	Guodian United Power	China

Quelle: Geoff Hiscock, Earth Wars, Seite 129.

Vestas ist kein Einzelfall. Auch manche deutschen Hersteller haben Probleme. Nordex zum Beispiel schreibt rote Zahlen. Der Niedergang der europäischen Windkraftindustrie erinnert fatal an den der Solarindustrie.

Doch die Situation ist ein bisschen anders. Die Chinesen liefern wenig nach Europa, attackieren die Europäer nicht auf ihren heimischen Märkten. Noch nicht jedenfalls. Wichtigster Grund für die Zurückhaltung der Chinesen: Anders als Solarpanels sind

Windkraftanlagen schwergewichtige Produkte, die hohe Transportkosten verursachen.

Deshalb haben die Europäer auch in China für den chinesischen Markt gefertigt. Und waren da auch in den Anfangsjahren der chinesischen Windeuphorie sehr erfolgreich. 2005 installierten die Ausländer 75 Prozent aller Windkraftanlagen in China, 2010 waren es nur noch fünf Prozent.

Dieser Niedergang im größten Markt der Welt hat vielen Europäern das Genick gebrochen. Sie mussten in China schließen, weil die heimische Konkurrenz immer größer und besser wurde. Gab es 2004 gerade mal sechs Hersteller in China, sind es nun über 70 Firmen, sagt die *China Wind Power Association*. Viele dieser Unternehmen sind einfach kostengünstiger als die europäischen Firmen. Manfred Hader, Windexperte bei der Unternehmensberatung Roland Berger, rechnet vor: »Konkurrenten wie Dongfang oder Goldwind könnten die europäischen Preise um 20 Prozent unterbieten.«

In China können die westlichen Firmen nicht mehr mithalten, zumal auch dort inzwischen ein gnadenloser Preiswettbewerb eingesetzt hat. China will seine Windkraft-Kapazitäten kräftig ausbauen. Es sind mehrere große Windparks geplant, darunter die ersten Offshore-Windparks vor der Küste von Jiangsu.

Trotz dieser Expansion im eigenen Lande herrschen in China Überkapazitäten. Zu viele Unternehmen haben sich auf diesen boomenden Markt gestürzt. Deshalb gehen immer mehr chinesische Windkraftanlagenbauer ins Ausland. In Afrika und Osteuropa tauchen sie schon auf, und sicher bald auch in Westeuropa.

Vestas-Chef Ditlev Engel sagte immer: »Wir müssen sicherstellen, dass wir stets mit dem, was wir ›Asien plus Fracht‹ nennen, konkurrieren können.« Doch das scheint ihm und den anderen europäischen Herstellern immer weniger zu gelingen.

Vestas jedenfalls scheint den Kampf schon verloren zu haben. Das einstige Vorzeigeunternehmen wird bereits als Übernahmekandidat gehandelt. Als mögliche Käufer wurden die chinesischen

Konkurrenten Sinovel, Xinjiang Goldwind und Ming Yang Wind Power Group genannt, aber auch die japanische Mitsubishi Heavy Industries.

Vestas – ein Märchen ohne Happy End.

Ein anderes Märchen beginnt dagegen gerade: Das Märchen vom Auto, das ohne Benzin fährt.

Mit Elektroautos auf der Überholspur

Build Your Dreams – abgekürzt BYD – heißt das Unternehmen, das in Shenzhen jenseits der (immer noch vorhandenen) Grenze zu Hongkong seinen Sitz hat. Der Name ist Programm. Firmengründer Wang Chuanfu hat einen Traum, sogar einen sehr großen. Er will sein Unternehmen BYD zu einer großen Nummer in der globalen Autoindustrie machen. Die Motoren seiner Autos sollen nicht mit Benzin angetrieben werden, sondern mit Strom.

Wang setzt auf Elektroautos. Er sagt: »Um ehrlich zu sein, wir können bei den konventionellen Autos nicht konkurrieren, höchstens über niedrige Preise. Wir müssen deshalb Elektroautos entwickeln.« Unternehmenschef Wang ist mit dieser Einschätzung ganz auf Parteilinie. Denn die Regierung des Landes setzt voll auf Elektroautos.

Sie weiß, dass sich in den nächsten Jahren und Jahrzehnten Millionen, ja Hunderte von Millionen von Chinesen ihren Traum von einem Auto erfüllen wollen (das Auto steht nach einer eigenen Wohnung an zweiter Stelle auf der Wunschliste der chinesischen Bevölkerung), aber sie weiß auch, dass eine solch gigantische Motorisierung mit herkömmlichen Motoren den ökologischen Kollaps des Landes zur Folge hätte. Deshalb sieht die Regierung nur einen Ausweg: Wir brauchen Autos mit alternativen Antriebsmotoren.

Zur Alternative stehen: Hybrid oder Elektro. Darüber wurde in der chinesischen Führung heftig und durchaus kontrovers diskutiert. Obwohl Regierungschef Wen Jiabao gegen eine frühe Festlegung auf eine der beiden Technologien votierte, setzte sich die Position von Forschungsminister Wan Gang, dem ehemaligen Audi-Manager, durch. Er plädierte für das Elektroauto.

Das Ziel ist inzwischen klar und auch definiert: Bis zum Jahr 2020 will China die Nummer eins in der Welt sein. Spätestens dann sollen fünf Millionen Autos – angetrieben von Batterien – auf Chinas Straßen verkehren. China forciert die Entwicklung des Elektroautos natürlich aus ökologischen Gründen, aber nicht nur.

Die Chinesen haben auch einen industriestrategischen Hintergedanken. Sie wollen in einer der wichtigsten Industrien der Welt einen Quantensprung schaffen und sich an die Spitze setzen. Bei den herkömmlichen Autos ist ihnen die Aufholjagd gegenüber den westlichen Konkurrenten nicht gelungen. Bei den E-Autos dagegen hoffen sie, sie zu überholen und sogar abzuhängen. Wan Gang gab auf einer Konferenz in Tianjin die Parole aus: »China sollte diese Gelegenheit nutzen, um in der Welt führend zu werden.« Christian Malorny, Direktor und Autoexperte bei McKinsey, ist davon überzeugt: »Chinas erklärtes Ziel bei der E-Mobilität ist die Weltspitze.«

Um dieses ambitiöse Ziel zu erreichen, fließt viel Geld. Im aktuellen Fünfjahresplan, in dem der Bau von Elektroautos als eine strategische Industrie definiert wurde, sind für die Hersteller von E-Autos hohe Steuererleichterungen und Subventionen vorgesehen. Insgesamt spendiert die Regierung zwischen 2011 und 2015 über 11 Milliarden Euro. Die deutsche Regierung dagegen verweigert sich direkten Subventionen, und die Amerikaner reduzierten sogar ihre Subventionen.

Doch Geld ist nicht alles. Auch Know-how ist nötig, vor allem aus dem Ausland. Deshalb ist es Teil des Plans, ausländische Autohersteller, die in China Elektroautos herstellen wollen, in Joint Ventures zu zwingen. In diesen Gemeinschaftsunternehmen dürfen sie nur eine Minderheit (maximal 49 Prozent) halten. Eine bewährte Taktik, die auch in diesem Falle wieder zu funktionieren scheint.

Fast alle westlichen Autobauer strömen nach China, um dort mit ihren chinesischen Partnern an der Entwicklung eines serienreifen E-Autos zu arbeiten. Volkswagen fährt zweigleisig. Mit FAW entwickeln die Wolfsburger ein neues E-Auto namens Kaili, das Ende 2013 oder Anfang 2014 auf den chinesischen Markt kommen soll. Und mit SAIC den Tantus, der eher in der Mittelklasse angesiedelt ist. BMW bastelt mit seinem Partner Brilliance an einem Elektroauto.

Am spektakulärsten ist freilich das Projekt, das Daimler in China eingegangen ist. Auf dem Genfer Autosalon im März 2010 gaben die Stuttgarter eine Partnerschaft mit BYD, an dem auch der amerikanische Investment-Guru Warren Buffett beteiligt ist, bekannt. Der sperrige Name des deutsch-chinesischen Projekts lautet: BYD Daimler New Technology (BDNT). Daimler-Chef Dieter Zetsche sagte damals nach dem Handschlag mit Wang Chuanfu: »Das ist eine perfekte Kombination.«

An dieser Einschätzung ist jenseits des Zweckoptimismus was dran: Daimler ist einer der Technologieführer in der Autobranche, und BYD ist zwar auch ein Autobauer, aber mehr Kompetenz hat das Unternehmen in der Batterietechnik. Denn bevor BYD 1995 anfing, Autos herzustellen, waren die Chinesen einer der führenden Batterieproduzenten der Welt. Und Batterien sind das zentrale Teil im Elektroauto. Eine ideale Ergänzung also: Daimler hat das Auto-Know-how, BYD das Batterie-Know-how. So weit die schöne Theorie.

Die Praxis: In einem schlichten Gebäude an der BYD Road in Shenzhen arbeiten rund 200 Techniker und Ingenieure beider Unternehmen – ein Drittel von Daimler – an einem neuen Elektroauto. Über 70 Millionen Euro haben die Schwaben und Chinesen bislang in das Projekt, das intern den Namen Tiger trägt, investiert. Ein erstes Ergebnis soll 2013 präsentiert werden. Dann soll das Elektroauto namens Denza auf den Markt kommen. Denza, das an die B-Klasse erinnert, soll eine Reichweite von bis zu 250 Kilometer haben und zum Aufladen der Batterie fünf Stunden benötigen.

Den Denza wird es nur in China zu kaufen geben. Wie fast alle anderen E-Autos, die in den nächsten Jahren auf den Markt kommen werden. Eine Studie der Unternehmensberatung Oliver Wyman kommt deshalb zu dem Schluss: »Das E-Rennen wird in China entschieden.«

Ferdinand Dudenhöffer, Direktor des *Center Automotive Research* an der Universität Duisburg-Essen, glaubt zumindest den Verlierer schon zu kennen. »Das Elektroauto wird hier in Deutschland floppen. Aber vielleicht nicht in China, und dann werden wir uns in zehn Jahren ärgern«, sagte der Autoexperte gegenüber dem *Tagesspiegel*.

Und wer wird gewinnen? Kevin Wale, Chef von General Motors in China, glaubt: »China kann das Land sein, das die Welt zum Umsteigen ins Elektroauto führt.« Paul Gao aus dem Hongkonger Büro von McKinsey pflichtet ihm bei: »China kann der Pionier werden beim Wandel des Elektroautos von einem teuren Nischenprodukt hin zu einem bezahlbaren Massenprodukt.«

Warum können es die Chinesen schaffen – und wir nicht? Eine Antwort ist sicher mit der Rolle des Staates zu geben. Chinas Regierung will, dass diese neue Technologie sich durchsetzt und dass China die dominante Rolle dabei spielen wird. Deshalb der hohe finanzielle Einsatz. Die staatlich verordnete Euphorie setzt sich in den Unternehmen fort. Mehr als 100 Unternehmen arbeiten in China an der Entwicklung von E-Autos, über 2000 Firmen engagieren sich in der Entwicklung von Batterien. Als der weltgrößte Batterieproduzent für Handys, Laptops und andere digitale Produkte verfügt China über eine gewaltige Produktionskapazität.

In Deutschland dagegen sieht es anders aus. Zwar hat die Bundesregierung – wie Beijing – ein hohes, fast identisches Ziel: Deutschland soll innerhalb von zehn Jahren zum Leitmarkt für E-Mobilität werden. So steht es in einem Entwicklungsplan der Bundesregierung aus dem Jahre 2010.

Es gibt inzwischen auch die Initiative *Nationale Plattform Elektromobilität*, in der Industrie, Wissenschaft und Politik zusammenarbeiten. Doch immer wieder gibt es Streit um Fördergelder, die die Regierung nicht im erwünschten Ausmaße herausrücken will. Aber ohne staatliche Hilfe könne Deutschland sein Ziel, internationaler Leitmarkt für E-Mobilität zu werden, vergessen, meint BMW-Chef Norbert Reithofer.

Inzwischen wurden die deutschen Pläne nach unten korrigiert. Es werden nur noch 600 000 E-Autos für 2020 angepeilt. Die Politik unterstützt das Projekt nur halbherzig, aber auch das Engagement der deutschen Autokonzerne hält sich in Grenzen und ist höchst unterschiedlich. Am enthusiastischsten scheint wohl BMW zu sein, während Daimler, Audi und VW eher auf die Bremse treten.

So ist es nicht verwunderlich, wenn Axel Stepken, Vorstandschef von TÜV Süd, sagt: »Die Innovationstreiber [bei der E-Mobilität] kommen nicht aus Deutschland oder Europa, sondern aus Asien.«

Auf Elektroautos, Sonne und Wind setzt China bei seinem Umbau zu einer *low-carbone conomy*. Sonne und Wind bekommt das Land frei Haus geliefert. Anders sieht es bei einem weiteren Element der Natur aus, das für China ein wichtiger Bestandteil seiner grünen Energiepolitik ist: Wasser.

Wasser ist knapp, nicht nur in China, sondern auch in seinen Nachbarländern. Doch China hat einen großen Vorteil. Es sitzt an den Wasserquellen und kann notfalls seinen Nachbarn das Wasser abgraben. Deshalb sind Konflikte um Wasser programmiert.

Verdammt und zugesperrt – Es drohen Wasserkriege

Tibets Wasser wird China retten, lautet der Titel eines Buches von Li Ling, einem prominenten, nationalistisch angehauchten Oberstleutnant der Volksbefreiungsarmee. Auf dem tibetanischen Hochland befindet sich das größte Plateau der Welt mit riesigen Wasserreserven. Kein Platz der Erde hat mehr Frischwasser als diese unwirtliche Gegend im tiefen Westen Chinas. Neun der zehn größten Flüsse Asiens haben hier ihren Ursprung. Sie fließen nach Osten (Yangtse und der Gelbe Fluss), nach Westen (Arun, Brahmaputra, Karnali und Indus) und nach Süden (Mekong, Salween, Irrawaddy). Nur einer, der Ganges, entspringt auf der indischen Seite. Das tibetanische Hochland gehört zu China. Die Chinesen haben also eine Schlüsselstellung. Sie können jederzeit fast allen asiatischen Nationen den Wasserhahn zudrehen, wenn sie wollten. Sie wollen nicht, aber sie müssen wohl in den nächsten Jahren. Denn China hat selbst ein großes Wasserproblem.

Vor allem der Norden Chinas, in dem sich ein Großteil der Landwirtschaft befindet, leidet seit Jahren immer wieder unter lang anhaltenden Dürreperioden – eine Folge des Klimawandels. Weniger Wasser gleich weniger Nahrung, lautet die simple Formel. Vom Wasser hänge das Überleben der chinesischen Nation ab, sagte deshalb einst Ex-Premier Wen Jiabao. Eine ziemlich pathetische, aber gleichwohl richtige Aussage. Wang Shucheng, der ehemalige Wasserminister Chinas, sagt: »Um jeden Tropfen Wasser zu kämpfen oder sterben – vor dieser Herausforderung steht China.«

Ist die Situation in China schon bedrohlich, so ist sie in Indien noch bedrohlicher. *The 2030 Water Resources Group* errechnete, dass 2030 in Indien die Nachfrage nach Wasser das Angebot um 50 Prozent übersteigen werde. Schon jetzt gibt es in fast jedem Sommer im Norden Wassernotstand. Jedes Jahr nehmen in und um Delhi, wenn dort das Thermometer auf über 40 Grad steigt, die Auseinandersetzungen ums knappe Wasser zu. Während in den Slums kaum Wasser vorhanden ist, vergnügen sich die Reichen in ihren Swimmingpools.

Übers ganze Land verteilt, sinken die Wasserspiegel in einer alarmierenden Rate. Die Bauern müssen immer tiefer bohren, um an Wasser zu gelangen. 45 bis 60 Meter sind es inzwischen in Rajasthan. »Wir steuern auf eine beispiellose Krise zu. Wenn wir nichts dagegen tun, wird es Straßenkämpfe geben, von Haus zu Haus«, sagt Jyoti Sharma, Präsidentin des *Forum for Organised Resources Conservation and Enhancement*.

Doch was tun die Inder? Sie haben – anders als die Chinesen – keine Idee, keine Strategie, wie sie das horrende Defizit ausgleichen wollen. Brahma Chellaney, einer der führenden Polit-Strategen Indiens, klagt in seinem Buch *Water* an: »Zwölf verschiedene Behörden beschäftigen sich mit Wasserfragen, aber es gibt keinen nationalen Aktionsplan zur Wassersicherheit.«

Die Chinesen dagegen haben Pläne. Sie planen Dämme. Kein Staat der Welt baut mehr Dämme als China. Gezählt hat sie keiner. Nur ungefähre Zahlen kursieren. Zwischen 22 000 und 24 000 sollen es sein. Große Dämme planen die Chinesen an den Oberläufen der großen Flüsse, die vom tibetischen Hochland abgehen.

So planen sie den Brahmaputra in Metong, kurz vor der Grenze zu Indien, zu stauen. Er wird der größte Damm der Welt werden. Aber auch an den Oberläufen des Mekong, die Lebensader Indochinas, und des Salween, der nach Myanmar und Thailand fließt, gibt es schon Dämme und weitere sind geplant.

China braucht das gestaute Wasser vor allem für sein gigantisches Süd-Nord-Wasserprojekt. In drei Kanälen soll das teure Nass vom wasserreichen Süden in den wasserarmen Norden geleitet werden. Weil aber das Wasser aus dem Süden nicht ausreicht, sollen die Kanäle auch mit Wasser aus den Flüssen des tibetischen Hochlandes gespeist werden.

Wenn die Chinesen durch die Staudämme ihren Nachbarstaaten im wahrsten Sinne des Wortes das Wasser abgraben, sind Konflikte vorprogrammiert. In Bangladesch, Indien, Kasachstan, Laos, Myanmar, Pakistan und Vietnam wird immer weniger Wasser ankommen.

Das größte Konfliktpotential besteht zwischen China und Indien, den beiden bevölkerungsreichsten Ländern der Welt. Das eine (China) hat 1,3 Milliarden Menschen zu ernähren, das andere (Indien) 1,2 Milliarden. Was passiert, wenn der Indus oder Brahmaputra immer weniger Wasser führt, wenn er in Indien ankommt? Wie wird Indien reagieren? Wird es Truppen ins tibetische Hochland schicken? Wird es Kämpfe um Dämme geben?

Welche Länder von welchen Flüssen abhängig sind

Land	Abhängigkeitsrate (in Prozent)	Flüsse
Bangladesch	91,3	Brahmaputra, Ganges u. a.
Pakistan	75,6	Indus
Kambodscha	74,7	Mekong
Vietnam	58,9	Mekong u. a.
Thailand	47,1	Mekong, Salween u. a.
Laos	42,9	Mekong
Indien	33,4	Brahmaputra, Indus u. a.

Quelle: Brahma Chellaney, Water, Seite 245.

Brahma Chellaney sagt: »Wasser ist eine Sicherheitsfrage geworden.« Die Wasserfrage sei – sagt er – ein Testfall, ob Asien seine Probleme kooperativ oder konfrontativ lösen kann.

Derzeit sieht es nicht nach einer kooperativen Lösung aus.

Kapitel Fünf *Rohstoffe:*
Strategen gegen Habenichtse

> »*Ich denke, dass die Welt in einen Krieg um Rohstoffe hineingezogen wird.*«
>
> Dambisa Moyo, Afrikanische Autorin

Ob Öl oder Weizen, ob Kupfer oder Neodym – die zum Leben und Überleben notwendigen Rohstoffe werden knapp. Der Grund ist simpel: Die Nachfrage nach diesen wertvollen Stoffen wächst ständig, und zwar schneller als das Angebot. Logische Folge dieses Auseinanderklaffens zwischen Angebot und Nachfrage sind steigende Preise. Und so explodieren seit Jahren die Preise für nahezu alle Rohstoffe.

Wir leben in einem sogenannten Superzyklus. Davon sprechen die Experten, wenn über einen längeren Zeitraum die Preise für Rohstoffe konstant steigen, auch wenn sie aufgrund konjunktureller Einbrüche zwischendurch mal kurzfristig sinken sollten. Entscheidend ist der Langfristtrend. Und der zeigt seit Jahren nach oben.

Einer der wichtigsten Preistreiber ist – und das ist kein Vorwurf – natürlich das prosperierende China. Die Motorisierung Chinas steht ja erst am Beginn. Die Produktion der neuen Autos und Lkws verbraucht jede Menge Metalle, und wenn sie dann fahren jede Menge Sprit. Hinzu kommen Straßen, Brücken, Flughäfen und Eisenbahnlinien. Für all dies braucht man Stahl, Kupfer und noch viele andere Rohstoffe.

Und es ist nicht nur China allein, das wächst. Die anderen Schwellenländer – ob Brasilien, Indonesien oder Südafrika – legen auch eine rasante Entwicklung hin. Weltweit entsteht eine neue Mittelschicht, die Hunderte von Millionen Menschen umfasst. Diese Aufsteiger wollen und werden – wer will ihnen das verwehren – konsumieren. Sie wollen Autos fahren, sie wollen Kühlschränke oder Klimaanlagen haben, und sie wollen mehr Fleisch essen.

Doch ihre Nachfrage stößt auf ein begrenztes Angebot. Bei vielen wichtigen Rohstoffen ist bald der Punkt erreicht, an dem das weltweite Angebot zurückgeht. Die Fachwelt bezeichnet diese Wendepunkte als *Oil Peak, Gas Peak, Copper Peak* und so weiter.

Wie reagiert China, wie der Westen auf diese absehbare Knappheit?

Sehr unterschiedlich: Die Chinesen haben eine Rohstoffpolitik, wir im Westen nicht. Sie gehen strategisch vor, wir nicht. Das sei nicht die Sache des Staates, sagen unsere marktwirtschaftlichen Puristen. Die Unternehmen sollen sich gefälligst selbst um ihren Nachschub an Rohstoffen kümmern, lautet ihr liberales Credo.

In China hingegen kümmert sich der Staat um die Versorgung mit den nötigen Rohstoffen. Er legt strategische Reserven an, unterstützt seine Firmen beim weltweiten Rohstoffeinkauf. Häufig kaufen die Chinesen nicht nur die Rohstoffe, sondern die Minen und Ölfelder oder gleich die Rohstoffproduzenten. Dann können sie die Preise zumindest mitbestimmen und ihr Nachschub ist auch gesichert. Dambisa Moyo sagt: »Wie eine koloniale Macht des 19. Jahrhunderts hat sich China in aller Welt die Ressourcen, die es braucht, gesichert.«

Der Westen hingegen kauft seine Rohstoffe – egal zu welchen Preisen – auf den Märkten und ist ihnen damit ausgeliefert.

Welche Strategie ist die cleverere? Angesichts zunehmender Knappheiten ist es die chinesische. Durch den Besitz eigener Rohstoffquellen unterliegen die Chinesen nicht dem Preisdiktat der Märkte, und ihr Nachschub ist zumindest teilweise gesichert. Denn es kann in Zukunft durchaus vorkommen, dass gewisse Rohstoffe selbst zu horrenden Preisen auf den Weltmärkten nicht mehr zu bekommen sind.

In einer solchen Situation drohen Rohstoffkriege. Schon seit Jahren wird von der Möglichkeit solcher Auseinandersetzungen geredet und geschrieben. Der amerikanische Publizist Michael T. Klare machte in seinem Buch *Resource Wars* als einer der Ersten auf die möglichen Konflikte aufmerksam. Immer mehr Autoren teilen diese Einschätzung. Dambisa Moyo zum Beispiel in ihrem Werk *Winner Take All* oder Stephen Leeb in seinem Buch *Red Alert*: »In einem Worst-Case-Szenario kann eine Rohstoffknappheit zu einem globalen Rohstoffkrieg führen.«

Inzwischen sind solche Visionen keine Hirngespinste mehr, die irgendwelchen verirrten Köpfen entspringen. Der neue Präsident des Bundesverbands der Deutschen Industrie (BDI), Ulrich Grillo, spricht bereits von einem »zweiten kalten Krieg« um Rohstoffe. Dass dieser in den nächsten 15 bis 30 Jahren in einen heißen Krieg münden kann, mag das Bundesverteidigungsministerium in einem Szenario-Papier nicht ausschließen.

Und nicht auszuschließen ist auch, dass sich diese Auseinandersetzungen auf Gebiete und Räume ausdehnen könnten, die bislang noch nicht erschlossen und wirtschaftlich ausgebeutet wurden – auf die Arktis, die Ozeane und den Weltraum. Sie gehören zu den sogenannten *Commons*, zu den Räumen, die bisher noch nicht unter irgendwelchen Nationen »verteilt« wurden. Weil in der Arktis, den Ozeanen und dem Weltraum viele Rohstoffe vermutet werden, wird es auch dort mit Sicherheit zu Verteilungskämpfen kommen. Die größten Kontrahenten sind: China und der Westen.

Viel Geld in der Pipeline – Chinas Rohstoffstrategie

Kaum jemand außerhalb der Energiebranche kennt diese Firma: Sie heißt Nexen und hat ihren Sitz in Kanada. Sie besitzt große Ölsand-Vorkommen im westlichen Kanada, aber auch Öl- und Gasfelder in der Nordsee, im Golf von Mexiko und vor Nigeria.

Dieser Besitz weckte Begehrlichkeiten bei den Chinesen, genauer auf der Vorstandsetage von Cnooc. Das Kürzel steht für *China National Offshore Oil Corporation*. 15 Milliarden Dollar war dem Cnooc-Management die Übernahme von Nexen wert. Aber, Moment mal, da sind noch drei Milliarden Dollar Schulden, die Nexen hat. Kein Problem, die übernehmen wir auch noch, sagten die Chinesen generös.

Dieser Übernahmedeal, der sich im Sommer 2012 abspielte, war bis dato der größte, den die Chinesen je tätigten. Es war ein symptomatischer Deal. Chinas Energieunternehmen kaufen zu jedem Preis, fast zu jedem Preis. Sie finden die Aktionäre sehr großzügig ab – im Falle Nexen zahlte ihnen Cnooc 61 Prozent über dem aktuellen Kurs – und sie übernehmen die Schulden gleich mit.

Cnooc ist nur einer von drei großen Energiekonzernen, die weltweit auf Einkaufstour gehen. Die anderen beiden sind CNPC (*China National Petroleum Corporation*) und Sinopec. Ab und zu beteiligt sich auch noch Sinochem, ein Mischkonzern mit Schwerpunkt Chemie, am weltweiten Shopping.

All diese Konzerne sind im Staatsbesitz, nur kleinere Anteile sind an den Börsen in Hongkong und zum Teil auch in New York gelistet. CNPC und Sinopec haben eine Sonderstellung. Beide Unternehmen haben den Status eines Ministeriums. Sind diese Konzerne damit am Gängelband des Staates oder der Regierung? Das mag mal so gewesen sein, aber derzeit sind sie »keine Marionetten der Regierung« mehr, schreiben Daniel Baumgartner und Nadine Godehardt vom Hamburger GIGA-Institut (German Institute of Global and Area Studies) in ihrer Analyse *Chinas Energiepolitik und die Strategien der Nationalen Ölkonzerne*. Die beiden Forscher konstatieren »eine zunehmende Unabhängigkeit bzw. einen konkreten Machtgewinn [der Konzerne] gegenüber der Zentralregierung«.

Insbesondere der ebenso charismatische wie ehrgeizige Fu Chengyu, Chef von Sinopec, fährt einen eigenständigen Kurs. Er will sein Unternehmen zu einem Konzern der Weltklasse machen, der in einer Liga mit den westlichen Energiemultis wie BP, ExxonMobil oder Shell mitspielen kann. Bei diesem Spiel hat er einen großen Vorteil. Weil bei den Übernahmedeals die aufgerufenen Summen immer größer werden – oft betragen sie mehrere Milliarden Dollar – gehen Sinopec, aber auch die anderen chinesischen Energiekonzerne zunehmend als Sieger aus den Übernahmeschlachten hervor. Sie stechen die großen westlichen Konzerne schlicht aus, weil sie mehr Geld haben. Denn sie haben bei aller strategischen Unabhängigkeit zwei Institutionen im Hintergrund, die ihnen stützend unter die Arme greifen: Die staatlichen Banken, die sie mit den nötigen Krediten versorgen, und die Regierung, die auf höchster politischer Ebene die Deals einfädelt.

Oft werden zwischen den Regierungen sogenannte Package-Deals abgeschlossen. Das geschieht besonders häufig in Südamerika und Afrika. Auf dem schwarzen Kontinent heißt das Tauschgeschäft häufig *Oil for Weapons* und in Südamerika meist *Oil for Loans*. Zum Beispiel: Ein Zehn-Jahres-Vertrag zwischen Sinopec und Petrobras wurde von einem Zehn-Milliarden-Dollar-Kredit Chinas an Brasilien flankiert.

Süd- und Nordamerika, aber auch Afrika sind die Regionen, in denen die chinesischen Aufkäufer am häufigsten unterwegs sind. »Es gibt nicht eine einzige größere Ölfirma in Lateinamerika, die nicht von den Chinesen angesprochen wurde«, sagt ein M&A-Banker eines westlichen Instituts. Besonders abgesehen haben es die Chinesen auf die Ölvorkommen vor der brasilianischen Küste, von denen noch viele unentdeckt sind. Sinochem und Sinopec haben sich schon für 3 bzw. 3,5 Milliarden Dollar an Offshore-Ölfeldern beteiligt.

Überall in Kanada gibt es inzwischen Büros von chinesischen Energieunternehmen, die nach kleinen und großen Deals Ausschau halten. Permanent sind chinesische Geologen-Trupps im Lande unterwegs. In Kanada, aber auch in den USA sind die Förderkosten meist ziemlich hoch, weil die Explorationen technisch sehr aufwändig sind. Viele nordamerikanische Öl- und Gasfirmen können sich das teure Gerät hierzu nicht leisten. Die chinesischen Energiekonzerne springen da finanziell gerne in die Bresche, wenn sie dafür als Gegenleistung an dem geförderten Öl und Gas partizipieren können. So hat China zwischen 2001 und 2011 mehr als 17 Milliarden Dollar in Öl- und Gas-Deals in Nordamerika investiert.

Noch aktiver ist China freilich in Afrika. Aber das ist ein Kapitel für sich.

Heimspiel in Afrika

In keinem Land Afrikas ist China präsenter als in Angola. 70 000 Chinesen sollen dort sein. Es sind Bauarbeiter, Händler und Ölexperten.

Angola ist »ein Symbol für Chinas Strategie in Afrika«, schreibt die amerikanische Wirtschaftszeitung *The Wall Street Journal*. Hier lässt sich Chinas Vorgehen in Afrika besonders gut studieren.

Es begann vor rund zehn Jahren. Angola hatte einen brutalen, jahrzehntelangen Bürgerkrieg hinter sich, der erst 2002 ein Ende fand. Kurz danach bot der Westen dem gebeutelten Land einen Milliardenkredit an, der aber an gewisse Bedingungen geknüpft wurde, zum Beispiel Wahrung der Menschenrechte, Durchführung demokratischer Reformen und eine entschlossene Bekämpfung der Korruption.

Die angolanische Regierung sagte Nein zu diesem Junktim des Westens. Und sie sagten Ja zu den Chinesen, die postwendend einsprangen und den gleichen Kredit anboten – nur ohne Konditionen. Außerdem bauten sie einen Flughafen, vier Fußballstadien, mehrere Krankenhäuser, renovierten die berühmte Benguela-Bahnlinie und, und, und.

Für all das bekamen Chinas Energiefirmen Zugang zu den Ölquellen vor der angolanischen Küste. Heute ist Angola hinter Nigeria zweitgrößter Ölexporteur Afrikas. Der Großteil wird nach China verschifft, für das Angola inzwischen einer der wichtigsten Öllieferanten ist.

So wie in Angola sichert sich China viele Rohstoffquellen in Afrika. Denn der Kontinent ist eine Goldgrube. Er besitzt zehn Prozent der weltweiten Ölreserven, ein Drittel der Kobalt-Reserven und allein Südafrika 40 Prozent des globalen Goldvorkommens.

Weil sich China seit Jahren an der Ausbeutung dieser Rohstoffe beteiligt, hört man im Westen häufig den Vorwurf des Neokolonialismus. Er kommt oft von Vertretern jener westlichen Länder, die sich vorher kaum um den Kontinent gekümmert haben, jahrelang Diktatoren und Despoten (Jean-Bédel Bokassa, Idi Amin, Mobutu Sese Seko!) hofierten und deren Entwicklungspolitik allzu häufig kläglich scheiterte. Man denke nur an die arroganten Worte des ehemaligen französischen Staatspräsidenten Nicolas Sarkozy, die er einst in Mali sprach: »Wirtschaftlich braucht Frankreich Afrika nicht.«

Dambisa Moyo attackiert die Kritiker aus dem Westen: »Die Behauptung, Afrika werde (von China) neokolonialisiert, ist schlichtweg falsch.« Moyo ist eine gute Kronzeugin. Sie ist Afrikanerin (aus Sambia) und im Westen (Oxford, Harvard, Goldman Sachs) ausgebildet. Sie kennt beide Seiten bestens. Wenn sie sagt, dass Chinas Engagement mehr gebracht hat als die jahrzehntelange Entwicklungspolitik des Westens, klingt das glaubwürdig.

Jedenfalls steht der afrikanische Kontinent derzeit wirtschaftlich besser da denn je. Viele Länder südlich der Sahara haben Wachstumsraten von jenseits der fünf Prozent. Es entsteht langsam eine Mittelschicht. Und zum ersten Mal seit dem Ende der Kolonialisierung besteht die berechtigte Hoffnung, dass Afrika sich auf einem positiven Wachstumspfad befindet, an dessen Ende ein prosperierender Kontinent stehen könnte. Chinas Engagement hat zu dieser positiven Entwicklung beigetragen.

Denn China ist eben nicht nur wegen der Rohstoffe in Afrika. Das sei eine der größten Falschinformationen des Westens, schreibt die Amerikanerin Deborah Brautigam, die jahrelang in Afrika lebte, in ihrem angenehm differenzierenden Buch *The Dragon's Gift*.

Laurence Marfaing, wissenschaftliche Mitarbeiterin am GIGA-Institut für Afrikastudien, pflichtet ihr bei: »Der allgemeine politische Diskurs unterstellt, dass die chinesische Regierung sich ausschließlich für jene afrikanische Staaten interessiere, die über wertvolle Bodenschätze verfügen.« Aber »dieser Diskurs greift zu kurz«. Sie nennt Mali als Beispiel: Rohstoffarm, aber trotzdem von den Chinesen unterstützt. Die Länderliste lässt sich verlängern: Lesotho, Malawi oder Äthiopien. Redwan Hussien Rameto, Minister im äthiopischen Kabinett, sagt: »Wir habe keine Rohstoffe, trotzdem bauen die Chinesen eine Eisenbahn von Addis Abeba an die Küste.«

Mehr als 500 Infrastrukturprojekte auf dem schwarzen Kontinent wurden in den vergangenen Jahren mit chinesischer Hilfe gebaut. Viele dieser Projekte tragen zur Armutsbekämpfung bei, denn viele Straßen führen zu Märkten, wo zum Beispiel Bauern endlich ihre Waren verkaufen können. Selbst Todd Moss, der im amerikanischen Außenministerium arbeitete, sagt anerkennend: »Die USA bauen keine Straßen, Brücken und Flughäfen, aber das ist es, was die Afrikaner brauchen, also sollten wir den Chinesen dankbar sein, dass sie das tun.«

Für die Chinesen hat sich das Engagement gelohnt. Afrika ist inzwischen, wie gesagt, der größte Öllieferant des Landes.

Der unstillbare Durst nach Öl

Motorisierung und Urbanisierung – zwei unaufhaltsame Entwicklungen in China, die – positiv gesehen – vom Fortschritt zeugen, aber auch – negativ gesehen – vom unersättlichen Energiebedarf des Landes, der seit Jahren ständig steigt.

Bis 1993 konnte China sich noch selbst mit Öl versorgen, lebte vor allem von den sprudelnden Quellen in Daqing im Norden des Landes. Die sind zwar nicht versiegt, aber sie können mit der ständig steigenden Nachfrage im Lande nicht mehr mithalten. Seit

1993 muss deshalb China Öl importieren. Jedes Jahr muss mehr Öl im Ausland gekauft werden. 2009 übertrafen die Importe erstmals die 50-Prozent-Grenze des Ölkonsums.

Und der Importanteil – das kann man mit großer Sicherheit behaupten – wird in den nächsten Jahren weiter steigen, denn China wird immer mehr Energie benötigen. Man muss sich nur vergegenwärtigen, dass Hunderte Millionen von Chinesen auf dem Lande derzeit noch gar nicht am Konsum teilnehmen.

Die Faustregel ist: Bis zu einem Pro-Kopf-Einkommen von 15 000 Dollar steigt der Ölkonsum moderat, aber jenseits dieser Grenze schnellt er nach oben, weil dann die Konsumgewohnheiten der Bevölkerung nochmals ganz andere, das heißt vor allem viel energieintensivere sind.

Was passiert aber, wenn alle Chinesen so leben wie zum Beispiel ihre Nachbarn in Südkorea? Der amerikanische *Council on Foreign Relations* hat dieses Szenario entwickelt und kam zu folgendem Ergebnis: Wenn die Chinesen irgendwann so viel wie die Südkoreaner konsumieren, würden sie 70 Prozent allen Öls in der Welt benötigen. Zum Vergleich: Heute sind es erst zehn Prozent.

Das wäre ja alles nicht so schlimm, wenn genügend Öl auf der Welt vorhanden wäre. Aber der Öldurst Chinas entwickelt sich just in der Phase, in der das weltweite Ölangebot immer weiter zurückgeht. Experten reden schon seit Jahren vom bevorstehenden *Peak Oil*. Es ist der Punkt, an dem weltweit die Produktion des schwarzen Goldes abnimmt. Der genaue Zeitpunkt lässt sich nicht berechnen. Deshalb geistern auch unterschiedliche Termine, wann der *Peak Oil* erreicht wird, durch die Diskussion. Aber der Trend ist klar: Öl wird knapp.

Parallel dazu – und das wird oft nur am Rande erwähnt – gibt es neben dem *Peak Oil* auch einen *Peak Coal*. Und auch der rückt immer näher und wird uns voraussichtlich früher erreichen als der *Peak Oil*. Eine Studie der *Energy Watch Group* terminiert diesen Punkt schon auf das Jahr 2020. Und das wird Folgen haben: Denn bei all dem Wind um die erneuerbaren Energien und trotz ständig steigender Ölimporte – China ist immer noch ein Kohleland. Rund 70 Prozent der chinesischen Energie liefert die Kohle. China wird also noch über Jahrzehnte viel Kohle brauchen und verbrauchen. China hat selbst riesige Kohlevorkommen. Doch selbst die reichen nicht mehr aus, um den Bedarf im Inland zu decken. Deshalb ist China – wie bei Öl – inzwischen auch bei Kohle Netto-Importeur. Seit 2007 muss China Kohle importieren, vor allem aus Australien. Logisch, dass auch die Kohlepreise explodieren. Wie die Ölpreise. Und wie die Preise anderer Rohstoffe, auch die in der Landwirtschaft.

Der Hunger nach mehr

Vor 20 Jahren gab es in Beijing noch viele kleine einfache Restaurants. Heute findet man davon immer weniger, die meisten sind abgedrängt in kleine Seitenstraßen. Stattdessen sieht man immer mehr Fast-Food-Filialen, Steakhäuser und andere ausländische Restaurants.

Vor 20 Jahren gab es in den chinesischen Städten keine Supermärkte. Man kaufte in kleinen Büdchen oder auf Märkten frische Produkte ein. Heute prägen Supermärkte – ob ausländische wie Carrefour oder die einheimischen wie Lianhua – sowie kleine Convenience Stores – wie Familymart oder Lawson – das Straßenbild vieler chinesischer Städte.

Das Warenangebot ist westlicher geworden, weil die Chinesen, die es sich leisten können, westlich essen. Es ist schick, in westlichen Restaurants zu dinieren, dort Steaks zu essen und Rotwein zu schlürfen. Kinder drängeln ihre Eltern und Großeltern, sie zu McDonald's und Kentucky Fried Chicken einzuladen.

China ernährt sich zunehmend anders. China macht da keine Ausnahme und folgt der offenbar weltweit gültigen Formel: Mit steigendem Wohlstand ändern sich die Essgewohnheiten. Das heißt vor allem: Mehr Fleisch, mehr Milchprodukte.

Das hat fatale Folgen für China, aber auch für die Welt. Denn China gelingt es immer weniger, sich selbst mit Nahrungsmitteln zu versorgen. Ein Fünftel der Weltbevölkerung lebt in dem Riesenreich, das aber nur ein Zehntel der globalen Ackerflächen besitzt. Chinas Landmasse sieht zwar auf der Karte beeindruckend riesig aus, aber das meiste davon sind unwirtliche Wüsten und Gebirge. Zudem vernichten die fortschreitende Industrialisierung und Urbanisierung immer mehr kostbare Ackerflächen in China.

Weil das Land immer weniger hergibt, muss China immer mehr im Ausland einkaufen. China wird deshalb in den nächsten Jahren zum größten Importeur von Agrarprodukten werden – und zwar von fast allen, von Butter über Fleisch bis Soja.

Jetzt schon sind die Chinesen die größten Importeure von Soja, vor allem aus den USA und Südamerika. Nicht um den geliebten Tofu zu produzieren, sondern weil Soja verfüttert wird an die Millionen Hühner, Schweine und Rinder, die den steigenden Fleischkonsum bedienen müssen. Schon in den 90er Jahren konnte sich China nicht mehr selbst bei Soja versorgen, sondern muss Jahr für Jahr immer mehr importieren.

So wie bei Soja verliert China bei allen wichtigen Agrarprodukten die Rolle des Selbstversorgers. Jahr für Jahr kommt ein neues Produkt auf der Importliste hinzu. 2010 war es Weizen, der in Argentinien gekauft werden musste. Das war ein schmerzhafter Tabubruch in der chinesischen Agrarpolitik. Denn lange Zeit lautete die Maxime, bei Weizen Selbstversorger zu sein. Man wollte bei diesem wichtigen »Lebens«mittel nicht vom Ausland abhängig sein. Eine Haltung, die geprägt war von den immer wiederkehrenden Hungersnöten in der chinesischen Geschichte. Nichts fürchten die Herrschenden mehr als Hungerrevolten.

Dem Weizen folgte Fleisch. Auch Schweinefleisch muss inzwischen in größeren Mengen importiert werden, aus den USA und Dänemark. Und auch bei Rindfleisch wurde China 2010 zum ersten Mal Netto-Importeur. Auch teures australisches Beef ist inzwischen in China begehrt. Da zahlen Kunden schon mal 200

Yuan für ein Kilo statt 30 Yuan für ein Kilo chinesisches Rindfleisch.

Was bedeuten diese Entwicklungen für die globalen Agrarmärkte? Nichts Gutes, nämlich allenthalben steigende Preise. Denn die steigende chinesische Nachfrage trifft auf hypernervöse Agrarmärkte. Dürren infolge des Klimawandels und die unsägliche Biosprit-Produktion verknappen ohnehin schon das Angebot. Und wenn jetzt noch die Nachfrage aus China steigt, wird das gravierende Auswirkungen auf die Preise bei Fleisch und Weizen haben.

Neues Gold und altes Gold

Wie viel Kupfer steckt in einem Auto? Rund 20 Kilogramm. Und wie viel in einem Hochgeschwindigkeitszug? Bis zu vier Tonnen.

Die Chinesen bauen viele Autos und viele Züge. Also brauchen sie auch viel Kupfer. Jetzt schon landen 40 Prozent des weltweiten Kupfers in China. Und der Bedarf an diesem Metall wird noch steigen, denn die Chinesen setzen voll auf Elektroautos, die noch mehr Kupfer als ein herkömmliches Auto brauchen. »Mit der zunehmenden Verbreitung von Elektro- und Hybridfahrzeugen wird der Verbrauch an Kupfer stark steigen«, prophezeit deshalb Frank Marscheider-Weidemann vom Fraunhofer-Institut für System- und Innovationsforschung ISI.

Dabei ist Kupfer von den großen bedeutenden Metallen das knappste. Seine Reserven reichen nur noch bis zum Jahr 2035. Auch bei diesem Metall gibt es wie bei Öl und Kohle einen Punkt, ab dem das weltweite Angebot permanent abnimmt, den sogenannten *Copper Peak*. Beim weltgrößten Kupferproduzenten Freeport-McMoRan schätzt man, dass wir diesem Punkt bereits sehr nahe sind.

Um auf die Knappheit nicht nur bei Kupfer etwas vorbereitet zu sein, legen die Chinesen seit 2007 strategische Reserven an, zunächst für fünf Rohstoffe: neben Kupfer noch Kadmium, Kobalt,

Mangan und Öl. 2008 füllten sie die Lager noch mit Indium, Germanium, Seltenen Erden, Zinn und Tungsten auf, 2009 noch mit Aluminium, Blei und Zink.

Kein Land der Erde hortet so strategisch Rohstoffe. Die USA hatten mal in Fort Belvoir im Bundesstaat Virginia ein Defense National Stockpile Center, wo wichtige Rohstoffe lagerten. Doch 1992 entschied der Kongress, dieses Lager aufzulösen. Es wurde damals als ein Relikt des gerade beendeten Kalten Krieges bezeichnet. Jetzt mehren sich die Stimmen in den USA, sich wieder eine Reserve zuzulegen.

Doch China hat einen großen Vorsprung, gerade bei Kupfer. Es ist das einzige Land mit einer strategischen Kupferreserve. Das *State Reserve Bureau* (SBR) kauft auf dem Weltmarkt ein, wenn die Preise unten sind. Als zum Beispiel Kupfer Anfang 2009 kurzzeitig weniger als 3500 Dollar pro Tonne kostete, schlug das SRB zu und kaufte mal eben zwischen 250 000 und 300 000 Tonnen ein.

Inzwischen gibt es längst wieder Engpässe bei Kupfer und die Preise steigen erneut, zur Freude der Spekulanten. »Für mich ist Kupfer das neue Gold«, sagt deshalb die Vizepräsidentin der kanadischen Scotiabank und Rohstoffexpertin Patricia Mohr.

Es wird so begehrt werden wie das alte, das richtige Gold, dessen Wert auch weiter steigt – dank der Chinesen. Denn diese kaufen Gold in allen Variationen. Als Schmuck, als Münzen oder in Barren zu 50 Gramm oder – wer es sich leisten kann – gar 1000 Gramm. Für Chinesen – wie übrigens auch für die Inder – ist Gold traditionell eine ganz wichtige Geldanlage. Gold ist für viele Chinesen ein sichtbares Zeichen von Reichtum, aber auch eine Absicherung gegen eine drohende Inflation. »Die Nachfrage ist unglaublich«, sagt ein Banker in Shanghai. Jedes Jahr steigt der Goldkonsum der Chinesen: 17 Tonnen waren es 2008, 73 Tonnen 2009 und 143 Tonnen in 2010.

Doch nicht nur die privaten Goldkäufe explodieren. Auch der chinesische Staat kauft kräftig ein. Denn nur ein kleiner Teil der

Währungsreserven von über 3000 Milliarden Dollar sind bislang in Gold angelegt. Das will die Regierung ändern. Sie wollen den Goldanteil erhöhen. Das heißt: Mindestens 1500 Tonnen Gold wird die chinesische Zentralbank in den nächsten Jahren kaufen. Damit ist eines garantiert: Der Goldpreis wird weiter steigen.

China hat aufgrund seiner gigantischen Nachfrage die Macht, Preise an den globalen Rohstoffmärkten zu beeinflussen, ja manchmal sogar zu bestimmen.

Der China-Preis

Eisenerz ist ein für unser tägliches Leben elementarer Rohstoff. Ohne Eisenerz gäbe es keine Autos, keine Kühlschränke und keine Kochtöpfe. Eisenerz ist nämlich der wichtigste Rohstoff, den man zur Herstellung von Stahl benötigt, und Stahl ist Bestandteil vieler Produkte, die wir tagtäglich benutzen. Abgebaut wird Eisenerz vor allem in zwei Ländern – in Australien und Brasilien. Drei gigantische Konzerne aus diesen beiden Ländern dominieren deshalb auch den Weltmarkt: BHP Billiton und Rio Tinto aus Australien sowie Companhia Vale do Rio Doce, inzwischen nur noch Vale genannt, aus Brasilien.

Früher war es ganz einfach. Einmal im Jahr trafen sich die drei Eisenerzlieferanten mit den großen Stahlherstellern aus Europa, den USA und Japan. Die Käufer – Stahlkonzerne wie die deutsche ThyssenKrupp zum Beispiel – und die Verkäufer einigten sich per Handschlag auf einen Preis für die Tonne Eisenerz. Und der blieb dann das ganze Jahr gültig – bis man sich im folgenden Jahr wieder traf.

Diese idyllischen Zeiten sind vorbei. Jetzt gilt eine neue Zeitrechnung. Heute machen die chinesischen Stahlhersteller den Preis mit den großen Drei aus. Und zwar vierteljährlich. China ist längst der größte Stahlproduzent der Welt und braucht deshalb am meisten Eisenerz.

Die größten Stahlproduzenten der Welt

Rang	Name	Land	Produktion in Mio Tonnen
1	ArcelorMittal	Indien	98,2
2	Hebei Iron & Steel	China	53,0
3	Baosteel	China	37,0
4	Wuhan Iron & Steel	China	36,5
5	Posco	Korea	35,4
6	Nippon Steel	Japan	35,0
7	JFE	Japan	31,1
8	Shandong Iron & Steel	China	23,2
9	Jiangsu Shagang	China	23,2
10	Tata Steel	Indien	23,2

Quelle: Geoff Hiscock, Earth Wars, Seite 162.

Dambisa Moyo sagt: »China hat in zunehmendem Maße Preissetzungsmacht.« Sie nennt es *Monopsony*. Eine Marktform, in der ein Nachfrager auf viele Anbieter trifft (im Gegensatz zum Monopol, wo es umgekehrt ist: Ein Anbieter trifft auf viele Nachfrager). In einem solchen Markt setzt nicht der Markt die Preise, sondern der größte und wichtigste Nachfrager, und das ist eben China. China wird aufgrund seiner Nachfragemacht zunehmend zum bestimmenden Akteur auf den internationalen Rohstoffmärkten. Was die Chinesen aushandeln, ist der Leitpreis, an dem sich die anderen zu orientieren haben.

Nichts verdeutlicht die Verschiebung mehr als der sinkende Einfluss der wichtigsten westlichen Rohstoffbörsen. Für mehr als ein Jahrhundert war die Rollenverteilung klar: An der Börse in Chicago werden Agrarprodukte (Weizen, Schweine, Soja) gehandelt, an der *New York Mercantile Exchange* vor allem Öl und an der *London Metall Exchange* (LME) die wichtigsten Metalle.

Auf dem berühmten Handelsparkett der LME – *the ring* genannt – werden seit fast 150 Jahren die weltweiten Preise von Aluminium bis Kupfer gemacht. Doch nun hat die 1877 gegründete altehrwürdige Institution ihren Besitzer gewechselt. Die LME wurde von der Hongkonger Börse gekauft (die mitbietende New Yorker Börse wurde ausgestochen). Immerhin: Der Ring – so versprachen die neuen Eigner – soll mindestens bis 2015 erhalten bleiben.

Seltene Erden werden dort freilich nicht gehandelt.

Seltene Erden, häufige Klagen

Baotou ist eine Drei-Millionen-Einwohner-Stadt, 650 Kilometer von Beijing entfernt. Auf sechsspurigen Straßen, die die Stadt durchziehen, fahren deutsche Nobelkarossen. Teure Hotels, Restaurants und Saunas entstehen an allen Ecken. Gerade wurde das riesige Wanda Shopping Center eröffnet. Die Flüge von und nach Baotou und die luxuriösen Fünfsternehotels der Stadt sind stets voll.

Was ist denn hier inmitten der Inneren Mongolei los? Warum der Ansturm auf diese gottverlassene Gegend?

In der Nähe von Baotou, in der Bayan Obo Mine, werden Seltene Erden abgebaut. Seltene Erden – bis vor zwei Jahren kannte außer Geologen und Rohstoffhändlern kein Mensch diesen Begriff und wusste auch nicht, was sich dahinter verbirgt.

Seltene Erden ist der Sammelbegriff für 17 Mineralien, die unbekannte und etwas seltsame Namen tragen – von Scandium bis Lutetium. Sie kommen in relativ geringen Mengen vor und sind extrem wertvoll. »Seltene Erden sind von höchster strategischer Bedeutung«, konstatiert eine Studie des Umweltbundesamtes.

Denn gerade sie sind für Zukunftstechnologien wie erneuerbare Energien sehr wichtig. Neodym zum Beispiel braucht man für Motoren in Windturbinen. Seltene Erden stecken in Handys, energieeffizienten Lampen und Glasfasern.

Aber sie sind auch Bestandteil vieler Waffensysteme und anderer militärischer Geräte. Präzisionsgesteuerte Munition, Laser, Radarsysteme, Nachtsichtgeräte und Satelliten – in all diesen Geräten stecken Seltene Erden. Im Navigationssystem des amerikanischen M1A2-Abrams-Panzers befinden sich zum Beispiel Magnete aus Samarium Kobalt. Dieses seltene Metall kommt aus China. Für Amerikas Militär ist es ein Albtraum, dass ihr Gerät von Lieferungen aus China abhängig ist.

Doch genau dies ist der Fall: Der Westen ist bei Seltenen Erden von China abhängig. China hat nämlich eine Monopolstellung. Über 90 Prozent der Seltenen Erden werden in China abgebaut. Das heißt freilich nicht, dass es Seltene Erden nur in China gibt. Nur knapp 40 Prozent der globalen Reserven an Seltenen Erden sind unter Chinas Erde, der Rest in den USA, Australien, Vietnam – und auch in kleinen Mengen bei uns in Deutschland.

Vor nicht allzu langer Zeit wurden auch im Westen Seltene Erden abgebaut. Doch weil ihr Abbau extrem schmutzig und umweltgefährdend ist, haben fast alle Länder – auch die Amerikaner – den Abbau schon vor Jahren eingestellt. Sie ließen lieber die Chinesen die Dreckarbeit machen, um sich nachher scheinheilig zu wundern, dass die Chinesen plötzlich ein Quasi-Monopol auf die Seltenen Erden haben.

China ist – und das wird oft übersehen – auch ein bedeutender Rohstoffproduzent. Die EU hat 2010 ausgerechnet, welche Rohstoffe wichtig für die weitere wirtschaftliche Entwicklung Europas sind. Sie kamen auf insgesamt 14 Rohstoffe. Bei acht von diesen Rohstoffen ist China der größte Lieferant. Oder negativ ausgedrückt: Bei acht überlebenswichtigen Rohstoffen sind wir von China abhängig: Antimonium, Fluorspar, Gallium, Graphit, Germanium, Indium, Tungsten und Seltene Erden.

Amerikas Abhängigkeit von Chinas Rohstoffen

Rohstoff	Importquote	Rolle Chinas
Arsen	100	C*
Fluorit	100	C*
Graphit	100	C*
Indium	100	C*
Mangan	100	C
Quartzkristalle	100	C*
Seltene Erden	100	C*
Tantal	100	C
Yttrium	100	C*
Gallium	99	C
Antimonium	93	C*
Kobalt	75	C

C*=China ist der Hauptlieferant; C=China ist ein wichtiger Anbieter; Quelle: Stephan Leeb: Red Alert, Seite 87.

Der mit Abstand wichtigste Schatz sind die Seltenen Erden. Anfangs war den Chinesen deren Bedeutung gar nicht richtig bewusst. Ex-Ministerpräsident Wen Jiabao sagte einmal: »Anfang der 80er Jahre haben wir Seltene Erden zum Preis von Salz verkauft. Sie verdienen es jedoch zum Preis von Gold verkauft zu werden.« Inzwischen wissen die Chinesen das. Sie geben ihn nicht mehr zu Schleuderpreisen ins Ausland ab, und sie kontrollieren seinen Verkauf, das heißt vor allem: sie beschränken ihn. Es gibt Exportquoten, sehr zum Ärger in den Industriestaaten des Westens, die dagegen vor der Welthandelsorganisation WTO klagen.

Überall in der westlichen Welt herrscht Sorge und Angst, China ausgeliefert zu sein. Fieberhaft wird nach Auswegen aus der Misere gesucht. Einer lautet: Selbst wieder nach Seltenen Erden zu graben. Die Amerikaner versuchen es im kalifornischen Mountain Pass, die Australier in Mount Weld und Nolans Bore. Die Bundesanstalt für Geowissenschaften und Rohstoffe berichtet von 270 Projekten in 28 Ländern. Selbst im sächsischen Storkwitz wird gegraben.

Aber all das geht nicht von heute auf morgen. »Die Erschließung neuer Vorkommen ist teuer und kann sieben bis 15 Jahre in Anspruch nehmen«, heißt es in der Studie des Umweltbundesamtes. »Mindestens zehn Jahre noch wird China sein Quasimonopol behalten«, sagt Franz Michael Meyer, Mineralienexperte an der RWTH Aachen, gegenüber der *Zeit*.

In der Zwischenzeit nutzen die Chinesen die Situation zu ihren Gunsten. Sie sagen gegenüber westlichen Firmen unverblümt: Wenn ihr diese Materialien wollt, müsst ihr eben hier produzieren. »Rohstoffe für Technologie« heißt diese Strategie. Und sie scheint aufzugehen: Viele Hersteller von Hightechprodukten verlagerten ihre Produktion nach China. Zum Beispiel verlegte der japanische Elektronikkonzern Hitachi seine Magnetproduktion, die auf Neodym angewiesen ist, nach China. Und auch Leuchtstoffhersteller wie General Electric oder Osram bauen ihre Fabriken in China aus. Sie haben keine andere Wahl.

Die Unternehmen, die nicht nach China verlagern wollen oder können, werden mittelfristig mit weiter steigenden Preisen rechnen müssen. Für viele von ihnen ist das eine existentielle Herausforderung. So kommt die Studie *The Rare Earth Challenge* der Unternehmensberatung Roland Berger zu dem Schluss: »Die rasante Preisentwicklung bei den Seltenen Erden hat die Profitabilität vieler Unternehmen belastet oder sie gar in ihrer Existenz bedroht.«

Gerade das Beispiel Seltene Erden zeigt, wie abhängig der Westen von China ist und wie er gleichzeitig hilflos agiert. Jetzt rächt sich, dass er keine Rohstoffstrategie hat.

Planloser Westen

Während sich der chinesische Staat mit Hilfe seiner staatlichen Unternehmen systematisch rund um den Globus Rohstoffquellen sicherte, hielten sich die Staaten des Westens aus diesem Geschäft aus grundsätzlichen Erwägungen zurück. Rohstoffbeschaffung – hieß es in Berlin, Brüssel oder Washington marktwirtschaftlich korrekt – sei nicht Sache des Staates. Doch ist, was ideologisch richtig sein mag, auch in der Praxis vernünftig?

Friedbert Pflüger, einst ein junger aufstrebender CDU-Politiker, heute Dozent am King's College in London und Berater in Berlin, fragt völlig zu Recht: »Was hilft es uns, wenn wir in ordnungspolitischer Schönheit am Rohstoffmangel sterben?« Eine rhetorische Frage, die aber trotzdem eine Antwort hat: Auch die westlichen Staaten brauchen eine Rohstoffstrategie. Langsam dämmert es den Verantwortlichen in Wirtschaft und Politik, dass Handlungsbedarf besteht. Die handelnden Personen in der Wirtschaft sind etwas früher aufgewacht. Kein Wunder: Sie spüren fast täglich den Druck der steigenden Preise auf den Rohstoffmärkten. Rainer Thieme, Aufsichtsratsvorsitzender der Salzgitter AG, sagt: »Die Sorgen und die Nervosität in den Unternehmen steigen rapide.« Drei von vier Unternehmen sehen die Energie- und Rohstoffpreise inzwischen als größten Risikofaktor.

»Wir haben der geopolitischen Politik Chinas zu lange zugeguckt«, sagt Friedhelm Loh, Präsident des *Zentralverbandes der Elektrotechnik- und Elektronikindustrie (ZVEI)*. Aber gegen die Geopolitik einer großen Nation könne kein Unternehmen etwas ausrichten, heißt es in einer Studie des *ZVEI* und der Commerzbank.

Dabei hatte Deutschland mal zwei bedeutende Rohstoffkonzerne: die Preussag und die Metallgesellschaft. Letztere verspekulierte sich, und die Preussag endete nach zahlreichen Mutationen als Tourismusunternehmen namens Tui. Welch verkehrte Welt: Die Chinesen bauen systematisch Rohstoffgiganten auf, und wir verwandeln unseren einzigen Rohstoffkonzern zu einem Freizeitunternehmen.

Friedbert Pflüger möchte diesen Sündenfall gerne rückgängig machen und fordert: »Deutschland braucht wieder ein global tätiges Unternehmen, das sich – wie einst die Metallgesellschaft oder die Preussag – an der Exploration und Produktion von Rohstoffen direkt beteiligt.« Seine mahnenden Worte zeigen erste Wirkung: Im Frühjahr 2012 schlossen sich mehrere große deutsche Konzerne – darunter BASF, Bayer und Bosch – zu einer Rohstoffallianz zusammen. Sie wollen gemeinsam nach Rohstoffen suchen.

Aber können die Konzerne dies alleine? Auch ein Daimler ist nur ein kleiner Player, wenn die Chinesen mit ihrer geballten Macht von Wirtschaft und Staat antreten. Wenn die deutsche (und europäische) Wirtschaft ernsthaft mit den Chinesen auf den globalen Rohstoffmärkten konkurrieren will, bräuchte sie staatliche Unterstützung aus Berlin und Brüssel.

Doch in den beiden Hauptstädten wird nur halbherzig reagiert. Zwar wurde in Berlin im Oktober 2010 immerhin eine *Rohstoffstrategie der Bundesregierung* verabschiedet. Darin wird auch konstatiert: »China (und Indien) haben inzwischen ihre Rohstoffpolitik strategisch ausgerichtet.« Aber die Schlüsse, die man aus dieser richtigen Erkenntnis zieht, sind falsch: Man will – marktwirtschaftlich zwar sauber – nur »flankierende Maßnahmen« gewähren. Und ganz klar wird nochmals betont: »Die Bundesregierung beabsichtigt nicht selbst unternehmerisch tätig zu werden.«

Und so wurschtelt man sich irgendwie durch. Die Bundesregierung unterzeichnete erste Rohstoff-Abkommen mit der Mongolei (Oktober 2011), Kasachstan (Februar 2012) und Chile (Januar 2013). Aber verglichen mit den Deals, die die Chinesen abschließen, sind das Peanuts. Diese Abkommen »werden (aber) nicht ausreichen, um die Verwundbarkeit der deutschen Wirtschaft gegenüber Lieferengpässen spürbar zu reduzieren«, urteilen Anja Dahlmann und Stormy-Annika Mildner von der Stiftung Wissenschaft und Politik (swp) in einer Analyse.

Auch auf europäischer Ebene fehlt es an einer kohärenten Strategie in Sachen Rohstoffen. Es werden zwar fleißig irgendwelche Papiere produziert, aber ernsthafte Gegenstrategien zu Chinas Auftreten sind bislang nicht erkennbar. Und so lange das so bleibt, werden Europa und der Westen im Wettlauf um Rohstoffe zweiter Sieger bleiben – selbst da, wo sie eigentlich eine gute Ausgangsposition hatten, in Afghanistan.

Oasen im Nahen Osten

Die USA und ihre Nato-Verbündeten führten in Afghanistan einen zähen Kampf gegen die Taliban. Doch während die Amerikaner und ihre Alliierten am Hindukusch kämpften, schickten die Chinesen ohne großes Getöse und nahezu unbemerkt von der westlichen Öffentlichkeit andere Truppen nach Afghanistan: Geologen und Ingenieure.

Diese erkundeten das Land nach möglichen Rohstoffen (das Pentagon vermutet dort noch unentdeckte Vorkommen im Wert von einer Trillion Dollar) und wurden dabei mehrfach fündig. Im Frühjahr 2008 kauften die Chinesen die Rechte am riesigen Kupferfeld Aynak, südlich von Kabul gelegen, für 3,4 Milliarden Dollar. Außerdem sicherten sie sich Ölfelder in den nordöstlichen Provinzen des Landes. Dort im Amu-Darya-Feld begannen sie zusammen mit einer Firma, die von Verwandten des afghanischen Präsidenten Hamid Karzai kontrolliert wird, im Sommer 2012 mit der Förderung.

Nebenbei spendierte China dem gebeutelten Land auch Schulen, Krankenhäuser und Bewässerungsanlagen. Alles zusammen für mindestens 2,5 Milliarden Dollar.

Nachdem sich die westlichen Kämpfer Schritt für Schritt aus Afghanistan zurückziehen, kommen die Chinesen immer deutlicher aus der Deckung hervor. »Wir wollen eine größere Rolle bei der Wiederherstellung des Friedens in Afghanistan spielen«, sagte der damalige Staatspräsident Hu Jintao bei einem Besuch von Präsident Hamid Karzai in Beijing. Hu bot dem Nachbarstaat (China und Afghanistan haben eine schmale gemeinsame Grenze) »ernsthafte und selbstlose Hilfe« an. China sei – so Hu – ein vertrauenswürdiger Nachbar und Freund Afghanistans. Den netten Worten folgten sofort Taten: Hu Jintao und Hamid Karzai unterschrieben ein Abkommen über eine strategische Partnerschaft zwischen Afghanistan und China.

Wie in Afghanistan waren die Chinesen auch im Irak die »Kriegsgewinner«. Während die Amerikaner und Briten Iraks Alleinherrscher Saddam Hussein stürzten und dem Land Demokratie bescheren wollten, sicherten sich die Chinesen kampflos mindestens fünf lukrative Öl-Deals im Irak. Sollten die Amerikaner, wie viele vermuten, die Kriege in Afghanistan und Irak auch der Rohstoffe wegen geführt haben, so dürften sie den Kampf ums Öl in beiden Ländern gegen den unsichtbaren Feind China verloren haben.

China hat in den vergangenen Jahren massiv an Einfluss im Nahen Osten gewonnen und ist damit zu einem wichtigen Gegenspieler der Amerikaner im Kampf um Öl und Gas in der Golfregion geworden. Die Region war jahrzehntelang uneingeschränkte Einflusszone der Amerikaner. Aber seit einigen Jahren mischen dort auch die Chinesen mit. Viele Staaten am Golf sehen China positiv, weil sie nicht – wie die ungeliebten Amerikaner – militärische Abenteurer sind und missionarisch in Sachen Demokratie auftreten. Und weil die meisten auch autoritäre Staaten sind, schauen sie bewundernd auf das ebenfalls autoritäre China, um vielleicht etwas vom chinesischen Erfolgsmodell abgucken zu können.

Besonders eng ist die Beziehung Chinas zum Iran. Geschickt nutzt China das Vakuum, das der Westen zwangsläufig dort hinterlässt. Während die westlichen Energiekonzerne im Iran keine Geschäfte machen dürfen, weil die USA ein Embargo über den Paria-Staat verhängt haben und jedes Unternehmen gnadenlos verfolgen, das mit dem Iran Deals abschließen will, kümmert das die Chinesen wenig. Sie scheren sich – auch ein Zeichen ihrer Macht und Unabhängigkeit – wenig um Amerikas Verfolgungswahn. Sie machen weiterhin ihre Ölgeschäfte mit dem Iran.

Doch noch wichtiger für China ist inzwischen Saudi-Arabien, ein langjähriger Partner der Amerikaner. Seit 2003 ist das Königreich der größte Öllieferant Chinas. Beide sehen sich inzwischen als strategische Partner. Seit seiner Thronbesteigung im August 2005 hat König Abdullah eine pro-asiatische Politik betrieben. Seine erste Auslandsreise führte ihn nach China und andere asiatische Staaten. Er sagt: »Saudi-Arabien und China genießen ein hohes Niveau an gegenseitigem Vertrauen und teilen ähnliche Ansichten über viele Themen.« Als Zeichen des Vertrauens dürfen chinesische Kriegsschiffe inzwischen den Hafen von Jeddah anlaufen.

König Abdullah stört auch nicht, dass China gut mit dem – von Saudi-Arabien nicht besonders geschätzten – Iran kann. China schlägt sich auf keine Seite, laviert sich geschickt an den vielen Fettnäpfchen vorbei, die im Nahen Osten stehen. So hat sich China auch im Arabischen Frühling vornehm zurückgehalten. Hat ihnen das geschadet? Die Nachfolgeregime scheint das nicht zu irritieren. So hat zum Beispiel Ägyptens neuer, gewählter Präsident Mohamed Morsi seinen ersten offiziellen Antrittsbesuch außerhalb des Nahen Ostens in Beijing gemacht.

China versteht es geschickt, in Sachen Rohstoffen mit jedem auf jedem Kontinent zu paktieren – auch auf dem fünften.

Beuteland Australien

Port Hedland ist eine kleine 15 000-Einwohner-Stadt in Westaustralien. Staubig und heiß ist es dort. Im Sommer kann das Thermometer schon mal bis auf knapp 50 Grad klettern. Eigentlich kein Platz zum Verweilen oder gar ganz zum Bleiben. Trotzdem kassieren die Hotels horrende Preise, die Makler verlangen astronomische Summen für Wohnungen und Häuser.

Was ist denn hier los?

Ein Blick in den Hafen der kleinen Stadt genügt. Hier liegen Containerschiffe, an deren Breitseite chinesische Schriftzeichen prangen. Das war nicht immer so. Hafenchefin Lindsay Copeman erinnert sich: »Vor zehn Jahren kamen die Chinesen mit kleinen, alten Schiffen. Sie waren eigentlich Rosteimer.« Und heute? »Jetzt kommen sie mit großen, modernen Schiffen.«

In ihre riesigen Bäuche wird tonnenweise Eisenerz verladen. Nach Port Hedland kommt das Eisenerz mit der Bahn aus den Minen der Pilbara-Region nördlich von Port Hedland. Hier im Bundesstaat Western Australia ist das größte Eisenerzgebiet der Welt. Und es ist fest in chinesischer Hand. Fast drei Viertel der Eisenerze aus Australien gehen inzwischen nach China. Aber nicht nur Eisenerze, auch andere Rohstoffe aus dem fünften Kontinent. Experten schätzen, dass sich die Chinesen bereits heute auf verschiedenen Wegen einen Zugriff auf 30 Prozent des australischen Rohstoffvorkommens gesichert haben.

»Beuteland Australien« haben die beiden Journalisten Andreas Rinke und Christan Schwägerl in ihrem Buch *11 drohende Kriege* den fünften Kontinent tituliert. Ist Australien wirklich schon eine Beute der Chinesen, die dort zwischen 2006 und 2011 für 45 Milliarden Dollar Unternehmen im Bergbau- und Energiegeschäft gekauft haben?

Die Australier diskutieren diese Frage durchaus, aber unter weniger emotionalen Begriffen. Ihr Schlagwort heißt *Sinodependency*. Die Frage, die sich viele Australier stellen, lautet: Wie abhängig sind wir bereits von China?

Die Antwort muss ambivalent ausfallen: Einerseits hat Chinas unstillbarer Hunger nach Rohstoffen dem Land zu einem gewaltigen Boom verholfen. Australien hat sich zur am schnellsten wachsenden Wirtschaft der entwickelten Welt gemausert. Der australische Dollar ist eine der stabilsten und begehrtesten Währungen der Welt.

Andererseits: Was ist der Preis für diesen Boom? Eine gewisse wirtschaftliche Abhängigkeit von China. Geht es Chinas Wirtschaft gut, geht es auch Australien gut. Aber wehe, es geht in die andere Richtung.

Australiens Labour-Regierung versucht sich in einem Sowohl-als-auch-Kurs. Die chinesischen Käufe von Rohstoffen wurden begrüßt, die Aufkäufe von australischen Firmen jedoch nicht unbedingt. So blockte die Regierung bereits einige Übernahmeversuche durch chinesische Firmen, darunter der strategisch bedeutende Einstieg des Aluminiumkonzerns Chalco bei Rio Tinto.

Die Oppositionspartei, die Liberalen, will die komplette Übernahme australischer Unternehmen durch chinesische Staatsfirmen gar ganz verbieten. Ihr Führer Tony Abbott, möglicherweise der nächste Premierminister, spielt den Hardliner. In einer Rede ausgerechnet in Beijing wetterte er gegen Chinas Engagement in Australien.

Canberra befindet sich in der Tat in einem schwierigen Dilemma: Wirtschaftlich von China abhängig, aber sicherheitspolitisch als langjähriger Verbündeter den Amerikanern zugetan.

Wie lange kann Australien, das immer noch auf der Suche nach seiner Identität ist (westliches Land in Asien oder ein asiatisches Land?) diesen Spagat durchhalten? Hugh White, Professor an der *Australian National University*, hat dazu einen viel diskutierten Artikel geschrieben: *Power Shift: Australia's Future between Washington and Beijing*. Darin stellt er die Allianz mit den Amerikanern vorsichtig in Frage. »Länder wie Australien müssen ihren Platz in der Welt überdenken«, schreibt er.

Greg Barns, ein politischer Kommentator und ehemaliger Regierungsberater, wird in der *South China Morning Post* deutlicher: »Australiens Führer müssen China mehr Respekt entgegenbringen«.

Ging es bisher – wie in Australien – um die Ausbeutung von Rohstoffen in bereits entdeckten Gebieten, so werden sich die Auseinandersetzungen der Zukunft in Räumen abspielen, die bislang noch nahezu unerreichbar sind – im All, den Ozeanen und der Arktis.

Die neuen Schlachtfelder im Eis ...

Island liegt am nördlichen Rande Europas. Vom Resteuropa wird die ferne Insel im Nordatlantik kaum wahrgenommen, es sei denn Vulkane speien Asche aus oder das Land ist kurz vor dem Bankrott. Doch während sich die Europäer wenig um die Insel kümmern, interessieren sich seit geraumer Zeit die Chinesen für die kleine Insel. Permanent tauchen Delegationen aus dem fernen Reich der Mitte auf.

Der Immobilientycoon Huang Nubo (geschätztes Vermögen: über eine Milliarde Dollar) will im Norden Islands von fünf Bauern 300 Quadratkilometer Land kaufen. Und auch Ex-Ministerpräsident Wen Jiabao schaute auf einer seiner letzten Auslandsreisen hoch oben im Norden vorbei. Wenige Wochen später erschien auch Chinas ehemaliger Präsident Hu Jintao in Europas Norden. Gleich drei volle Tage verbrachte er auf Staatsbesuch in Kopenhagen, besuchte artig die Meerjungfrau und andere Sehenswürdigkeiten in der dänischen Hauptstadt.

Warum dieses ausgeprägte chinesische Interesse an Dänemark, warum an Island?

Sollte im Zuge der Erderwärmung die bislang eisbedeckte Nordostpassage irgendwann zumindest ein paar Monate eisfrei und damit schiffbar sein, wäre Island der erste Ort, den die Schiffe erreichen, wenn sie die Passage von Asien nach Europa durchquert haben. Island wäre dann ein wichtiger Logistik-Hub für die Chinesen.

Das ist ein Grund für Chinas Interesse an der kleinen Insel. Doch noch wichtiger ist: Island und Dänemark sind beide Mitglieder im Arktischen Rat. Die beiden sind zwei von insgesamt acht Mitgliedsstaaten, – die anderen sechs sind die vier arktischen Anrainer USA, Kanada, Norwegen und Russland sowie die zwei nordischen Länder Finnland und Schweden.

China würde auch gerne zu diesem Kreis gehören, braucht aber den einen oder anderen Fürsprecher, um dort als Beobachter teilzunehmen. Und das sind vor allem Dänemark, Norwegen und Island sowie mit Abstrichen Finnland und Schweden. Insbesondere Dänemark hat sich offenbar entschieden, auf die chinesische Karte zu setzen. Kopenhagens Botschaft in Beijing ist inzwischen doppelt so groß wie die in Washington. In den USA beäugt man diese Annäherung der Dänen intensiv: »Dänemark ist der Schlüssel für Beijings kommerzielles und strategisches Entree in die Arktik«, analysiert Andrew Erickson vom *US Naval War College*.

Dänemark ist aber für die Chinesen nicht nur als Unterstützer eines möglichen Beobachterstatus zum Arktischen Rat wichtig, sondern auch wegen dessen besonderer Beziehung zu Grönland. Die Insel im Nordmeer genießt zwar eine gewisse Selbstverwaltung, gehört aber noch zu Dänemark. Was Grönland so interessant macht, sind die vielen Rohstoffe, die dort lagern. »Grönland ist ein Supermarkt an natürlichen Ressourcen«, schreibt Damien Degeorges in seiner Studie *The Role of Greenland in the Arctic*. Dort gäbe es richtiges Gold, schwarzes Gold (Öl), blaues Gold (Wasser) und grünes Gold (Seltene Erden). Rund um den Berg Kvanefjeld soll sich das größte Vorkommen an Seltenen Erden in der westlichen Welt befinden.

Bislang sind diese Schätze noch unter einer dicken Eisschicht verborgen. Doch durch den Klimawandel und die dadurch eintretende Erderwärmung schmilzt das Eis in Grönland viel schneller als gedacht. Dadurch wird es leichter und vor allem früher möglich, an die Bodenschätze Grönlands zu gelangen.

Diese Chance hat China frühzeitig erkannt. Schon 2005 besuchte der damalige Premier von Grönland, Hans Enoksen, China. Und auch sein Nachfolger Kuupik Kleist wird von den Chinesen hofiert. Er nahm am Bankett während des Staatsbesuches von Hu Jintao im Juni 2012 in Dänemark teil. Er war schon auf Besuch in Beijing und sagte dort Worte, die seinen Gastgebern gefallen haben dürften: »China hat ein legitimes Recht, an dem, was in der Arktik passiert, teilzuhaben.«

Kleist ist ein gefragter Mann, Grönland ein gefragtes Land. Binnen weniger Monate traf sich Kleist nicht nur mit chinesischen Spitzenpolitikern, sondern auch mit hohen Vertretern der USA (Außenministerin Hillary Clinton) und der EU (Kommissionspräsident José Manuel Barroso). Mitte Juni 2012 reiste EU-Kommissar Antonio Tajani nach Grönland, um danach etwas zerknirscht festzustellen: »Die Chinesen beackern schon das Feld – sie haben bereits 2000 chinesische Minenarbeiter hierhergeschickt.«

Klar, es buhlen nicht nur die Chinesen um die Schätze im nicht mehr so ewigen Eis. Die Russen sind dort traditionell stark. Die anderen asiatischen Mächte wie Indien, Japan und Korea zeigen großes Interesse. Und natürlich die Europäer und die Amerikaner. »Wir sind Zeugen einer einmaligen historischen Situation«, sagt der Meeresphysiker Rüdiger Gerdes vom Alfred-Wegener-Institut für Polar- und Meeresforschung in Bremerhaven gegenüber dem *Spiegel*, »mit der Öffnung eines neuen Ozeangebietes werden auch neue Begehrlichkeiten geweckt.«

Doch für alle, die dort unterwegs sind, gilt: Sie gehen die Sache nicht so strategisch an wie die Chinesen. Auch die Amerikaner nicht. »Die Arktik ist die neueste aufstrebende Region, und bisher haben die USA keinen Aktionsplan«, moniert Melissa Bert, Kapitän der *US Coast Guard* und Arktik-Expertin.

Es scheint so, als ob die Chinesen immer eine Bootslänge voraus sind. So besitzt China bereits den größten nicht nuklear-betriebenen Eisbrecher namens Xue Long, was übersetzt Schneedrachen heißt. Im August 2012 haben sie den Auftrag für ein Polarforschungsschiff an einen finnischen Designer vergeben (nebenbei bemerkt: In Finnland, das auch Mitglied im Arktischen Rat ist, wurde diese Auftragserteilung wohlwollend zur Kenntnis genommen). Zusammen mit der Xue Long, das eher ein Transportschiff ist, soll dann das neue Forschungsschiff Richtung Arktis und auch Antarktis aufbrechen.

Denn noch gilt es in der arktischen Region viel zu erforschen. Man vermutet viel, weiß aber wenig. In Kanadas arktischem Norden sollen zum Beispiel Milliarden Tonnen Eisenerz lagern. Um die vermeintlichen Lager zu erforschen, brauchen die kanadischen Besitzer viel Geld, das sie aber nicht haben. Kein Problem: Die Chinesen sprangen bereitwillig ein. Der Stahlkonzern Wuhan Iron & Steel spendierte 91 Millionen Dollar für eine Machbarkeitsstudie.

... in den Ozeanen ...

Rund zwölf Stunden tauchten sie unter. Dann meldeten die drei Forscher zum Mutterschiff nach oben: Mission erfüllt, neuen Rekord erzielt. Exakt 7015 Meter in die Tiefe des Meeres schaffte es das Trio irgendwo im Marianengraben zwischen Hawaii und dem nordamerikanischen Festland.

Die drei chinesischen Forscher waren mit einem speziellen U-Boot unterwegs, der *Jiaolong*, deren Außenwände von einer Mischung aus Fiberglas und Titan bestehen. Von Batterien getrieben, kann es drei Personen und maximal 200 Kilogramm Equipment auf Exkursion in die Tiefen der Ozeane mitnehmen und dort bis zu zwölf Stunden verweilen.

Seit 2009 geht die *Jiaolong* regelmäßig auf Tauchstation. Jedes Jahr sank sie dabei ein Stückchen tiefer. Im Juni 2010 ging sie auf knapp 3600 Meter hinunter. Ein Jahr später waren es schon über 5000 Meter. Und nun – im Sommer 2012 – eben über 7000 Meter. Die Konkurrenz-Boote sind damit vorerst abgehängt: Die japanische Shinkai (6500 Meter), Russlands Mir und Frankreichs Nautile (jeweils 6000 Meter) sowie Amerikas Alvon (4500 Meter).

Die Expeditionen der *Jiaolong* und ihrer Konkurrenten dienen nicht nur wissenschaftlichen Zwecken, sondern handfesten ökonomischen Interessen. In den Ozeanen dieser Welt lagert eine gigantische, aber unbekannte Menge an Rohstoffen. Das kann man eher positiv sehen wie die ehemalige deutsche Bundesforschungsministerin Annette Schavan: »Die Tiefsee ist eine Schatztruhe.« Oder eher negativ wie Catherine Coumans von der kanadischen Umweltschutzorganisation *Mining Watch*: »Die Ozeane sind der Wilde

Westen.« Die einen erhoffen sich von den Meeresschätzen eine Lösung der sich zuspitzenden Rohstoffproblematik, die anderen fürchten eine Zerstörung der enorm vielfältigen ozeanischen Unterwelt.

Drei Arten von Rohstoffen sind in den Ozeanen zu finden: Manganknollen, Mangankrusten, die an großen Vulkanen der Ozeane hängen, sowie Massivsulfide. Am bekanntesten sind die Manganknollen, die schon im 19. Jahrhundert entdeckt worden waren. Sie heißen so, weil sie viel Mangan enthalten. Doch in ihnen stecken auch hohe Anteile von Nickel, Kupfer und Kobalt sowie Seltene Erden und Lithium – also fast alles, was eine moderne Industriegesellschaft zum Produzieren braucht. Manganknollen sind nicht besonders groß, haben lediglich einen Durchmesser zwischen einem und 15 Zentimeter. In großen Mengen findet man sie im sogenannten Manganknollengürtel zwischen Hawaii und Mexiko (dort war auch die *Jialong* unterwegs), aber auch im Südpazifik und im Indischen Ozean.

Die Manganknollen aus der Tiefe des Meeres zu holen ist freilich eine technologische Herausforderung.»Einen Tiefseebergbau gibt es bisher noch nicht, er stellt aber ein durchaus attraktives Zukunftsfeld dar«, stellt die Deutsche Rohstoffagentur (DERA) in einer Analyse *Marine mineralische Rohstoffe der Tiefsee* fest. Doch schon bald könnte der Tiefseebergbau beginnen.

Das Szenario könnte so aussehen: Von einem Mutterschiff werden wasserdichte und druckfeste Raupenfahrzeuge in der See versenkt. Per Fernsteuerung werden sie vom Mutterschiff zu den Manganknollenvorkommen gelenkt. Mit einem kilometerlangen Saugrüssel, der wie eine Art Staubsauger funktioniert, werden dann die Knollen nach oben gespült. Bei geringen Tiefen kann das funktionieren, aber die größten Vorkommen liegen offenbar zwischen 4000 und 6000 Meter Tiefe.

Experten schätzen, dass sich fast die gesamten Rohstoffvorkommen der Ozeane in einer Tiefe von bis zu 7000 Metern befinden. Die *Jialong* bräuchte also keine Rekorde mehr aufstellen.

... und im All

Ein Chinese soll – so sieht es der Weltraumfahrplan Chinas vor – 2024 auf dem Mond landen. Ein paar Jahre später soll auch einer auf den Mars. Gleiche Pläne Richtung Mars hegen auch die Amerikaner. Aber auch die Europäer, Inder und Japaner wollen an dem Wettrennen zum Mond und Mars teilnehmen. Alle planen bemannte und unbemannte Missionen.

Warum drängt es diese Nationen auf diese fernen Planeten? Sicher spielen Prestigegründe eine große Rolle. Wer dort landen kann, ist eine Weltmacht. Aber es geht bei diesen teuren Abenteuerreisen ins All um mehr als nur darum, ein paar Spuren und eine Flagge im staubigen Untergrund dieser erdfernen Planeten zu hinterlassen.

Es geht um die Rohstoffe der Zukunft. Wenn die Erde irgendwann mal ausgeplündert ist, auch die Ozeane all ihrer Knollen beraubt sind, dann bleiben als letzte Hoffnung nur der Mond und der Mars sowie die Asteroiden, die durchs All schweben. Auf dem Mond soll es große Mengen an Eisen, Nickel, Titan, Gold, Platin und Iridium geben.

Und der Mond hat etwas, was es auf der Erde nicht gibt: das Edelgas Helium-3, das in der Erdoberfläche des Trabanten lagert. Verschmelzt man Helium-3 mit Wasserstoff, wird Energie freigesetzt. Diese Fusion hat einen großen Vorteil gegenüber den gewöhnlichen Helium-Wasserstoff-Fusionen: Sie ist erheblich sauberer, es fallen keine radioaktiven Abfälle an. Viele Wissenschaftler – natürlich auch die chinesischen – sehen deshalb Helium-3 als eine Energiequelle der Zukunft.

Der Mond ist aber für alle Raumfahrtnationen nur eine Zwischenstation zum Mars. Auch dort werden große Mengen an Rohstoffvorkommen vermutet, auch wenn man über die Vorkommen dort viel weniger weiß als über die auf dem Mond. Die Proben des US-Rovers *Curiosity*, die im Sommer 2012 auf dem Mars landete, sollen erste Aufschlüsse geben.

Mit der *Curiosity*-Mission haben die Amerikaner alle anderen im Rennen zum Mars vorerst abgehängt. Doch in China sieht man das gelassen. Sie haben Zeit und Geld, während die US-Weltraumbehörde NASA angesichts der Schuldenprobleme Amerikas ihr Mars-Programm zusammenstreichen musste.

Kapitel Sechs *Ideologie*
Autoritarismus gegen Demokratie

> »Früher oder später wird diese neue globale Konkurrenz auch zu einer Auseinandersetzung um gesellschaftliche Werte und Normen führen, und dann wird es für den Westen um sein innerstes Wesen gehen.«
>
> Joschka Fischer, ehemaliger deutscher Außenminister

Nach dem Ende des ersten Kalten Krieges glaubte der Westen, auf der ganzen Linie gewonnen zu haben. Militärisch, ökonomisch und ideologisch. Der amerikanische Historiker Francis Fukuyama schrieb den Bestseller *Das Ende der Geschichte*. Demokratie und Marktwirtschaft – die siamesischen Zwillinge des Westens – werden sich nun überall durchsetzen. Die letzte Alternative – der Kommunismus oder Sozialismus – sei mit der Sowjetunion untergegangen. Endlich bewahrheite sich jetzt, was ein anderer amerikanischer Historiker, William McNeill, in seinem Klassiker *The Rise oft the West* schon 1963 behauptete, es gebe nur einen Weg in die Moderne, und zwar den westlichen.

Auch China werde sich über kurz oder lang auf diesen Weg begeben. Denn eine wachsende Mittelschicht werde politische Freiheiten einfordern und letztlich einen – friedlichen oder blutigen – Systemwechsel in China herbeiführen. Es stimmt zwar. Die Mittelschicht dort wächst und wächst, aber sie fordert nicht den Regimewechsel.

Was läuft da – aus westlicher Sicht gesehen – falsch? Warum rebelliert der chinesische Mittelstand nicht? Weil es die Regierung geschickt versteht, deren materielle Bedürfnisse zu befriedigen. Die

Regierung in Beijing weiß sehr genau, dass ihre einzige Legitimation die ist, dass sie es schaffen muss, dass es allen im Lande bessergehen muss. Dass es den einen (den Städtern) schneller bessergeht als den anderen (auf dem Lande), nimmt sie vorerst billigend in Kauf.

Bisher hat es die Regierung geschafft, dass die meisten Chinesen jedes Jahr mehr Geld in ihren Brieftaschen haben. Zusätzlich erlöste sie sie aus dem lokalen Überwachungsapparat des Danwei und gewährte ihnen Reisefreiheit. Das China von heute ist kein plumper Unterdrückungsstaat, wie es einst die Sowjetunion war, wo die Leute für Bananen und Jeans Schlange standen. In China steht für solche »exotischen« Waren schon seit Jahrzehnten niemand mehr stundenlang an. Dort grübelt der Konsument heutzutage nur noch, ob er die billige Jeans bei H&M oder doch lieber die teurere bei Levi's kaufen soll.

Möglich wurde dies, weil China ein neues Modell geschaffen hat. Es ist eine Mischform: Politisch eine Einparteienherrschaft, aber wirtschaftlich zu einem großen Teil kapitalistisch. Sie wenden zum Teil unsere marktwirtschaftlichen Methoden an, wollen aber trotzdem nicht so werden wie wir. Das verwirrt viele im Westen.

Das westlich-liberale Modell hat also ein Gegenmodell bekommen – das chinesische, wie immer man es auch bezeichnen mag. Und das in einer Phase, wo die westliche Demokratie in einer Krise steckt. Denn alle drei großen westlichen Demokratieblöcke – die USA, Europa und Japan – schwächeln derzeit aus unterschiedlichen Gründen.

In den USA blockieren sich Präsident und Kongress gegenseitig. Die Folge dieses dysfunktionalen Systems ist eine lähmende Entscheidungsträgheit. In der EU tobt ein heftiges Kompetenzgerangel darüber, auf welcher Ebene welche Entscheidungen getroffen werden sollen. Und in Japan wechseln Regierungen und Minister in einem atemberaubenden Tempo, so dass keinerlei Kontinuität in der japanischen Politik zustande kommt. In allen drei Regionen geht das Wahlvolk auf gefährliche Distanz zu ihren gewählten Herrschern. Das Wort von der *Postdemokratie* macht die Runde.

Lange Zeit haben Politiker wie Intellektuelle im Westen das chinesische Gegenmodell nicht ernst genommen. So langsam dämmert es ihnen aber, dass da eine Alternative entsteht. Chinas Aufstieg ist »für den Westen auch eine ideologische Herausforderung«, sagt zum Beispiel Hanns Günther Hilpert, Asienexperte beim Berliner Thinktank Stiftung Wissenschaft und Politik (swp). Charles Kupchan geht sogar so weit und sieht »die ideologische Vorherrschaft des Westens gefährdet«.

So weit muss es nicht kommen. Zwar übt das chinesische autoritäre Modell auf einige Entwicklungs- und Schwellenländer eine gewisse Faszination aus, aber es wird kein etablierter westlicher Industriestaat ins chinesische Lager konvertieren. Gleichwohl muss sich das westliche System der chinesischen Herausforderung stellen.

Obwohl sich China noch offiziell kommunistisch nennt, geht es in dem neuen Systemwettbewerb nicht um eine Neuauflage des früheren ideologischen Duells zwischen Kapitalismus und Sozialismus. Nein, es ist eher ein Wettstreit zwischen verschiedenen Versionen des Kapitalismus, zwischen einem liberalen westlichen Kapitalismus und einem Staatskapitalismus chinesischer Prägung.

Während sich der Westen eher von der unsichtbaren Hand des Marktes leiten lässt, vertraut China auf die sichtbare und lenkende Hand der Regierung. Und fährt damit in gewissen Bereichen gar nicht so schlecht. Zum Beispiel – wie in den vorangegangenen Kapiteln beschrieben – in der Industrie-, Forschungs- und Rohstoffpolitik.

Auch kann eine autoritäre Regierung viel schneller reagieren und entscheiden als eine demokratische. Sie ist häufig effizienter, denkt in anderen Planungshorizonten und ist damit eher geeignet, Zukunftsprobleme anzugehen und zu lösen.

Da kommt selbst der China-kritische *Spiegel* ins Grübeln und wagt sich auf glattes Terrain: »Eine Frage steht im Raum, eine ungeheuerliche: Kann es sein, dass eine undemokratische Regierung eine gute Regierung ist?«

Die entscheidenden Herren

Zhongnanhai – mittlerer und südlicher See – heißt das idyllische Gebiet mitten in Beijing. Es liegt direkt neben der Verbotenen Stadt. In die darf jeder, der Eintritt zahlt, inzwischen rein, aber nicht nach Zhongnanhai. Während das kaiserliche Machtzentrum von einst offen ist, ist das Machtzentrum der Herrscher von heute strikt abgeriegelt. Man kann nur ahnen und spekulieren, was sich hinter diesen Mauern abspielt.

Soviel weiß man: Das entscheidende Machtzentrum ist der – einmal die Woche tagende – Ständige Ausschuss des Politbüros der Kommunistischen Partei Chinas (KPCh). Seine Mitgliederzahl schwankt. Mal sind es neun, mal – wie derzeit – sieben Herren. Einer von ihnen ist der Generalsekretär der Partei. Er ist gleichzeitig Staatspräsident und damit der mächtigste Mann der Volksrepublik.

Seit dem 18. Parteitag im November 2012 heißt als Nachfolger von Hu Jintao dieser Primus inter Pares Xi Jinping, geboren 1953. Er darf maximal zehn Jahre an der Spitze bleiben. Mehr ist nicht erlaubt, denn es gibt Altersgrenzen. Durch diese Regel unterscheidet China sich übrigens von anderen autoritären Systemen, in denen die Herrscher nur durch den Tod aus ihrem Amt scheiden.

Unterhalb des allmächtigen Ständigen Ausschusses des Politbüros befinden sich noch zwei einflussreiche, erweiterte Parteigremien: das vollständige Politbüro (25 Mitglieder), das sich monatlich trifft, und das Zentralkomitee (rund 370 Mitglieder), das in der Regel nur einmal im Jahr zusammenkommt.

Parallel zur Parteiorganisation existieren die staatlichen Organe. An der Spitze steht der Staatsrat mit dem Premierminister. Neu in diesem Amt ist Li Keqiang als Nachfolger von Wen Jiabao. Der Staatsrat entspricht unserem Kabinett, in ihm also treffen sich die Regierungsmitglieder.

Es gibt eine enge personelle Verknüpfung zwischen den Partei- und Staatsorganen. Zum Beispiel ist klar, dass der Premierminister auch im Ständigen Ausschuss des Politbüros sitzt. Es ist aber auch klar, dass die Partei das Primat über die Regierung hat. Die KPCh ist die letzte, entscheidende Instanz.

Obwohl die Partei noch das Wörtchen Kommunistisch im Namen führt, spielt Ideologie längst keine große Rolle mehr. Es ist nur noch eine semantische Verbrämung. Kommunismus? Sozialismus? Diktatur des Proletariats? Mit solchen Begriffen werden nur noch Sonntags- und Parteitagsreden garniert. Die chinesische Wirklichkeit mit ihrem zunehmenden und brutalen sozialen Gefälle hat sich längst von sozialistischen Gleichheitsidealen entfernt. Und von einer Diktatur des Proletariats zu reden erübrigt sich angesichts der bescheidenen Situation der über 100 Millionen Wanderarbeiter und den anderen Teilen der Arbeiterklasse.

Nein, in China herrschen keine Kommunisten mehr, sondern Technokraten. Und diese sind gut ausgebildet. Genügte früher eine revolutionäre Vergangenheit, um an die Macht zu gelangen, so muss heute ein Studium im In- und noch besser im Ausland nachgewiesen werden. Nicholas D. Kristof, China-Experte der *New York Times*, sagt: »Die Top-Leute in der Partei sind Autokraten, aber sie sind ungewöhnlich kompetente Autokraten.«

Viele haben an den Elite-Universitäten des Landes studiert, häufig Ingenieurs- oder Naturwissenschaften und zunehmend auch Jura. Für die besten Absolventen der Unis ist eine Karriere beim Staat (und damit auch in der Partei) immer noch eine sehr attraktive Alternative. Man verdient zwar bei weitem nicht so gut wie in der Wirtschaft, aber man genießt sehr viele Privilegien.

Wer freilich in der Partei und im Staat Karriere machen will, muss sich einem brutalen Ausleseprozess stellen. Eine wichtige Rolle dabei spielt die Organisationsabteilung der Partei. Äußerlich unscheinbar – sie residiert in einem Gebäude ohne Türschild einen Kilometer westlich vom Platz des Himmlischen Friedens an der Chang'an Avenue – hat sie intern enormen Einfluss. Sie ist neben der Propaganda-Abteilung die wichtigste unter den insgesamt fünf Abteilungen der KP Chinas.

Man kann sie ohne Übertreibung als die größte Personalabteilung der Welt bezeichnen. In ihr wird entschieden, wer in das Top-Management der Staatsunternehmen aufsteigt, wer Chefredakteur in den Staatsmedien wird und wer wichtige Positionen in Partei und Staat bekommt.

Es findet ein permanentes Monitoring der Kandidaten statt. Jedes Jahr gibt es *Performance Reviews*. Außerdem wird ständig rotiert, um zu sehen, wie sich die Kandidaten in verschiedenen Jobs bewähren.

Beispiel Chen Deming, bis vor Kurzem Handelsminister. Er war erst Bürgermeister in Suzhou, einer prosperierenden Industriestadt vor den Toren Shanghais. Dort bewährte sich Chen, so dass er anschließend als Gouverneur in die korrupte Kohleprovinz Shaanxi versetzt wurde, wo er zumindest keine erkennbaren Fehler machte. Danach war der Weg frei ins Zentrum der Macht – nach Beijing. Dort war Chen erst in der NDRC (National Development and Reform Commission) zuständig für Energiepolitik, ehe er 2007 dann Handelsminister wurde.

Kurz danach traf ihn der damalige amerikanische Handelsminister Carlos Gutierrez. Er war – das schreibt Richard McGregor in seinem Buch *The Party* – voll des Lobes über seinen chinesischen Kollegen, der sich trotz seiner kurzen Einarbeitungszeit im neuen Amt exzellent ausgekannt hätte. Gutierrez sagte, ihn erinnere Chens Karrierepfad an solche in multinationalen Unternehmen, die ihre *High Potentials* auch durch permanente Jobwechsel testen, ob sie für höhere Ämter geeignet sind.

Zum Aufstieg gehört nicht nur Rotation, sondern permanente Weiterbildung. Entweder in China in der Zentralen Parteischule in Beijing oder der *China Executive Leadership Academy* in Pudong und ähnlichen Schulen in Yan'an, Jinggangshan und Dalian – oder auch im Ausland. Früher ging man dazu nach Moskau oder in eine der osteuropäischen Satellitenstaaten, heute dagegen ins westliche Ausland. Vor über zehn Jahren fing das an. Die Partei schloss damals ein Abkommen mit der Harvard University.

Seitdem werden dort handverlesene chinesische Hoffnungsträger – darunter war einst auch Ex-Handelsminister Chen Deming – in Acht-Wochen-Kursen an der Harvard Kennedy School unterrichtet. Auf dem Themenplan stehen zum Beispiel Führung, Strategie und Public Management. Daneben finden Exkursionen zu amerikanischen Behörden sowie zum IWF und der Weltbank statt. Inzwischen führt China solche Programme auch mit den Elite-Unis in Stanford, Oxford, Cambridge, der University of Tokyo und anderen durch.

Lu Mai, Chef der *China Development Research Foundation*, die diese Programme steuert, sagt gegenüber dem US-Magazin *Slate*: »Wir haben bislang mehr als 4000 Leute an diese Unis geschickt. Ich kenne kein anderes Land, das etwas in ähnlicher Größenordnung getan hat.« In der Tat: Diese Erwachsenenbildung chinesischer Top-Bürokraten ist in diesem Ausmaße und mit dieser systematischen Konsequenz einmalig.

Ein solches Rekrutierungssystem bringt eine ganz andere Führungselite hervor. Es ist nicht mehr das China der starken Führer, der dominanten Persönlichkeiten. Erst recht nicht in der neuen Führung von Xi Jinping und Li Keqiang. China wird von keinem starken Mann geführt, sondern von einem Kollektiv. Und in diesem Kollektiv wird diskutiert und gestritten. Nicht öffentlich wie in einer westlichen Demokratie, aber in den Gremien.

Der ehemalige Staatsminister im Auswärtigen Amt, Werner Hoyer, sagte bei den Bergedorfer Gesprächen: »Ich sehe mit großer Faszination, dass sich unter Wahrung eines Daches der KPCh Diskussionen und Pluralismus entwickeln. Am Ende steht zwar eine gemeinsame Linie, davor aber finden unheimlich spannende Debatten statt.«

Dabei ist es nicht so, dass sich die Herren nur in den stillen Kämmerlein von Zhongnanhai entscheiden und sich nicht beraten lassen. Es gibt immer mehr Thinktanks in China, die zunehmend Einfluss auf die Politik der Regierung und der Partei haben. Großes Gehör finden zum Beispiel inzwischen die Wissenschaftler der Chinese Academy of Social Sciences (CASS).

Oft wird in der Politik – wie in der Wirtschaft – ein *Trial-and-Error*-Verfahren angewandt. Man probiert eine Idee erst einmal in einer Stadt, in einer Provinz aus. Bewährt sie sich, wird sie aufs ganze Land übertragen, wenn nicht, wird sie begraben. Der Trierer Professor Sebastian Heilman nennt China deshalb ein »lernendes autoritäres System«. So werden auch die Fünfjahrespläne in vielen Runden auf den verschiedensten Ebenen diskutiert, angepasst und verändert. »Das ist für mich ein wirklicher demokratischer Entscheidungsprozess«, sagt Zhang Weiwei, Politikprofessor an der Fudan Universität.

Trotz dieser zunehmenden Partizipationsversuche sind die Chinesen noch lange keine Demokraten in unserem Sinne, aber sie sind auch nicht die finsteren Despoten, als welche sie oft im Westen dargestellt werden. William Dobson schreibt dazu in seinem Buch *The Dictator's Learning Curve*: »Sie sind keine Diktatoren alten Schlages.« Sie kombinieren ihren autoritären Führungsstil mit demokratischen Elementen. Sie seien immer noch brutal, aber sie haben gelernt, sich anzupassen, seien viel geschickter und cleverer als früher. Sein Fazit: »Diese Führer sind beeindruckend.«

Ein Eindruck, den auch die amerikanischen Wirtschaftsbosse haben. Der *Conference Board* fragte 70 amerikanischen CEOs, welche Personen und Institutionen sie, global behandelt, für am kompetentesten halten. Die Antworten: An erste Stelle – wen wundert's? – setzten sie sich selbst, dann kamen die Zentralbanken und an dritter Stelle die Führung der chinesischen Kommunistischen Partei – weit vor dem amerikanischen Präsidenten.

Was den Entscheidern vor allem imponiert: Die Effizienz des Systems.

Die Diktatur der Effizienz

Im September 2008 ging die amerikanische Investmentbank Lehman Brothers pleite. Dieses Ereignis gilt gemeinhin als der Auslöser der globalen Finanzkrise. Die Verantwortlichen in Wirtschaft und Politik in aller Welt waren plötzlich in Aufruhr und irgendwie auch ratlos, weil sie ein solches Desaster noch nie erlebt hatten. Krisensitzung folgte auf Krisensitzung, auf nationaler wie internationaler Ebene. Eine Regierung handelte schnell, schneller jedenfalls als die anderen: die chinesische. Am 9. November 2008 beschloss sie ein gigantisches Stimulus-Paket über 4000 Milliarden Yuan, damals knapp 600 Milliarden Dollar. Im Nachhinein kann man sagen, dass dieses Paket enorm stabilisierend für die Weltwirtschaft wirkte.

Das ist nicht allein das Bemerkenswerte, sondern die Schnelligkeit, mit der binnen weniger Tage ein Paket über eine solche horrende Summe geschnürt worden war. Da zollt sogar Stanford-Professor Francis Fukuyama Respekt: »Die wichtigste Stärke des chinesischen politischen Systems ist die Fähigkeit große, komplexe Entscheidungen schnell zu treffen.«

Demokratie versus Autokratie – das ist auch ein Wettbewerb um Geschwindigkeit und Effizienz. Und das ist auch ein Denken und Handeln in völlig anderen Zeithorizonten. Die westlichen Demokratien leben in Legislaturperioden, die meist vier bis fünf Jahre dauern. Der Horizont der entscheidenden Politiker reicht nur bis zur nächsten Wahl, bei der sie gerne wiedergewählt werden möchten. Dieser kurzfristige Erfolgszwang ist eine der großen Schwächen der Demokratie. Man kümmert sich nur um »die Bedürfnisse des Augenblicks«, hat schon der französische Politphilosoph Alexis de Toqueville Mitte des 19. Jahrhunderts beklagt.

Die Chinesen dagegen denken in Planungszeiträumen von fünf Jahren und weit darüber hinaus. Denn diese Fünfjahrespläne, die inzwischen Programme heißen, bauen aufeinander auf. Der aktuelle läuft von 2011 bis 2015. Der Planungszeitraum deckt sich übrigens nicht mit der Amtszeit der Herrschenden. Ein geschickter Schachzug. Wenn das neue Führungsduo Xi und Li offiziell im Frühjahr 2013 antritt, sind sie an den laufenden Plan und dessen Ziele gebunden. Selbst wenn sie wollten, könnten sie den Kurs nicht ändern. Der Plan dominiert und schafft Kontinuität in der chinesischen Politik.

Die Chinesen denken Jahrzehnte voraus. Sie sind Langzeit-(Vor-)Denker. Diese Langfristigkeit ist ein Vorteil, insbesondere bei so gravierenden Langzeitproblemen wie dem Klimawandel.

Gerade deshalb findet derzeit unter den Klimaforschern eine interessante Diskussion statt. Sie sehen die gigantischen globalen Probleme, die in den nächsten Jahrzehnten auf die Menschheit zukommen. Und sie sehen gleichzeitig die Langsamkeit der Demokratien, die die nötigen Entscheidungen nicht treffen können und/oder wollen, weil sie die heutige Generation nicht belasten wollen, um künftige Generationen zu entlasten. James Hansen vom *NASA Goddard Institute for Space Studies* bezweifelt deshalb, dass Demokratien die Klimaerwärmung stoppen könnten.

In China dagegen könne das nachhaltige Leben einfach verordnet werden. Ähnliches steht auch in einem Gutachten des Wissenschaftlichen Beirats der Bundesregierung Globale Umweltveränderungen unter Vorsitz des Potsdamer Klimaforschers Hans Joachim Schellnhuber. Und im jüngsten Bericht des Club of Rome vom Mai 2012 heißt es: »China wird eine Erfolgsgeschichte sein, weil es fähig ist, zu handeln.«

Einer der Mitautoren vertritt dabei eine besonders exponierte Meinung: Jørgen Randers, Professor für Klimastrategie an der norwegischen Schule für Management. Er sagt, nur ein »wohlmeinender Diktator« könne die Klimakatastrophe verhindern oder zumindest abmildern. Für ihn ist die Kommunistische Partei Chinas ein solcher. Denn sie paukte die nötigen, auch unbequemen Entscheidungen durch; sie müsse ja auf keine Wählerstimmen schielen. Und Einsprüche von nörgelnden Bürgern entlang von Bahn- oder Stromtrassen seien nicht vorgesehen. »Regieren in China ist einfach effizienter«, sagt Randers.

Das ist freilich eine heikle Diskussion, wenn Demokraten Diktatoren preisen. Aber es ist eine notwendige Diskussion. Die Frage ist ja nicht, ob die westlichen Demokratien alle zu wohlmeinenden

Diktaturen mutieren müssen. Das kann kein Demokrat ernsthaft fordern wollen. Aber wenn ein Land wie China Effizienzvorteile hat, stellt sich die Frage, ob wir nicht unsere Demokratien effizienter gestalten müssen. Aber geht das überhaupt?

Heribert Prantl ist skeptisch. »Demokratie ist keine Tempokratie«, leitartikelte der wortgewaltige Kommentator der *Süddeutschen Zeitung*. Eine funktionierende Demokratie hat nun mal Parlamente und Gerichte, also systemimmanente Bremsen.

Der französische Wirtschaftsexperte Jean-François Susbielle ist anderer Meinung. Er malt in seinem Buch *China-USA – Der programmierte Krieg* ein düsteres Bild. Er spricht von der Diktatur der Effizienz, die der ganzen Welt durch das chinesische System aufgezwungen werde. Der Aufstieg Chinas zur Supermacht könnte eine weltweite Schwächung, ja sogar die Vernichtung der Demokratie nach sich ziehen – wegen ihres Mangels an Effizienz.

Nirgendwo lässt sich diese theoretische Diskussion besser in der Realität widerspiegeln als im Vergleich zwischen China und Indien.

China versus Indien – Systemstreit der Giganten

Ein paar Kilometer südwestlich vom Zentrum der indischen Hauptstadt Neu-Delhi liegt ein Gebiet, auf das viele Inder besonders stolz sind: Gurgaon. Dieser neue Stadtteil soll das neue Indien, das Indien im Aufbruch, das Indien jenseits der Slums verkörpern. Hier wurden in der Tat in den vergangenen Jahren zahlreiche Bürohochhäuser und Shopping Malls aus dem trockenen Boden gestampft. Hier haben viele erfolgreiche indische IT-Firmen ihren Sitz, und hier haben sich auch bekannte ausländische Firmen niedergelassen.

Nicht minder stolz sind viele Inder auf ihren Khan Market in Delhi, ein Areal dicht an dicht stehender zweistöckiger Gebäude im Kolonialstil, in denen sich Boutiquen, Bücherläden und Restaurants finden. Doch Jochen Buchsteiner, der ehemalige Asien-Korrespondent der FAZ, urteilt harsch, aber richtig: »Delhis Stolz, der Khan Market, ringt Besuchern aus dem pazifischen Asien nur mitleidiges Lächeln ab.«

Weder der Khan Market noch Gurgaon halten ein Vergleich mit dem stand, was in Südostasien oder gar in China entstanden ist. Vergleicht man Gurgaon zum Beispiel mit dem neuen Glitzerstadtteil Pudong in Shanghai oder den Khan Market mit dem Einkaufs- und Vergnügungszentrum *Sanlitun Village* in Beijing, so muss man ganz deutlich feststellen: Der klare Sieger heißt in beiden Fällen China.

Zwischen Indien und China liegt nicht nur der Himalaya, sondern zwischen diesen beiden asiatischen Giganten liegen Welten.

Ob Armutsbekämpfung, Bildung oder Infrastruktur – in diesen zentralen Bereichen hat China seinen Nachbarn Indien in erschreckend deutlichem Maße abgehängt.

Vergleichszahlen China – Indien

Indikator	China	Indien
Lebenserwartung	74,51 Jahre	66,46 Jahre
Alphabetenrate (m)	95,7 Prozent	73,4 Prozent
Alphabetenrate (w)	87,6 Prozent	47,8 Prozent
Bevölkerungsanteil armer Menschen*	15,9 Prozent	41,6 Prozent
Autobahnen	65 000 Kilometer	200 Kilometer

*Einkommen unter 1,25 Dollar pro Tag.
Quelle: Zbigniew Brzezinski, Strategic Vision, Seite 167.

China hat in den vergangenen Jahren rund 400 Millionen Menschen aus der Armut befreit, Indien dagegen nur 150 Millionen. Noch immer hungern dort mindestens 300 Millionen Menschen.

Die Chinesen sprechen besser Englisch als die Inder, trotz Indiens Vergangenheit als britische Kolonie. Die Alphabetenrate ist in China deutlich höher als in Indien.

Am deutlichsten sind die Unterschiede in der Infrastruktur. Ob Eisenbahn, Flughäfen oder Straßen – in China ist alles schneller, höher, länger und weiter. Bundesverkehrsminister Peter Ramsauer reist regelmäßig in beide Länder. »Es ist sehr zäh hier, zäher als in China. In einem Jahr ist hier nicht viel passiert«, sagte er in Mumbai nach seinem zweiten Indien-Besuch binnen eines Jahres.

Ganz anders nach seinem China-Besuch: »In China geht vieles ungeheuer schnell. Die bauen jedes Jahr 50 Bahnhöfe weiter aus oder ganz neu und ebenso viele Flughäfen. Da werden jährlich 5000 Kilometer Bahnstrecke gebaut.«

Das ist kein Urteil eines arroganten Ausländers. Viele Inder sehen das genauso. So brachte die indische Wirtschaftszeitung *The Economic Times* auf ihrer Online-Seite eine Foto-Slideshow unter dem Titel *How China builds these, and why Indian never does*. In der Galerie der Vorzeigeprojekte Chinas ist unter anderem die 42-Kilometer-Brücke in der chinesischen Hafenstadt Qingdao zu sehen.

In Indien dagegen werden nicht einmal Straßen fertiggebaut. Beispiel Ganga Expressway. Er sollte ein Vorzeigeprojekt werden. Achtspurig sollte er den bevölkerungsreichsten Bundesstaat Uttar Pradesh (200 Millionen Einwohner) mit der Hauptstadt Delhi verbinden. Doch Korruption und Rechtsstreitereien stoppten bis heute das Projekt, für das schon 2008 der Grundstein gelegt wurde. So bleibt es bei der Durchschnittsgeschwindigkeit von 35 Kilometer pro Stunde, die Lkws in Indien zurücklegen.

Warum ist China seinem Nachbarn Indien voraus? Ein wichtiger Grund ist sicher, dass China viel früher mit den wirtschaftlichen Reformen angefangen hat. China startete damit schon 1978 unter Deng Xiaoping, Indien dagegen erst 1992 unter dem damaligen Finanzminister und heutigen Premierminister Manmohan Singh.

Aber dieses zeitliche Hinterherhinken allein erklärt den Vorsprung Chinas nicht. Denn da ist auch noch die Systemfrage: »Warum geht es China so viel besser als Indien?«, fragt Charles Kupchan. Der Professor an der Georgetown University gibt gleich die brutal-offene Antwort dazu: »Weil China keine Demokratie ist.« China versus Indien – das ist auch ein Vergleich der politischen Systeme. Hier das demokratische Indien, dort das autoritäre China. Aber ist dieser Vergleich überhaupt statthaft? Ja, weil die Inder es selber tun. Sie vergleichen sich permanent mit dem großen Nachbarn im Osten. Während die Chinesen dies übrigens umgekehrt nicht tun: Sie sehen sich nicht in derselben Liga wie Indien, auch wenn sie dies nicht so offen aussprechen würden.

In Indien, das sich gerne als größte Demokratie der Welt bezeichnet, existiert eine – wie es Politologen nennen – defekte Demokratie. »Die Menschen alle fünf Jahre an die Urne zu rufen macht noch keine Demokratie«, sagt die indische Bürgerrechtlerin Mallika Sarabhai, »eine Demokratie braucht angewandte Verfassungsrechte, Pressefreiheit, eine unabhängige Justiz. Das alles funktioniert in Indien nicht.«

Diese defekte Demokratie Indiens verliert – gegen die funktionierende Autokratie Chinas. Der indische Intellektuelle Mohan Guruswamy ist ein netter Inder und lupenreiner Demokrat, aber er sagt selbstkritisch: »Was uns zu denken geben sollte, ist, dass es China besser macht, obwohl wir denselben Prozentsatz des Bruttosozialprodukts für Bildung ausgeben.« Und: »Sie produzieren zweimal so viel Nahrungsmittel wie wir.«

Krise der westlichen Demokratien

»Seit der Jahrtausendwende macht sich in Wissenschaft, Publizistik und Politik ein wachsender Skeptizismus breit: Weitere Demokratisierungserfolge werden kaum erwartet«, sagt etwas resignierend Wolfgang Merkel, Direktor am Wissenschaftszentrum Berlin für Sozialforschung (WZB).

»Wir haben eine Demokratiekrise«, konstatiert die *New York Times*. Der Souverän, das Volk, von dem die Macht ausgehen soll, fühlt sich zunehmend ohnmächtig und häufig nicht mehr von seinen Gewählten vertreten. Hans Vorländer, Politik-Professor in Dresden, sagt: »Die Distanz zwischen repräsentiertem Bürger und repräsentierendem Politiker wächst.«

Die politische Wissenschaft hat das Grummeln des Wahlvolkes vernommen und für das derzeitige System einen neuen Begriff kreiert: Postdemokratie. So heißt auch das Buch des britischen Politikwissenschaftlers Colin Crouch, der damit die Debatte über das postdemokratische Zeitalter lostrat. Nach seiner Ansicht würden zwar weiterhin Wahlen abgehalten, sie seien jedoch »durch konkurrierende Teams professioneller PR-Experten« zu einem »reinen Spektakel« verkommen. Die Mehrheit der Bürger spiele eine passive, schweigende, ja sogar apathische Rolle. Das grundlegende Problem der Gegenwart seien die Wirtschaftseliten, die die Macht übernommen hätten.

In den USA sprechen manche bereits von einer Plutokratie, also einer Herrschaft des Geldes. Die Finanzwirtschaft dominiere inzwischen die Politik. Ein Vorwurf, der nicht von der Hand zu weisen ist, wenn man die personellen Verflechtungen zwischen der Wall Street und Washington der vergangenen Jahre anschaut. Fast alle Finanzminister, die eigentlich die Banken regulieren sollen, hatten eine Vergangenheit an der Wall Street.

Nicht immer ist der Einfluss von potenten Interessengruppen so offensichtlich. Viel spielt sich hinter den Kulissen ab, in den Büros der Bürokraten und Abgeordneten, oder in Hinterzimmern von Spesenlokalen. Diesen Klüngel im Halbdunkel der Macht nennt man dann Lobbyismus, den manche schon als Totengräber der Demokratie ausrufen.

Washington ist da am weitesten. Man muss nur die Türschilder an der K, L oder M Street rund ums Weiße Haus anschauen, und man weiß, was Sache ist. Hier residieren unzählige Firmen, Verbände und PR-Firmen. Lobbying ist in Amerikas Hauptstadt inzwischen die drittgrößte Branche, nach der Regierung und dem Tourismus.

Eine besondere Form des Lobbying sind in den USA die Wahlkampfspenden. Alles legal, aber politisch höchst anrüchig. »Institutionelle Korruption« nennt der amerikanische Jura-Professor Lawrence Lessig diese Form der Geldüberreichung an Politiker, die besonders in den USA extrem ausgeprägt ist. 2008 sammelten die 100 Senatoren und 435 Abgeordneten des Repräsentantenhauses 1,2 Milliarden Dollar an Wahlkampfspenden ein. Im vergangenen Präsidentschaftswahlkampf 2012 flossen gar 2,5 Milliarden Dollar an die beiden Kandidaten Barack Obama und Mitt Romney.

Das Wahlvolk wendet sich zunehmend von solchen Zuständen ab. Nur die Hälfte geht noch in den USA wählen, was zur Folge hat, dass ein US-Präsident bei knappem Wahlausgang nur rund ein Viertel der Wahlberechtigten hinter sich hat.

Dort ist ein Eruptionsprozess unter dem Wählervolk im Gange, der längst auch in Europa eingesetzt hat. Die Wähler merken sehr wohl, dass nicht nur sie machtlos sind, sondern zunehmend auch die von ihnen gewählten Vertreter in den Parlamenten. Gerade in der Eurokrise wurde deutlich, wie die Volksvertreter dem Diktat der sogenannten Sachzwänge unterliegen. Und dieses Diktat formulieren andere, demokratisch nicht legitimierte Institutionen. »Das Parlament nickt nur noch ab, was von der Exekutive unter dem Druck der Börsen und Rating-Agenturen verkündet worden ist«, klagt Herfried Münkler in einem *Spiegel*-Essay. Man kann auch noch die Zentralbank und die EU-Kommission zu diesen undemokratischen Organen zählen, die über das Schicksal der Europäer (mit-)entscheiden, ohne diesen gegenüber verantwortlich zu sein.

Verstärkt wird dieses Gefühl der Ohnmacht durch das böse Wort der Bundeskanzlerin von der Alternativlosigkeit. Eine Demokratie lebt von Alternativen. Der Wähler will und soll zwischen A und B entscheiden. Wenn er keine Wahl mehr hat und stattdessen irgendwelche anonymen Mächte entscheiden, gefährdet das unser

System. Herfried Münkler: »Was wir beobachten, ist das allmähliche Ende der parlamentarischen Demokratie.«

Kein Wunder, dass angesichts dieses Befundes das Vertrauen in die politischen Organe schwindet – in Europa wie in den USA. Nach einer Gallup-Umfrage aus dem Jahr 2011 haben weniger als 20 Prozent der Amerikaner Vertrauen in ihre Regierung, und gar nur neun Prozent in die Arbeit des Kongresses. Ein verheerendes Urteil, das aber offensichtlich niemand der Verantwortlichen aufregt oder zum Nachdenken anregt.

Mit der sinkenden Beliebtheit des politischen Systems und dessen handelnden Politikern schwindet im Westen auch die Zustimmung für das westliche Wirtschaftssystem, den Kapitalismus. Und das auch und gerade im Mutterland des Kapitalismus. Das System der freien Marktwirtschaft halten nur noch 59 Prozent der Amerikaner für die beste aller Wirtschaftsformen. 2002 waren es noch 80 Prozent.

Kommt es zu einer Renaissance der Staatswirtschaft?

Der Staat meldet sich zurück

Wieder brachte dieses ominöse Jahr 2008 den Wendepunkt. Plötzlich mussten im Westen Banken und Industrien gerettet werden, um den Kollaps ganzer Staaten zu vermeiden. Und von wem? – Vom Staat. Amerikas Regierung musste notgedrungen General Motors übernehmen, die deutsche Regierung stieg bei der Commerzbank ein, die britische bei der *Royal Bank of Scotland*, um nur ein paar Beispiele staatlicher Hilfeleistung zu nennen.

Bis dato war staatlicher Einfluss im Westen verpönt. Deregulierung, Liberalisierung, Privatisierung waren die Schlagworte der 90er und Nuller Jahre. Der schlanke Staat war das neue Ideal, das im Westen alle politischen Verantwortlichen postulierten – auch die sozialdemokratischen Parteien. Doch die wirtschaftlichen Akteure nutzten die Freiheit, die ihnen die Politik gewährte, exzessiv aus. Das Ergebnis ist bekannt: Eine globale Finanzkrise, die ihren Ursprung – und darauf sei nochmals in aller Deutlichkeit hingewiesen – im Westen hatte.

Das westliche Theoriegebilde kam ins Wanken. Zwei Erkenntnisse nahmen die meisten Regierenden – außer den Liberalen, die trotzig an ihrem *Laissez-Faire*-Modell festhalten – im Westen aus der Krise mit: Zu viel Freiheit ist wohl doch nicht das Richtige. Und der Staat ist doch nicht so schädlich für das Wirtschaften. Und so marschiert man derzeit wieder in die andere Richtung. Das britische Wirtschaftsblatt *The Economist* stellt fest: »Staatskapitalismus wird zunehmend zum kommenden Trend.« Auch der amerikanische Berater Ian Bremmer, Autor des Buches *The End oft the Free Market*, sieht den Staatskapitalismus auf dem Siegeszug.

Was ist Staatskapitalismus überhaupt? In ihm herrscht ein Staat, der lenkend in das Wirtschaftsgeschehen eingreift. Er betreibt aktive Industriepolitik, indem er wichtige zukunftsweisende Technologien massiv fördert. Er züchtet zum Beispiel nationale Champions, also starke Unternehmen, die den heimischen Markt beherrschen, aber aufgrund ihrer Größe auf den Weltmärkten mithalten können. Es gibt durchaus private Firmen, aber strategische Industrien wie zum Beispiel Banken, Energie, Telekom und Verkehr sind in Staatsbesitz. Außerdem gibt es enge Verbindungen zwischen der herrschenden politischen Klasse und den Firmenbossen.

China ist ein typisches staatskapitalistisches System. Angesichts der Erfolge des chinesischen staatskapitalistischen Modells fragen immer mehr Zweifler im Westen, ob denn die These vom staatsfreien Wirtschaften noch trägt. Können wir zusehen, wie der chinesische Staat Milliarden in neue Industrien wie Erneuerbare Energien und Elektromobilität steckt, wir aber marktwirtschaftlich sauber argumentieren, eine solche Einmischung des Staates gehöre sich nicht?

Wir haben die Wahl: Entweder wir laufen weiterhin mit dem erhobenen Zeigefinger moralisierend durch die Gegend und sterben in ideologischer Unschuld, oder wir versuchen, mit den Chinesen mitzuhalten, was eine stärkere Beteiligung des Staates in der Forschungs- und Wirtschaftspolitik bedeutet.

Immerhin gibt es im Westen eine neue Diskussion über Industriepolitik. Sie ist intensiver in Europa, das traditionell interventionistischer eingestellt ist als die USA. Dort steht das Wort *Industrial Policy* nach wie vor auf dem Index. Jeff Immelt, Chef des Konzerns General Electric, sagt: »Wenn du heutzutage in Washington das Wort Industriepolitik auch nur flüsterst, kannst du sicher sein, dass du innerhalb von 24 Stunden gesteinigt wirst.«

Die Amerikaner haben sich staatliche Abstinenz verordnet. Rob Atkinson, Chef von *The Information Technology & Innovation Foundation (ITIF)*, sagt: »Der Unterschied zwischen Amerika und seinen Wettbewerbern ist, dass sie alle mit ihren Regierungen zusammenarbeiten.« In den USA dagegen ist die Regierung und ihr Apparat inzwischen eher der Feind des Volkes – so denken zumindest die Republikaner. Je weniger Staat, desto besser fürs Land.

Vielleicht sollten die, die so denken, mal in den Geschichtsbüchern blättern und dort die Seiten über die Jahre 1957 und 1958 aufschlagen. Damals waren die USA auch in einer schwierigen Lage. Die Russen hatten im Oktober 1957 ihren Sputnik ins Weltall geschossen. Ganz Amerika war geschockt: Wie konnten uns die Sowjets abhängen?

Der damalige Präsidenten Dwight Eisenhower, ein moderater Republikaner, reagierte prompt. Er gründete im Februar 1958 die *Advanced Research Projects Agency (ARPA)*, eine beim Pentagon angesiedelte Behörde, die Forschungsprojekte zwischen Wirtschaft, Wissenschaft und dem Staat koordinieren sollte.

Erfolglos kann man deren Arbeit nicht nennen. Denn aus dem ARPA stammen solche Erfindungen wie die Computermaus, das GPS, die Tarnkappen-Technologie – und vor allem das Internet.

Genau diese – in den USA inzwischen vernachlässigte – Kooperation zwischen Staat und Wirtschaft ist die Basis des chinesischen Modells.

Gibt es ein chinesisches Modell?

Keine Frage: China ist wirtschaftlich außerordentlich erfolgreich. Rund 30 Jahre lang – seit dem Reformbeginn 1978 – erzielte das Land Wachstumsraten von jährlich zehn Prozent im Schnitt. Seit wenigen Jahren sind es »nur« noch sieben, acht Prozent Wachstum. Aber immerhin: Wer hätte nicht gern ein solches Wachstum?

Viele Staats- und Regierungschefs schauen deshalb neidisch und auch bewundernd auf diesen Erfolg und stellen sich dabei zwei Fragen: Wie haben die Chinesen das geschafft? Und kann ich das in unserem Land nachmachen?

Die große Frage hinter diesen Fragen ist: Gibt es ein chinesisches Modell? Die Antwort fällt sehr unterschiedlich aus. Interessanterweise glauben viele Beobachter im Westen an die Existenz eines solchen Modells, während viele chinesische Experten ein solches leugnen oder zumindest bezweifeln.

Schon bei der Namensgebung gibt es Differenzen. Die einen sprechen von *The Beijing Consensus*, die anderen schlicht vom *China Model* (Chinesisch: *zhongguo moshi*). Der Begriff *Beijing Consensus* geistert schon seit 2004 durch die Diskussion. Er wurde von dem Amerikaner Joshua Ramo kreiert, als Gegenmodell zu dem sogenannten Washington Consensus, unter dem das westlich-liberale Modell verstanden wird.

Die Diskussion über das China-Modell startete um 2008 mit dem Beginn der Finanzkrise. Einer der Protagonisten dieses Begriffes ist Pan Wei, Professor an der Beida, der 2009 ein Buch mit dem Titel *The China Model* herausgab. Seitdem mehren sich die selbstbewussten Stimmen in China. David Li, Ökonom und Berater der Zentralbank, ist eine davon. Er sagt: »Wir machen vielen Armen der Welt Mut.« Mit dem Aufstieg Chinas würde »ein alternatives Gesellschafts- und Wirtschaftsmodell« angeboten.

Die chinesische Regierung beteiligte sich bislang nicht an dieser Diskussion. Man fürchtet sich vor einem Aufleben der Diskussion im Ausland um eine chinesische Bedrohung. So sind jedenfalls die

Worte von Zheng Bijian, der einst den Begriff des *Peaceful Rising* prägte, zu interpretieren. Zheng sagte, China habe nicht die Absicht, einen ideologischen Krieg mit dem Westen zu führen. China wolle Computer exportieren, keine Ideologie oder gar Revolution.

Tatsächlich gibt es schon eine Diskussion im Ausland um das chinesische Modell, aber nicht mit so negativen Vorzeichen wie es Beijing fürchtet. Heinrich Kreft, Asien-Kenner im Auswärtigen Amt, sagt: »Es könnte sich [in China] in Konkurrenz zum Westen ein ordnungspolitisches Modell für andere Staaten entwickeln. Ohne Zweifel besitzt das chinesische Modell in einigen Entwicklungsländern eine gewisse Attraktion.«

Viele afrikanische Länder schauen zum Beispiel nach China, ob und was sie von dort lernen können. Aber nicht nur Entwicklungsländer, sondern auch für gewisse Regionalmächte wie Indonesien, Vietnam, Nigeria, Türkei, Saudi-Arabien, Pakistan, Venezuela, Brasilien, Südafrika, Ukraine und Ägypten scheinen Elemente des chinesischen Erfolgsmodells nachahmenswert zu sein.

Der britische Journalist Gideon Rachman sieht da bereits eine Achse der Autokraten entstehen. China und Russland seien wichtige Teile einer solchen Achse. Und auch der Iran gehöre dazu. Übrigens teilen China, Iran und Russland eine ähnliche Geschichte. Jedes Land war mal ein Imperium mit einer großen Kultur. Alle drei möchten zumindest annäherungsweise diesen Status zurückgewinnen. China hat es schon geschafft. Moskau und Teheran schielen neidisch auf Beijing, um dort was abgucken zu können.

Doch es gibt auch warnende Stimmen, die da sagen: Das chinesische Modell ist nicht so leicht zu übertragen. Viele Länder hätten nicht die bürokratische Qualität und Tradition Chinas. Das ist ein ganz wichtiges Argument. Welches Entwicklungs- oder Schwellenland hat schon eine so gut ausgebildete politische wie wirtschaftliche Elite wie China?

Und dann gibt es noch die Fraktion, die schlicht behauptet, das chinesische Modell sei überhaupt nicht kopierbar. Ihr Hauptargument: China sei mehr als ein Nationalstaat, China sei ein Kontinent, eine Zivilisation. Der britische Journalist und Wissenschaftler Martin Jacques war einer der Ersten, der in seinem Buch *When China Rules the World* China als Zivilisationsstaat bezeichnete. Diese Idee vom Zivilisationsstaat griff Zhang Weiwei, Professor für Internationale Beziehungen an der Fudan-Universität in Shanghai, auf. In seinem Bestseller *The China Wave – Rise of a Civilizational State* erklärt Zhang, der einst als Übersetzer für Deng Xiaoping und andere Führungspersönlichkeiten arbeitete, dass für ihn China kein gewöhnliches Land sei, sondern ein Land sui generis mit starken und kulturellen Traditionen. China kopiere kein anderes Modell, kann aber auch nicht einfach kopiert werden.

Dass die Welt viel zu wenig über diesen Zivilisationsstaat und seine Kultur weiß, passt Chinas Führung nicht. Deshalb geht sie in die – mediale – Offensive.

Globale Imagepflege – Chinas neue Soft Power

Der Times Square in Manhattan ist so etwas wie der Kral des amerikanischen Kapitalismus. In großen Buchstaben und Zahlen flimmern dort auf elektronischen Laufbändern die neuesten Börsenkurse der Nasdaq vorbei. Medienkonzerne und Investmentbanken haben dort ihren Sitz. Und alles, was in der globalen Konsumwelt Rang und Namen hat, zeigt dort auf riesigen Bildschirmen seine Werbespots.

Im Januar 2011 tauchten auf diesen Screens plötzlich Leute auf, die die meisten Amerikaner noch nie gesehen hatten. Yao Ming, den Ex-Basketballstar der NBA-Truppe *Houston Rockets*, erkannten noch einige, und vielleicht auch die Schauspielerin Zhang Ziyi oder den Pianisten Lang Lang. Aber wer waren die anderen 47 chinesischen Persönlichkeiten, die da täglich einen Monat lang über sechs Bildschirme am Times Square flimmerten? Wer ist Wang Jianzhou oder Yang Liwei? (Der eine ist Ex-Chef von China Mobile, der andere Chinas erster Astronaut).

Mit der millionenteuren Kampagne wollte Chinas Regierung den Amerikanern das moderne, sympathische Gesicht des Landes zeigen. Seht her: Chinas Köpfe sind nicht nur irgendwelche Politiker, sondern auch Sportler, Schauspieler, Künstler, Designer, Wissenschaftler und Manager. China hat mehr zu bieten als Mao Zedong, Deng Xiaoping und Hu Jintao.

Spätestens mit dieser Aktion am Times Square war klar: China hat die Vorteile von Soft Power entdeckt. Schöpfer dieses relativ neuen Machtbegriffs ist Joseph Nye. Der Harvard-Professor führte den Begriff schon 1990 in die politische Diskussion ein und konkretisierte ihn 2004 in seinem Buch *Soft Power*. Nach ihm gibt es drei Quellen von Macht: die militärische und die wirtschaftliche Macht sowie die Soft Power, die im deutschen meist mit weicher Macht übersetzt wird.

Die militärische Macht dominierte im vergangenen Jahrhundert, ebenso die wirtschaftliche Macht. Doch nun werde – so Nye – die weiche Macht immer wichtiger. Statt Raketen solle man mit Ideen andere Ländern »erobern«. Worte und Werte statt Waffen.

So um das Jahr 2005 wurden die Chinesen offensiv in Sachen Soft Power. Stellvertretend für den Bewusstseinswandel jener Zeit steht ein Zitat aus dem Parteiblatt *Peoples's Daily*, in der sich ein Leitartikler beschwerte: »Wir exportieren nur Fernsehgeräte, aber wir exportieren keine Inhalte für die Fernsehsendungen.«

Kurze Zeit später forderte Hu Jintao auf dem 17. Parteitag im Oktober 2007 in seiner berühmten Rede, dass China »die kulturelle Soft Power der Nation zu erhöhen« habe. Dahinter steht eine gehörige Portion Neid auf den Rivalen USA, den man teilweise wegen seiner Soft Power bewundert, dem man sich aber gleichzeitig als 5000-jährige Kulturnation hoch überlegen fühlt.

Den Chinesen passt nicht, dass die Amerikaner weltweit die Kinos, die Musik-Charts und die Medien (CNN!) dominieren, dass diese ihren Lieblingssport (NBA) exportieren und die Welt mit Big Macs und Latte macchiato von Starbucks überschwemmen und dass *The American Way of Life* zum globalen Lebensgefühl wird, während China im Westen nur mit billigen Produkten, schäbigen Restaurants und verfolgten Dissidenten assoziiert wird.

Dieses negative Bild will die chinesische Führung korrigieren und beruft sich dabei auf den alten Philosophen und Militärstrategen Sun Zi, der einst in *Die Kunst des Krieges* schrieb, dass es besser sei, die Köpfe der Feinde zu attackieren, als deren Städte zu belagern.

Wie beeinflusst man heutzutage Köpfe? Durch die Medien. Also startete China eine gigantische Medienoffensive. Geld spielte auch hier keine Rolle. Im Januar 2009 spendierte die Regierung 45 Milliarden Yuan für ein Projekt namens *Waixuangongzuo*, das man mit Übersee-Propaganda übersetzen kann.

Die wichtigste Rolle sollten dabei die staatlichen Medien spielen. Ihre Auslandsprogramme – vor allem in Englisch – wurden massiv ausgebaut. Es wurde mit der *Global Times* – neben der traditionellen *China Daily* – eine neue englischsprachige Tageszeitung gegründet, boulevardesk, vorwitzig und etwas nationalistisch angehaucht. Die dagegen biedere *China Daily* startete eine englische Wochenzeitung in Europa. Die Nachrichtenagentur Xinhua verbreitet ihre Nachrichten in immer mehr Sprachen, vielleicht bald auch in Deutsch. Xinhua – das übrigens sein US-Headquarter inzwischen direkt am New Yorker Times Square hat – will damit gegen das globale Nachrichtenmonopol der West-Agenturen von AFP, AP und Reuters ankämpfen.

Xinhua ist inzwischen auch unter die Fernsehsender gegangen und sendet seit Juli 2010 ein globales 24-Stunden-Programm in Englisch. Und auch der Staatssender CCTV verbreitet seine Bilder inzwischen auf Kanälen in Englisch sowie Spanisch, Französisch, Russisch und Arabisch. Auch im TV-Bereich sind die Gegner die West-Monopolisten von BBC und CNN, die eine globale Präsenz auf den Bildschirmen haben.

Die chinesischen Sender wollen deren Monopol vor allem in den Entwicklungsländern knacken. In Kenias Hauptstadt Nairobi zum Beispiel hat CCTV gerade ein großes Studio eingerichtet, das eigene Sendungen nur für den afrikanischen Kontinent produziert. Das ist das erste Regionalstudio von CCTV dieser Art. Weitere sollen folgen.

Begleitet wird die chinesische Medienoffensive seit Jahren von einem globalen Ausbau der Konfuzius-Institute. Über 400 in über 100 Ländern gibt es schon. Diese Einrichtungen sind von der grundsätzlichen Idee her mit dem deutschen Goethe-Institut, dem British Council oder dem spanischen Instituto Cervantes vergleichbar, auch wenn die Finanzierung eine andere ist. Der chinesische Staat gibt nur Zuschüsse, maximal 100 000 Dollar. Den Rest müssen die Partner im jeweiligen Land – in Deutschland sind es meist Universitäten – aufbringen. Sie zahlen zum Beispiel die Miete und das unterrichtende Personal.

Doch der gravierende Unterschied ist der Einfluss des Staates, der bei den Konfuzius-Instituten viel größer ist als bei den europäischen Kulturorganisationen. Die Aufsicht über die sich weltweit vermehrenden Konfuzius-Institute hat das *Staatsbüro des Führungsteams für die internationale Verbreitung der chinesischen Sprache.* Ein langer, umständlicher Titel, der meist entsprechend der chinesischen Schreibweise mit Hanban abgekürzt wird. Das Hanban ist direkt dem Bildungsministerium unterstellt.

Chefin des Hanban ist Liu Yandong, die ranghöchste Frau in der Nomenklatura der KP. Auch ihre Mitstreiter auf der Führungsebene sind allesamt hohe Funktionäre. Weil diese enge Verbindung zu Partei und Staat besteht, betrachten Kritiker wie der Geschäftsführer des Ostasien-Instituts der FH Ludwigshafen, Jörg-M. Rudolph, die Konfuzius-Institute als Trojanische Pferde, die die Gastländer unterwandern. Für diese These spricht, dass Hanban kürzlich verkündete, via der Institute eine »Neue Sinologie« zu verbreiten.

Bei allem Wirbel, der um die Konfuzius-Institute gemacht wird, stellt sich kaum jemand die Frage, ob diese überhaupt als ein Instrument der Soft Power betrachtet werden können? Michael Kahn-Ackermann, ehemaliger Leiter des Goethe-Instituts in Beijing, ist skeptisch: »Ich persönlich glaube nicht, dass die Verbreitung der eigenen Sprache ein besonders geeignetes Instrument der Soft Power ist.«

Aber was kann China – neben der Sprache – inhaltlich bieten? Der Westen bietet Werte wie Freiheit und Demokratie. Aber welche Werte will und kann China vermitteln?

Die Chinesen glauben, sie haben einen: den Gedanken der Harmonie. Ein schöner Wert, den man durchaus auch im Westen stärker pflegen sollte. Aber – so fragen sich viele im Westen – wie kann ein China, das Andersdenkende wegsperrt, unser Lehrmeister in Sachen Harmonie sei?

Das Urteil von Joseph Nye über Chinas Soft-Power-Bestrebungen fällt denn auch ziemlich ernüchternd und ambivalent aus. »China ist weit entfernt, mit der Soft Power Amerikas und Europas gleichzuziehen«, sagt der Vater des Gedankens, »aber es wäre unklug, die Erfolge, die China erzielt hat, zu ignorieren.«

Demokratische Systeme tun sich leichter beim Gebrauch von Soft Power. Aber davon ist China noch um einiges entfernt.

Warum China – vorerst – nicht demokratisch wird

Wenn ein Land wächst und wächst, entsteht irgendwann eine Mittelschicht. Und die will nicht nur konsumieren, sondern auch mitbestimmen, also politische Rechte und Freiheiten einfordern.

Soweit die Theorie. Als Erste wurde sie Ende der 50er Jahre von dem amerikanischen Soziologen Seymour Martin Lipset aufgestellt, für den es ganz klar einen Zusammenhang zwischen Wohlstand und Demokratie gibt. Er begründete damit die Modernisierungstheorie.

Wie misst man aber Wohlstand? Am besten und einfachsten durch das Pro-Kopf-Einkommen, sagen Seymour und seine Apologeten. Aber ab welchem Einkommen wird ein Land demokratisch? Darüber streiten die Wissenschaftler. Die Bandbreite der Ansichten reicht von 1000 bis 6000 Dollar.

Und ist es wirklich so einfach? Wird ab – sagen wir mal – 5000 Dollar Pro-Kopf-Einkommen ein Land demokratisch? Nein, so simpel funktioniert Politik und ein Systemwechsel nicht. »Die Beziehung zwischen ökonomischer Modernisierung und Demokratie ist kausal, aber nicht monokausal«, erklärt der Politologe Wolfang Merkel in seinem Standardwerk *Systemtransformation*. Will heißen: Es müssen noch andere Bedingungen hinzukommen. Zum Beispiel ein relativ hohes Bildungsniveau.

China hat nun beides – ein Pro-Kopf-Einkommen über 5000 Dollar und ein gutes Bildungssystem, von dem viele Chinesen profitieren. Aber China ist trotzdem noch nicht demokratisch und wird es in absehbarer Zeit auch nicht. Warum ist das so?

Weil auch Religion und Kultur eine wichtige Rolle dabei spielen, in welcher Form und Verfassung ein Staat organisiert ist. Auf diesen Zusammenhang hat schon Max Weber Anfang des 19. Jahrhunderts hingewiesen. Der amerikanische Politologe Samuel Huntington hat diese These Anfang der 90er Jahre nochmals aufgegriffen. Dabei ging er auch explizit auf China ein.

China ist unbestritten eine konfuzianische Gesellschaft. Der Konfuzianismus ist keine Religion, wie viele im Westen glauben. Er bietet – anders als das Christentum oder der Islam – keine Erklärungen und Versprechungen für das Jenseits an. Er ist fest im Diesseits verankert und predigt solche Werte wie Harmonie, Achtung gegenüber Autoritäten (insbesondere den Eltern) und permanentes Lernen. In konfuzianischen Gesellschaften steht deshalb die Gruppe über dem Individuum, die Autorität über der Freiheit, was demokratisches Denken und Strukturen nicht unbedingt fördert. Huntington kommt deshalb zu dem Schluss: »Eine konfuzianische Demokratie ist ein Widerspruch in sich.«

Harvard-Professor Francis Fukuyama widerspricht dem verstorbenen Harvard-Professor Huntington. Der Konfuzianismus sei relativ tolerant und egalitär. Außerdem betone er Bildung und Ausbildung. All dies seien demokratiefördernde Komponenten. China ist deshalb nicht immun gegen die Einführung einer Demokratie.

Die Frage ist nur, wann das passieren könnte. In nächster Zeit jedenfalls nicht.

Und da kommt ein dritter – ehemaliger – Harvard-Professor ins Spiel: Alexander Gerschenkron. Er sagt, die Mittelklasse profitiere von einem autoritären System. Ihm hat es seinen Aufstieg zu verdanken. Sie sind deshalb an der Stabilität des Systems interessiert. Die Kommunistische Partei weiß das und kooperiert deshalb mit der Mittelschicht. Sie betreibt eine geschickte Umarmungstaktik und geht eine Beziehung mit Entrepreneuren, Unternehmern und Intellektuellen ein. Viele Gruppen, die gegen das Regime sein könnten, macht sie zu ihren Alliierten – Intellektuelle, Studenten und die Mittelschicht.

So wollen 80 Prozent der Studenten – das ist eine offizielle Zahl – nach Abschluss ihres Studiums in die Partei eintreten. Sie machen das nicht, weil sie glühende Verfechter des Kommunismus sind, sondern weil sie sich bessere Karrierechancen versprechen – sei es in der Verwaltung oder in Staatsunternehmen.

Es ist ein Geschäft auf Gegenseitigkeit. Die Mittelklasse bekommt, was sie will, nämlich die Möglichkeit zum Aufstieg und zum Reichwerden. Im Gegenzug bekommt die herrschende Partei ebenfalls, was sie will – den Erhalt ihrer Macht. Die Mittelschicht wirkt deshalb eher systemstabilisierend denn systemgefährdend.

Ein Befund, der auch empirisch unterfüttert ist. Der amerikanische Professor Jie Chen hat in seinem Buch *Allies of the State: China's Private Entrepreneurs and Democratic Change* die Einstellung der chinesischen Mittelschicht zu einem möglichen Systemwechsel untersucht. Sein Fazit nach über 2000 Gesprächen: »Chinas Mittelschicht wird nicht als Befürworter einer Demokratisierung auftreten.«

Sie wird nicht die revolutionäre Rolle der Bourgeoisie, die diese im Europa des 18. und 19. Jahrhunderts spielte, übernehmen. Richard McGregor: »Sie hat viel zu verlieren.« Nur mal angenommen, es gäbe klassische Wahlen nach westlichem Muster *One Man – One Vote*. Wenn man die aktuelle chinesische Mittelschicht auf

200 bis 300 Millionen taxiert, wäre sie bei einer Wahl ganz klar in der Minderheit. Die Bauern hätten mehrheitlich das Sagen. Und die wollen sicher eine ganz andere Politik als die städtische Mittelschicht, nämlich eine Umverteilung zu ihren Gunsten, was angesichts der Benachteiligung in den vergangenen Jahrzehnten durchaus verständlich ist. Die Leidtragende einer solchen Politik wäre die städtische Mittelschicht. Also kann diese in der – ich betone – jetzigen Phase der Entwicklung Chinas kein Interesse an einer demokratisch herbeigeführten Machtübernahme des Landvolkes haben.

Einen schnellen Übergang zur Demokratie wird es in China also nicht geben, aber immerhin langsame Schritte zu Reformen.

Der schleichende Reformprozess

Spätestens um 7.30 Uhr müssen alle wach sein, denn dann rücken schon die Putzfrauen an, um die Zimmer zu säubern. Dann geht es zum Frühstück, allerdings in zwei verschiedene Kantinen: In der einen speisen die hochrangigen Funktionäre, in der anderen junge, viel versprechende Talente, die im Schnitt um die 40 Jahre alt sind.

Die beiden Gruppen haben auch getrennten Unterricht. Von Montag bis Donnerstag wird morgens gelehrt, mittags gelernt und diskutiert. Freitags kommen alle zusammen. Dann hält ein Top-Funktionär (mindestens Vize-Minister-Ebene) einen Vortrag zu einem nationalen oder internationalen Thema. – Alltag an der Parteihochschule, der bedeutendsten Kaderschmiede des Landes. Jedes Jahr werden hier in mehrwöchigen Kursen rund 2000 Parteifunktionäre geschult.

Wer allerdings glaubt, die gut bewachte und im Nordwesten Beijings abgeschottete Parteihochschule sei eine indoktrinierende Propagandalehranstalt, täuscht sich. Joshua Eisenman vom *American Foreign Policy Council* sagt:»Im Gegensatz zu anderen Hochschulen in China hat Offenheit in der Parteihochschule Tradition.« Schon seit den späten 70er Jahren könne man dort ungestraft diskutieren.

Es gibt auch keine Berührungsängste mit westlichen Andersdenkenden. Wissenschaftler und Politiker aus dem Westen waren schon da. Henry Kissinger und UN-Generalsekretär Ban Ki-moon zum Beispiel, aber auch Helmut Schmidt. Er weiß deshalb aus eigener Erfahrung: »Heute können sie an der Parteihochschule über fast jedes Thema der Welt debattieren.«

Viele im Westen haben ein antiquiertes und damit ein zumindest schiefes China-Bild. China ist nicht die Sowjetunion und der Ostblock, dessen Bevölkerung hinter dem Eisernen Vorhang eingesperrt und gnadenlos unterdrückt war. Wer sich in China mit dem Regime arrangiert, indem er politisch nicht aufmuckt und seine Kritik am System lediglich im privaten Raum äußert, hat inzwischen gewisse Freiheiten, die er in den Jahren zuvor nie genossen hat. Wer nicht zum Millionenheer der Wanderarbeiter gehört, denen weiterhin durch das unsägliche Registrierungssystem *hukou* viele Grundrechte vorenthalten werden, der kann ein Leben in relativer Freiheit genießen.

Diese angepasste Mehrheit kann ins Ausland reisen und macht davon auch reichlich Gebrauch. 2012 waren knapp 80 Millionen Chinesen auf Reisen jenseits der Grenzen unterwegs. Und jedes Jahr werden es mehr, weil sich immer mehr Chinesen eine Auslandsreise leisten können. Bevorzugte Region ist Südostasien, aber auch in Europa sind schon viele Reisegruppen und zunehmend auch Individualtouristen unterwegs.

Sie werden nicht mehr permanent bespitzelt. Denn das berühmtberüchtigte Danwei-System ist tot. Jenes Überwachungssystem, das es in jedem Dorf, in jeder Wohneinheit und Arbeitsstelle gab, wo jeder über jeden fast alles wusste und jeder jeden denunzieren konnte.

Sie können in den Medien zunehmend auch kritische Artikel finden. Zum Beispiel berichten das Magazin *Caixin* oder die Tageszeitung *Southern Metropolis Daily* aus Guangzhou kritisch über Missstände und Skandale im Riesenreich, auch wenn letztere im Januar 2013 zensiert wurde, aber letztendlich den Machtkampf gegen die Partei gewann. Ein Umstand, der im Westen gerne verschwiegen oder zumindest ignoriert wird. »Unsere Medien sagen uns nicht, dass es in China heute mehr Pressefreiheit gibt als vor zwanzig Jahren«, schreibt die italienische Journalistin Loretta Napoleoni in ihrem Buch *China – der bessere Kapitalismus*.

Sie können vor Gerichte gehen. Denn auch das Rechtssystem hat sich verändert. Cheng Li von *Brookings* berichtet von »Jahrzehnten der langsamen, aber stetigen Verbesserungen im Rechtssystem«. In der Wirtschaftswelt ist es durchaus üblich, dass man in einem Streitfall vor Gericht geht. Inzwischen gibt es mehr als 170 000 Anwälte, 13 000 Kanzleien und immer mehr Gerichte und Richter, die eine zunehmende Professionalität aufweisen. Und angesichts der steigenden Zahl von Juristen in der politischen Elite nimmt auch das Verständnis für Rechtsthemen zu. Die beiden Neuen an der Führungsspitze – Li Keqiang und Xi Jinping – haben zum Beispiel unter anderem Jura studiert.

Bei all diesen beschriebenen Fortschritten muss jedoch deutlich gesagt werden: Freier bedeutet nicht frei. China ist nach wie vor keine Demokratie, kein Rechtsstaat im westlichen Sinne. Es gibt keine Gewaltenteilung zwischen Exekutive, Legislative und Judikative. Und es wird auch keine unabhängige Justiz geben, solange diese Partei regiert, die allein das letzte Sagen hat und haben will.

Es gibt nach wie vor Tabuthemen. Die drei meist genannten fangen alle mit dem Buchstaben T an: Taiwan, Tibet und Tiananmen. Über die Unabhängigkeit Taiwans oder Tibets zu reden ist lebensgefährlich. Ebenso über das Massaker auf dem Platz des Himmlischen Friedens, das im offiziellen Sprachgebrauch nicht Massaker heißt, sondern nur der »Zwischenfall vom 4. Juni«.

Völlig tabu ist die Kritik an der Partei und am System. Wer diese Tabuzone überschreitet, muss mit überharten Strafen rechnen. Er wird wie der in Beijing lebende Künstler Ai Weiwei immer mal wieder mit Hausarrest belegt und diversen Verfahren traktiert, oder im schlimmsten Falle jahrelang eingelocht wie der Friedensnobelpreisträger von 2010, der Menschenrechtsaktivist Liu Xiaobo. Manche entkommen einem solchen Schicksal durch eine Flucht ins Exil, wie zum Beispiel der blinde Anwalt Chen Guangcheng, der nach massivem Druck der amerikanischen Regierung im Mai 2012 in die USA ausreisen durfte, oder der Schriftsteller Liao Yiwu, der seit 2011 in Berlin lebt und 2012 den Friedenspreis des Deutschen Buchhandels erhielt. Das sind nur die Berühmtesten in einer langen Liste unbekannter Dissidenten.

Das ist paradox: Chinas Führung will keine Systemdebatte und führt sie doch selbst. So hat in den letzten Monaten vor dem Ende seiner Amtszeit Premierminister Wen Jiabao auffallend oft – auch in einem CNN-Interview – über politische Reformen geredet, auch wenn es sehr vage blieb, was er damit meinte. Zwischendurch bekam er Unterstützung vom Organ der Parteischule *Qiushi (Wahrheit)*, das einen Artikel mit der Überschrift »Politische Reformen ist das, was die Leute wollen« veröffentlichte. Wenig später stand im selben Medium ein Artikel, der dem widersprach und gegen die westliche Dollar-Demokratie wetterte.

Es findet also offenbar auf höchster Ebene eine Diskussion über politische Reformen statt. Doch es ist völlig unklar, wer dabei welche Positionen vertritt, wie groß die Bataillone der Kontrahenten sind und wer was unter politischen Reformen überhaupt versteht.

So lässt sich auch nur grob spekulieren, in welche Richtung sich China entwickeln wird. Ein Großteil der Zhongnanhai-Astrologen geht davon aus, dass sich das autoritäre System Chinas weiter modernisieren, aber nicht (im westlichen Sinne) demokratisieren wird.

Das Vorbild ist Singapur, jener Stadtstaat in Südostasien, der von einer Technokraten-Riege regiert wird, dessen Einwohner mit das höchste Pro-Kopf-Einkommen der Welt haben und die alle vier Jahre eine Partei, die dauerregierende *PAP (People's Action Party)*, wählen dürfen und dabei nicht den unglücklichsten Eindruck machen.

»Stellen Sie sich China als ein gewaltiges technokratisches Singapur vor«, sagt der britische Historiker Niall Ferguson.

Kapitel Sieben *Außenpolitik*
Aufrüster gegen Abrüster

> »Ost- und Südostasien sind
> die anfälligsten Regionen für
> internationale Konflikte in
> einer post-amerikanischen Welt.«
>
> Zbigniew Brzezinski,
> ehemaliger US-Sicherheitsberater

Asien und der Pazifik sind das neue Zentrum der Weltpolitik. Hier treffen der Titelverteidiger USA und der Herausforderer China direkt aufeinander, wobei sich China gar nicht als solcher sieht. Lange Zeit führte China eine zurückhaltende Außenpolitik. *Peaceful Rising* war die offizielle Doktrin, wobei einigen in der Beijinger Führung selbst dieser Ausdruck zu aggressiv war. Deshalb ersetzte man das *Peaceful Rising* durch *Peaceful Development*.

Diese Schlagworte wurden flankiert von beruhigenden Statements führender Politiker. »China wird nie Hegemonie oder eine militärische Expansion anstreben«, sagte zum Beispiel Verteidigungsminister Liang Guanglie in Juni 2011 in Singapur. Und Ex-Premier Wen Jiabao legte sich gar vor den Vereinten Nationen in New York im September 2010 fest: »Wir besetzen weder ein Quadratzentimeter irgendeines Landes, noch protzen wir mit unserer militärischen Macht.«

Doch die außenpolitischen Taten Chinas der vergangenen zwei Jahre sind nicht wirklich mit ›friedlicher Entwicklung‹ zu beschreiben. China ist aggressiver geworden, selbstbewusster und – manche sagen auch – arroganter. Auszumachen ist dies an dem Auftreten der Chinesen im Südchinesischen Meer, wo sie knallhart ihre

Interessen verteidigen. Ebenso im Ostchinesischen Meer, wo sie sich mit Japan um eine unbewohnte felsige Inselgruppe streiten.

Und China rüstet auf, was – historisch gesehen – durchaus legitim ist. Wer wirtschaftlich stark ist, will auch politisch und militärisch stark sein. Warum soll da China eine Ausnahme von dieser Regel machen?

Das Problem ist nur, dass Chinas Aufrüstung just in dem Moment stattfindet, in dem sich die Landschaft in Asien gravierend verändert.

Es geht um die Vorherrschaft in Asien. Zwei neue Großmächte – China und Indien – treten an, eine alte – Japan – will auch noch mitmischen.

Was übrigens ein Novum ist: Niemals in der Geschichte waren die drei großen Mächte Asiens – China, Indien und Japan – gleichzeitig stark. Und dann sind neben diesen drei asiatischen Mächte noch die Amerikaner, die sich nach ihren militärischen Abenteuern im Nahen Osten wieder verstärkt als pazifische Macht begreifen, ihre Streitkräfte neu sortieren und einen Teil ihrer Marine in den Pazifik abkommandieren.

All diese Länder haben Probleme miteinander. Indien und China haben seit 50 Jahren ungelöste Grenzprobleme, die Feindschaft zwischen Japan und China ist noch älter und tiefer. Und China und die USA misstrauen einander – trotz aller bilateralen Dialogforen – und kämpfen um die globale Vormachtstellung.

Alle vier haben jeweils eine andere Agenda: China will eine multipolare Welt, aber ein unipolares Asien. Indien und Japan wollen auch eine multipolare Welt, aber auch ein multipolares Asien. Nimmt man die USA hinzu, wird das Interessengeflecht noch komplizierter: Die USA wollen eine unipolare Welt, aber ein multipolares Asien.

Es gibt also genug Konfliktstoff in der Region. Deshalb rüsten alle Staaten Asiens – nicht nur China – auf. Inzwischen geben sie – so errechnete das Stockholm International Peace Research Institute (SIPRI) – mehr für Waffen aus als die Europäer. »Wir können uns das leisten«, sagt Indonesiens Präsident Susilo Bambang Yudhoyono. Den Staaten der Region geht es wirtschaftlich gut, also können sie es sich leisten, immer mehr Geld in die Anschaffung von Kriegsmaterial zu stecken. Gerade die südostasiatischen Länder sind in Sorge, dass sie in einen Konflikt zwischen China und den USA hineingezogen werden.

Was die Situation zudem so gefährlich macht, ist die Tatsache, dass es in Asien keine transnationale und regionale Sicherheitsstruktur gibt, die mäßigend und vermittelnd wirken könnte. Es gibt kein asiatisches Pendant zu einer Konferenz über Sicherheit und Zusammenarbeit in Europa (KSZE), bei der man zu Zeiten des Kalten Krieges in Europa immerhin miteinander redete.

In Asien dagegen wird mit gespaltener Zunge geredet. Die Chinesen verkaufen sich als nicht-aggressiver Nicht-Hegemon, während sie gleichzeitig Waffen entwickeln, um die USA aus dem westlichen Pazifik fernzuhalten. Die Amerikaner hingegen umzingeln China von Japan über Südost-Asien nach Indien mit einer Allianz von Alliierten und Freunden, während sie treuherzig verkünden, das sei keine Umzingelung und auch nicht gegen China gerichtet.

Diese Politik des gegenseitigen Misstrauens erzeugt in der Region ein gefährliches Klima. Ein Klima, in dem kleine Anlässe große Folgen haben könnten.

Ende des Versteckspiels – Chinas neue Außenpolitik

Lange Zeit prägte ein Spruch von Deng Xiaoping Chinas Außenpolitik. Anfang der 90er Jahre hatte er gesagt: »Haltet unsere Stärken verborgen. Versteckt unsere Schwächen. Beansprucht niemals die Führungsrolle.« Entsprechend dieser Doktrin machte China eine eher unauffällige zurückhaltende Außenpolitik. Bloß nicht anecken, lieber in Ruhe stark und mächtig werden.

Ganz in diesem Sinne kreierte Zheng Bijian, der frühere Leiter der Zentralen Parteihochschule in Beijing, im Jahr 2004 den Begriff *Peaceful Rising* bzw. *Development*. Nach wie vor gibt es Vertreter dieser Leisetreter-Position, zum Beispiel Ex-Außenminister Tang Jiaxuan oder General Xiong Guangkai, der ehemalige stellvertretende Stabschef der *People's Liberation Army (PLA)*. Die Position dieser Herren und eines Großteils der derzeitigen Führung ist: China ist immer noch ein Entwicklungsland. Es muss erst einmal die vielen Probleme im eigenen Lande lösen, bevor es den starken Mann in der Weltpolitik spielen kann.

Doch viele chinesische Analysten und Politiker halten diese Politik jetzt – wo man wirtschaftlich stark ist – für nicht mehr zeitgemäß. Sie fordern ein Ende der passiven Rolle Chinas. Das Land müsse raus aus der Zuschauerrolle. China solle mitspielen und selbst Akteur sein.

Vorreiter dieses selbstbewussteren Auftretens war Liu Mingfu, Professor an der Nationalen Verteidigungsuniversität der Volksbefreiungsarmee. Er hat im Frühjahr 2010 ein Buch veröffentlicht mit dem Titel *Chinas Traum*. Darin schreibt er: »Es ist Chinas großes Ziel im 21. Jahrhundert, die Nummer eins in der Welt zu werden, die stärkste Macht.« Liu und seine Thesen sind durchaus umstritten. Sie dürften – nach allem, was man weiß – nicht mehrheitsfähig sein, aber sie spiegeln eine Sehnsucht in weiten Kreisen der Bevölkerung und Intellektuellen wider.

Yan Xuetong, einflussreicher Vordenker an der Qinghua-Universität, gehört zum Beispiel zu diesen Wir-sind-wieder-wer-Gläubigen: »Wenn China seinen historischen Status als große Weltmacht wieder zurückgewinnen will, muss es auch als große Weltmacht handeln.« Oder Verteidigungsexperte Yang Yi: »Es ist für China nicht länger möglich, sich derart profiliert zu zeigen.«

Seit 2009 denkt auch Chinas Führung über eine aktivere Außenpolitik nach. Dengs Konzept wurde neu interpretiert. China spielt inzwischen eine gewichtigere Rolle auf der internationalen Bühne, bei den G20, beim IWF, in den Vereinten Nationen und bei deren Friedenstruppen. China hat eine maßgebliche Rolle inne bei den Sechs-Parteien-Gesprächen über Nordkorea. Und China baut Beziehungen zu Regionen auf, die vom Westen eher links liegen gelassen wurden, vor allem zu afrikanischen und lateinamerikanischen Staaten.

Chen Xiangyang vom *China Institutes of Contemporary International Relations* sagt zu Recht: »Angesichts der zunehmenden Macht Chinas brauchen wir mehr Freunde. Sonst laufen wir Gefahr, isoliert zu werden.« Viele Freunde hat China bislang wirklich nicht. Russland ist sicher der engste, auch wenn es nie zu einer engen Partnerschaft reichen wird. Die Syrien-Krise, in der die beiden Seite an Seite gegen den interventionswilligen Westen standen, hat die beiden einander immerhin etwas näher gebracht.

Bei aller Freundschaft verfolgt China bislang nach wie vor eine Politik der Bündnisfreiheit. Doch auch hier kommt Bewegung in die Diskussion. Yan Xuetong fordert: »China muss sein Dogma der Blockfreiheit aufgeben und es durch ein Netz von Militär-Bündnissen ersetzen.«

Entscheidend wird nicht nur bei dieser Frage sein, wer sich in der chinesischen Außenpolitik durchsetzt. Denn es ist nicht so klar, wer diese eigentlich bestimmt. Natürlich das Außenministerium, würden viele sagen. Doch so einfach ist die chinesische Welt nicht. Viele Akteure reden in der Außenpolitik mit. »Es herrscht eine Kakophonie der Stimmen«, schreiben Linda Jakobson und Dean Knox in ihrer Analyse der *New Foreign Policy Actors in China*.

Das Außenministerium sei nur einer der Akteure, und nicht mal der entscheidende. Das macht die chinesische Außenpolitik nicht gerade berechenbarer. Die Macht des Außenministeriums hat in den vergangenen Jahren eher abgenommen. »Sie machen keine Politik, sie implementieren sie«, schreiben Jakobson und Knox. An Bedeutung gewonnen haben dagegen neue Akteure wie die Rohstoffkonzerne, lokale Regierungen, Finanzinstitutionen, Thinktanks, die Medien und Netizens, also die Internetgemeinde.

Und dann gibt es noch einen alten Akteur: das Militär. Es mischt sich zunehmend in die Außenpolitik ein und spielt dabei einen aggressiveren Part als das konziliantere Außenministerium.

Ein Flugzeugträger als Hoffnungsträger

Viele Chinesen konnten die Jungfernfahrt kaum erwarten. Mit Teleskopen und Kameras ausgerüstet pilgerten sie nach Dalian. Die besten Schauplätze gab es von den Hochhäusern der Hafenstadt im Nordosten Chinas. Als Geheimtipp der Voyeure sprachen sich schnell die Notausgänge auf der dritten Etage eines Ikea-Möbelhauses herum. Das Objekt all der Begierden war Chinas erster Flugzeugträger, der im Hafen von Dalian (um-)gebaut wurde.

Dann, am 10. August 2011, war es endlich so weit. Dreimal tutete das Horn beim Auslaufen aus dem Hafen von Dalian. Fünf Tage blieb die Shi Lang auf Jungfernfahrt, dann kam sie zurück nach Dalian, begleitet von einem Feuerwerk.

Die Nation jubelte. Endlich ein Flugzeugträger! Solche Giganten der Meere haben nur wenige Nationen, die Amerikaner (allerdings gleich elf Stück), die Russen, Briten, Franzosen, Brasilianer, Inder und Thais. China war das einzige Mitglied des UN-Sicherheitsrates, das kein solches maritimes Prestigeprojekt besaß. Da war es aus chinesischer Sicht nur recht und billig, auch in den Kreis der stolzen Flugzeugträger-Besitzer vorzustoßen.

Die Shi Lang (übrigens nach einem Admiral benannt, der im 17. Jahrhundert eine Flotte von 300 Kriegsschiffen und 20 000 Mann Besatzung zur Eroberung Taiwans befehligte) ist ein Symbol für die zunehmende militärische Stärke der Volksrepublik.

Nur ein Symbol? Der Westen ist in seiner Einschätzung gespalten.

Für diejenigen, die China schon immer als Bedrohung betrachteten, ist die Shi Lang ein weiteres Beweismittel für das aggressive Auftreten der Chinesen. Die anderen spielen das Ereignis herunter: Das sei nur ein Papiertiger, der nicht mal den Namen Flugzeugträger verdient. Der später auf *Liaoning* – eine Provinz im Nordosten Chinas – getaufte Koloss halte keinen Vergleich mit den elf amerikanischen Flugzeugträgern stand. Läppische 65 000 Tonnen gegen 100 000 Tonnen der amerikanischen Nimitz-Klasse. Außerdem brauche ein Flugzeugträger eine Flotte von Begleitbooten – Fregatten, Zerstörer, U-Boote. Und sie müssen erst mal Piloten trainieren, damit diese von einem Flugzeugträger starten können. Das werde Jahre dauern, dachten westliche Beobachter. Weit gefehlt: Schon im November 2012 probten chinesische Piloten mit dem Kampfflugzeug J-15 erste Starts und Landungen auf Liaoning.

Diskutiert wird offenbar auch, den Carrier mit unbemannten Drohnen zu bestücken. Aus dem Flugzeugträger soll ein Drohnen-Carrier werden. Das ist eine sehr spekulative Geschichte, die der amerikanische Leutnant Commander Wilson VornDick in einer Ausgabe des *China Brief* ventiliert hat. »Das könnte durchaus eine revolutionäre Option für China sein«, schreibt der Marine-Offizier. Er kann sich ein »Schwarm-Szenario« vorstellen, wo mehrere Drohnen gleichzeitig von dem chinesischen Flugzeugträger ausschwärmen.

Interessant ist, dass in Chinas Militärkreisen der Sinn und Unsinn von Flugzeugträgern durchaus auch kontrovers diskutiert wird. Ist das nicht eine Waffe von gestern?, fragen sich manche Militärs. Sei es nicht besser, in Waffen von morgen zu investieren? Und das seien nun mal Drohnen, von denen China derzeit mehrere Modelle entwickelt. Könnte da ein Drohnen-Carrier nicht eine Kompromisslösung sein?

Sicher ist: Die Chinesen wollen weitere Flugzeugträger bauen, sind aber realistisch: »Um eine Carrier-Gruppe zu bilden, brauchen wir mindestens zehn Jahre«, sagte der pensionierte Konteradmiral Yin Zhuo.

Die maritime Aufrüstung Chinas, die sich symbolhaft in dem neuen Flugzeugträger dokumentiert, ist eine logische Folge der wirtschaftlichen Stärke des Landes. Starke Handelsnationen (und China ist inzwischen hinter den USA die zweitgrößte der Welt) waren auch immer starke Seemächte. Denn es galt und gilt die Handelsschiffe und deren Routen über die Weltmeere zu schützen.

Mit zunehmender wirtschaftlicher Stärke begann China deshalb seine Marine auszubauen. Das Land will und muss vor allem sicherstellen, dass seine Containerschiffe und Öltanker sicher chinesische Häfen anlaufen und die Straße von Malakka unbehelligt passieren können. Jene Meerenge zwischen Malaysia und dem indonesischen Sumatra gilt als die am stärksten frequentierte Schifffahrtsstraße der Welt. Und China hat panische Angst, dass sie von einem ihrer Feinde – und da denken sie in erster Linie an Amerika – dicht gemacht werden könnte, was verheerende Folgen hätte. Ein PLA-Offizier sagt: »Wenn die Malakka-Straße auch nur einen Tag geschlossen würde, würde die Unterbrechung in der Ölversorgung soziale Unruhen in China auslösen.«

Lange Zeit war die Volksbefreiungsarmee eine Landmacht mit einem starken Heer, das über zwei Millionen Soldaten unter Waffe hatte (derzeit sind es 1,2 Millionen). China, das Grenzen mit 14 Ländern hat, musste sich fast über seine ganze Geschichte hindurch über Land verteidigen. Die Feinde waren im Norden (früher die Mongolen, dann die Sowjets), im Westen (Indien) und im Süden (Vietnam). Die offene Flanke war der Osten, das Meer.

Doch seit einigen Jahren verfolgt China eine Mahan'sche Politik, benannt nach Alfred Thayer Mahan. Er war ein amerikanischer Marineoffizier und Historiker. In seinem Standardwerk *The Influence of Sea Power upon History 1660–1783* schrieb Mahan, dass nur, wer eine starke Seemacht sei, auch eine starke Nation sein könne.

In Liu Huaqing, dem Gründervater der modernen chinesischen Marine, hatte er einen treuen Anhänger. Liu wird als der »Mahan Chinas« bezeichnet, der unbedingt noch das Auslaufen von Chinas erstem Flugzeugträger erleben wollte, aber wenige Monate vorher im Januar 2011 starb.

Immerhin hat Liu dafür gesorgt, dass die Interessen der Marine gebührend berücksichtig werden. Inzwischen gibt es im chinesischen Militär eine starke maritime Fraktion. Ihr ist es zu verdanken, dass Chinas Marine heute »die größte Flotte an Kampfschiffen, U-Booten und Amphibienfahrzeugen in Asien hat«, heißt es in dem jährlichen Bericht an den US Congress *Military and Security Developments Involving the People's Republik of China.*

Besonders die chinesische Südmeerflotte wurde kräftig aufgestockt. Sie ist die schlagkräftigste der drei Flottenverbände (die beiden anderen sind die Ost- und Nordmeerflotte). Sie operiert von der Yulin Base aus, die nahe Sanya auf der Insel Hainan liegt. Nach Angaben des japanischen Weißbuches soll sie rund 1090 Schiffe, darunter 60 U-Boote, umfassen.

Mit so einer umfangreichen Flotte lassen sich weitreichende Ziele verfolgen. So legte Chinas Marine einen flotten Strategiewechsel hin. »Unsere Marine-Strategie ändert sich nun, wir wechseln von einer Küstenverteidigung zu einer *Far Sea Defense*«, sagt Konteradmiral Zhang Huachen, stellvertretender Kommandeur der Ostmeerflotte.

Chinas Kriegsschiffe werden in Zukunft öfters fern der heimischen Küste operieren. Derzeit agieren sie bereits im Golf von Aden, allerdings bei der Piratenbekämpfung. Und das offenbar sehr erfolgreich und kooperativ, sagen die anderen Nationen, die mit ihnen vor Somalia kooperieren. Für die chinesische Marine ist das Engagement eine wichtige neue Erfahrung. Sie lernen so, wie sie fern der Heimat agieren können.

Sie trauen sich immer mehr und wagen sich immer weiter voran. Im Sommer 2012 wurden chinesische Zerstörer und Fregatten im Suezkanal gesichtet. Sie waren auf dem Weg ins Schwarze Meer, um dort die Ukraine, Rumänien und Bulgarien zu besuchen, nachdem chinesische Boote schon früher in Griechenland und Ägypten waren. Die Parteizeitung *People's Daily* kommentiert begleitend: »China betrachtet das Mittelmeer als ein Gebiet, in dem seine Marine präsent sein will.«

Aber nicht nur Chinas Marine rüstet auf, sondern auch die Luftwaffe.

Auf dem Weg zur Waffengleichheit

So kann man sich täuschen. Nein, so schnell können die Chinesen kein Kampfflugzeug der sogenannten fünften Generation bauen, dachten und sagten die amerikanischen Militärstrategen. Da hätten sie mit ihrer F-22 einen großen Vorsprung, der so leicht nicht einzuholen sei. Der frühere US-Verteidigungsminister Robert Gates verstieg sich noch 2010 zu der Aussage, dass China nicht vor 2020 ein Flugzeug der fünften Generation in der Luft haben werde.

Kurze Zeit später flog ihm ein solches fast um die Ohren. Die J-20 setzte nämlich gerade zum Jungfernflug an, als er zu einem Besuch in China weilte. Eine geschickte Choreographie. Inzwischen hat die J-20 über 60 Testflüge hinter sich, ein zweiter von insgesamt vier J-20-Prototypen ist auch schon in der Luft.

Interessant ist, dass sich China den Luxus leistet, gleich zwei solch weniger und schwer zu ortender Kampfjets parallel zu entwickeln. Während die J-20 bei der Chengdu Aircraft Corporation unter dem Stardesigner Yang Wei entwickelt wird, wird bei der Shenyang Aircraft Corporation am Bau eines ähnlichen Kampfflugzeugs, der J-31, gearbeitet. Außerdem hat China das Transportflugzeug Y-20 Ende Januar 2013 erfolgreich in einem Jungfernflug getestet.

Die Beispiele der J-20, J-31 und Y-20 zeigen: Chinas Militär ist viel weiter, als viele im Westen denken. Die technologische wie zeitliche Lücke zwischen den USA und China wird immer kleiner.

Zwar macht China in Zweckpessimismus. So sagte Generalstabschef Chen Bingde bei einem Besuch in Washington, dass immer noch »eine 20-Jahres-Lücke« zwischen Chinas Militärgerät und dem westlicher Staaten bestünde. Das *US Naval War College* aber stellte eine eigene Zeitrechnung an und kam dabei zu folgendem Ergebnis: Betrug der Vorsprung der Amerikaner bei der vierten Generation der Kampfflugzeuge noch 26 Jahre, waren es bei der fünften nur noch 21 Jahre, bei Atom-U-Booten 16 Jahre und jetzt bei den sogenannten *Spaceplanes*, eine Mischung aus Flugzeug und Raumschiff, gerade mal noch ein Jahr.

Besonders aktiv ist China bei der Entwicklung neuer Raketen. Derzeit entwickeln die Militärs eine interkontinentale Antiraketenrakete, die den Amerikanern große Sorgen bereitet. Ihr Name: Dongfeng-41 oder DF-41. Sie hat mehrere nukleare Sprengköpfe. Experten gehen davon aus, dass diese Rakete maximal zehn Sprengköpfe führen kann. »Es würden also 32 solcher Raketen ausreichen, um alle amerikanischen Städte mit mehr als 50 000 Einwohnern zu treffen«, hat Phillip Karber von der *Georgetown University* ausgerechnet.

Die Zeitung *PLA Daily* bestätigte Berichte über Tests der DF-41, die eine Reichweite von 14 000 Kilometer haben soll. Einige Brigaden der Zweiten Artillerie haben im Sommer 2012 bereits zahlreiche Tests mit der DF-41 gemacht. Nach Einschätzung amerikanischer Experten sei die DF-41 viel mobiler als erwartet. Das heißt: Man kann sie nahezu überall verstecken und so vor einem Angriff schützen.

Chinas gelungene Aufholjagd bei militärischem Gerät hat mehrere Gründe. Zum einen hat sich Chinas Rüstungsindustrie seit Ende der 90er Jahre enorm verbessert. Seitdem gibt es – eine staatlich verordnete – Zusammenarbeit von militärischer und ziviler Industrie. Gemeinsam stellen sie inzwischen sogenannte *Dual-Use*-Produkte her, die sowohl zivil als auch militärisch benutzt werden können. Vor allem der Schiffbau und der Elektroniksektor profitierten von dieser Kooperation.

Zum anderen haben die Chinesen in den vergangenen Jahren sehr viel von den Russen gelernt, die nach wie vor Chinas größter Waffenlieferant sind. Doch die Rollen wurden inzwischen vertauscht: »Wir waren der Senior Partner in dieser Beziehung, nun sind wir der Junior Partner«, sagt der russische Militärexperte Ruslan Pukhov gegenüber dem *Wall Street Journal*. Er will damit sagen: Früher kopierten die Chinesen die Russen. Heute dagegen ist die chinesische Kopie besser als das russische Original.

Und – so paradox das klingen mag – auch das westliche Waffenembargo, das nach dem Tiananmen-Massaker 1989 verhängt und bis heute nicht aufgehoben wurde, hat den Chinesen auf die Sprünge geholfen. Der pensionierte General Xu Guangyu sagt: »Unser militärischer Forschungsstand wäre nicht so hoch, wenn wir nicht das Waffenembargo gehabt hätten.« Und dann wird er noch ironisch: »Wir sollten der EU und den USA Danke sagen.«

Chinas offizielle und geschätzte Militärausgaben

Jahr	Offizielle chines. Angaben (in Milliarden RMB)	laut SIPRI (in Mrd. Yuan)	SIPRI (in Mrd. Dollar)	Pentagon (in Mrd. Dollar)
1992	37	68,9	21,9	k.A.
1998	93	150	25,9	k.A.
2004	220	331	55,2	k.A.
2005	245	379	62,1	-90
2006	284	452	72,9	70–105
2007	351	546	84,1	97–139
2008	418	638	92,7	105–150
2009	473	752	110,1	>150
2010	519	808	114.3	>160
2011	583	k.A.	k.A.	k.A.

SIPRI = Stockholm International Peace Research Institute; k. A. = keine Angaben; Quelle: Schmidt/Heilmann: Außenpolitik und Außenwirtschaft der Volksrepublik China, Seite 59.

Warum unternimmt China diese teuren Anstrengungen? Warum rüstet China auf?

Zunächst ist das – man mag das bedauern – eine ganz zwangsläufige Entwicklung. Jede aufstrebende Wirtschaftsmacht in der Geschichte hat ihre politische und militärische Macht ausgebaut. Das hat einen kommerziellen Aspekt: Man will in der Lage sein, die Seewege für die eigenen Handelsschiffe zu sichern. Derzeit ist China dazu (noch) nicht in der Lage. Sie müssen sich auf die Amerikaner verlassen, die bislang noch die Freiheit auf den Meeren garantieren. Diese Abhängigkeit von den Amerikanern missfällt den Chinesen.

Und die Aufrüstung hat auch einen machtpolitischen Aspekt. Die Chinesen wollen damit demonstrieren: Wir sind wieder wer. Wir lassen uns von keiner anderen Nation mehr demütigen. Wir können uns wehren.

Die entscheidende Frage ist: Wollen die Chinesen sich nur wehren können – oder wollen sie auch attackieren können?

Aktive Verteidigung – Chinas neue Militärdoktrin

Chinas Führung betont stets ihre friedlichen Absichten und verweist auf Chinas Geschichte als die eines friedfertigen Volkes. In der Theorie stimmt das auch. Im Konfuzianismus wurde der Krieg nie als Fortsetzung der Politik mit anderen Mitteln betrachtet. »Trotzdem zieht sich durch die chinesische Vergangenheit eine Spur der Gewalt«, erinnert der britische Historiker Ian Morris im *Spiegel*. Zuletzt lieferte sich China im Februar und März 1979 eine kurze, aber heftige kriegerische Auseinandersetzung mit dem Nachbarn Vietnam.

Mit 200 000 Mann rückte das chinesische Heer damals in Vietnam ein, flankiert von einer großen Panzerschar. Doch diese Art von Kampf unter einem massiven Einsatz von Mensch und Material ist längst passé. Spätestens seit den ersten Golfkriegen ist den Chinesen klar, dass die modernen Kriege mit anderen Waffen geführt werden. Staunend und gleichzeitig mit Schrecken über ihre eigene Rückständigkeit mussten sie mitansehen, mit welchen modernen elektronischen Präzisionswaffen die Amerikaner damals Kriege führten und gewannen.

Die Chinesen haben die Konsequenzen gezogen. Ihr Heer haben sie von über zwei Millionen auf rund 1,2 Millionen Mann reduziert, und dafür viel in moderne Waffensysteme investiert. Und so heißt seit Ende 2004 das neue militärische Konzept »lokale Kriege unter den Bedingungen der Informationstechnik«, also kurze, schnelle Kriege auf kleinem Raum und mit Hightechwaffen.

Die Doktrin, die dahintersteht, heißt »aktive Verteidigung«. Das heißt zunächst einmal: China will niemanden angreifen, China lehnt eine Politik des Erstschlages ab, und China will auch nicht die Weltpolizistenrolle spielen wie die USA. Das hört sich vernünftig an. Doch das Aber folgt sofort. Denn China behält sich das Recht vor, sollte die nationale Souveränität gefährdet sein, vorbeugend eingreifen zu dürfen.

Diese Einschränkung lässt Raum für Interpretationen. Was passiert, wenn Taiwan sich unabhängig erklären will? Nach Beijings Lesart wäre das ein Angriff auf die Souveränität der Volksrepublik, also eine Rechtfertigung zum Angriff. Oder was ist, wenn ein asiatisches Land auf einer der vielen, von China reklamierten, aber umstrittenen Inseln im Südchinesischen Meer seine Flagge setzt. Wird dann China dieses Land angreifen?

»Insgesamt betrachtet weist die neuere chinesische Militärstrategie ein beachtliches Potenzial für offensive Operationen auf«, urteilen die beiden Trierer Politologen Dirk Schmidt und Sebastian Heilmann in ihrem Buch *Außenpolitik und Außenwirtschaft der Volksrepublik China*.

Chinas Armee steht also nicht nur bei einem möglichen Angriff auf das eigene Territorium Gewehr bei Fuß. Es könnte auch selber aktiv werden. Der nächstliegende Einsatzort: das Südchinesische Meer.

Südchinesisches Meer: Trügerische Ruhe ...

Zur Feier des Tages flogen hochrangige Gäste aus dem über 600 Kilometer entfernten chinesischen Festland ein. Sie kamen mit einer Boeing 737, für die die Landebahn auf der 13 Quadratkilometer kleinen Insel gerade mal so ausreichte.

Anlass des Besuches: Ein Kaff namens Sansha wurde zu einer chinesischen Präfektur aufgewertet. Dabei leben nicht mal 1000 Menschen in Sansha. Es gibt dort ein Krankenhaus, eine Bücherei, eine Post, zwei Bankfilialen, aber auch einen Hafen für 5000-Tonner und eben einen Flughafen.

Warum all dieser Rummel um ein Städtchen auf einer kleinen Insel weit entfernt von der chinesischen Küste? Sansha ist ein Symbol. Sansha liegt auf der Insel Yongxing, die wiederum zu der Paracel-Inselgruppe gehört. Und die Paracel-Inseln liegen mitten im Südchinesischen Meer.

Am Beispiel Sansha wollen die Chinesen demonstrieren: Die Paracels sind unser, ja eigentlich das gesamte Südchinesische Meer. Deshalb bauen sie Sansha aus. Dort soll ein Steuer- und Touristenparadies und ein Kasino entstehen, aber dort sollen auch Truppen stationiert werden.

Lange Zeit war das Südchinesische Meer ein friedliches Meer. Es gab immer mal wieder kleine Scharmützel zwischen den Anrainerstaaten, die Wogen der Empörung glätteten sich aber meist schnell wieder.

Doch seit ein paar Jahren schlagen die Wellen höher und sie ebben nicht ab. Das Südchinesische Meer hat sich zu einem Spannungsgebiet von gefährlicher Brisanz entwickelt, in dem die USA und fast alle asiatischen Mächte mitmischen.

Die Streitereien drehen sich vor allem um drei Gegenden: die Paracel- und die Spratly-Inseln sowie das Scarborough Riff. Die an den Auseinandersetzungen Beteiligten sind jeweils verschiedene, doch China ist immer dabei.

Scarborough Riff: Hierum streiten sich China und die Philippinen. Die Chinesen melden mit einer Landkarte aus dem Jahre 1279 ihre Besitzansprüche an, die Filipinos kontern mit einer Karte aus dem 18. Jahrhundert. Die Regierung in Manila will nun China vor ein UN-Tribunal bringen.

Paracel-Inseln (chinesisch: Xisha-Inseln): Die Chinesen besetzten alle Inseln dieser Gruppe. Sie haben dort auch Militärposten, den größten auf Woody Island mit einer Start- und Landebahn. Um diese Inseln streiten sich China und Vietnam. Sie liegen sehr nahe an Vietnam. Ly Son zum Beispiel ist nur 30 Kilometer von der Küste entfernt.

Spratly-Inseln (Nansha-Inseln): Sie umfassen rund 750 Inseln und Korallenriffe. Sie sind 475 km von Vietnam und 1000 km von China enfernt. Benannt sind sie nach dem Walfänger Richard Spratly, der um 1840 das Gebiet erkundete. Hier ist die Situation viel komplizierter als auf den Paracel-Inseln. Mehrere Staaten haben dort Inselchen und Riffs besetzt. Am aktivsten ist Vietnam, das die Inseln seit 1973 als vietnamesische Provinz betrachtet. Vietnam hat 29 Inseln und Riffs besetzt. Rund 600 Soldaten sind dort stationiert. Neben den Vietnamesen sind dort noch Philippinen (zehn Inseln), China (9), Malaysia (7) und Taiwan (1) präsent.

Diese kleinen Inseln sind so begehrt, weil es in den Gewässern um sie herum wichtige Nahrungs- und Energierohstoffe gibt, die der Mensch zum Leben und Überleben braucht.

Das Südchinesische Meer gilt – wie der gesamte West-Pazifik – als sehr fischreiches Gebiet. Ein Zehntel des weltweiten Fischangebots stammt nach Angaben des United Nations Environment Programme (UNEP) aus diesem Gebiet. Fisch ist für die Bewohner fast aller Anrainerstaaten die wichtigste Nahrungsquelle. Rund 700 Millionen Menschen leben in dieser Gegend von Fisch. Rund 1,9 Millionen Fischerboote sind täglich in den Gewässern für sie unterwegs.

Aber vor allem geht es um Öl und Gas. Alle Anrainerstaaten des Südchinesischen Meeres sind scharf auf dieses Öl und Gas, denn sie alle – bis auf das kleine Brunei – müssen einen Großteil ihrer

Energie importieren. Das Verrückte an der Situation jedoch ist: Es reden alle von den gigantischen Vorkommen, aber keiner weiß, wie viel Öl und Gas in den Tiefen des Südchinesischen Meeres wirklich lagern.

Die Schätzungen über die Vorkommen gehen beträchtlich auseinander. Neueste US-Schätzungen gehen von 15,6 Milliarden Barrel aus. Die Chinesen dagegen sind viel optimistischer und taxieren sie auf zwischen 105 und 213 Milliarden Barrel. Sie nennen deshalb diese Gegend vor ihrer Haustür den »zweiten Persischen Golf«.

Warum die Schätzungen so weit auseinandergehen, hat einen einfachen Grund. Bis vor kurzem hat keine Nation im Südchinesischen Meer nach Öl gebohrt. Denn man muss dort sehr tief bohren, um an Öl und Gas zu kommen. Das ist technologisch anspruchsvoll und entsprechend teuer.

Doch nun fangen die Chinesen damit an. Im Sommer 2012 errichtete der staatliche Ölkonzern Cnooc südlich von Hongkong die Plattform 981. Sie kann bis zu 10 000 Meter tief bohren und angeblich auch den gefährlichsten Taifunen, die in dieser Gegend immer mal wieder toben, widerstehen. Für die Fachwelt kam der Einsatz der 981 überraschend, denn es hatte keiner damit gerechnet, dass chinesische Energiekonzerne technologisch schon so weit sind. »Das ist ein Signal, dass China die Lücke zu den führenden Ölfirmen im Tiefseebohren zu schließen beginnt«, sagt Eugene Y. Lee, Wirtschaftsprofessor an der *University of Maryland*.

Sollte die 981 erfolgreich sein, wird es mit Sicherheit weitere chinesische Bohrungen im Südchinesischen Meer geben. Die Frage ist nur: Wo? Die derzeitige Bohrung findet noch in chinesischen Gewässern statt und hat deshalb keine Kritik der Nachbarstaaten hervorgerufen.

Aber was passiert, wenn China in umstrittenen Gewässern mit seinen Bohrungen anfängt? Dann wird es zu Konflikten kommen. Die ersten haben schon begonnen.

… vor dem Sturm

Im Frühsommer 2012 versammeln sich mehrere Sonntage hintereinander aufgebrachte Vietnamesen vor der chinesischen Botschaft in Hanoi, singen patriotische Lieder und skandieren: »Die Paracel- und Spratly-Inseln gehören Vietnam!« Und: »Nieder mit den chinesischen Aggressoren!«
Fast gleichzeitig gehen in der philippinischen Hauptstadt erboste Filipinos auf die Straße und rufen nicht minder martialisch: »Chinesen, haut ab!«
Die Vietnamesen wie die Filipinos demonstrierten gegen das Eindringen chinesischer Fischer- wie Militärboote in ihren vermeintlichen Hoheitsbereich. Die Filipinos beschwerten sich, weil sich die Chinesen rund ums Scarborough Riff zeigten; die Vietnamesen, weil chinesische Boote vor den Paracel-Inseln auftauchten.
Immer wieder kommt es zu Zwischenfällen, deren Häufigkeit in den vergangenen Jahren zugenommen hat. Vor allem zwischen China und den Philippinen, und noch häufiger zwischen China und Vietnam. Es ist ein gegenseitiges Provozieren, bei dem nicht mehr auszumachen ist, wer wen als Ersten provoziert hat.
Da beschließt am 21. Juni 2012 Vietnams Nationalversammlung ein Gesetz, wonach die Paracel- und Spratly-Inseln innerhalb Vietnams Hoheitsgebiet liegen und sie der vietnamesischen Rechtsprechung unterliegen.
Umgekehrt bietet China Explorationsrechte für ausländische und chinesische Ölfirmen in Gebieten vor der vietnamesischen Küste an, die Vietnam für sich reklamiert und für die Vietnam schon Lizenzen an Exxon Mobil und Gazprom gegeben hat.
Die Fronten sind extrem verhärtet. Beide Seiten zeigen wenig bis gar keine Kompromissbereitschaft. Über Chinas finale Absichten kann man nur spekulieren. Die große unbeantwortete Frage steht nach wie vor im Raum: Ist das Südchinesische Meer ein *core interest* der Chinesen oder nicht? Wenn ja, hat es dieselbe strategische Bedeutung wie die drei anderen *core interests* der Chinesen, näm-

lich Taiwan, Tibet und Xinjiang? Diese würden – daran lässt die Führung in Beijing keinerlei Zweifel – mit aller Gewalt verteidigt. Wenn also auch das Südchinesische Meer *core interest* wäre, würden die Chinesen ihre Ansprüche militärisch durchsetzen?

Es herrschte deshalb helle Aufregung, als die beiden hochrangigen US-Beamten James Steinberg und Jeffrey Bader erklärten, der Begriff *core interest* sei von chinesischer Seite bei einem Gespräch mit ihnen im März 2010 in Beijing gefallen. Wochenlang diskutierten die westlichen Experten und Politiker, ob die Chinesen das so gesagt haben. Die Chinesen selbst trugen wenig zur Aufklärung bei.

Offenbar sind sich die Chinesen selbst nicht klar, welchen Kurs sie im Südchinesischen Meer fahren wollen. Zu viele Akteure mit sehr unterschiedlichen Zielen in dieser Frage mischen mit. Nicht weniger als elf Akteure ortete eine Untersuchung der *International Crisis Group (Stirring Up the South China Sea)*, darunter als wichtigste die Marine, das Außenministerium, die lokalen Regierungen, das *Bureau of Fisheries Administration* und die *China Marine Surveillance (CMS)*. Letztere ist eine paramilitärische Einheit, die in den chinesischen Gewässern patrouilliert. Ihre Flotte soll bis zum Jahr 2020 auf 20 Boote und 15 000 Mann ausgebaut werden.

Weil alle – nicht nur die Chinesen – rund ums Südchinesische Meer aufrüsten und weil alle ziemlich unnachgiebig auf ihren Positionen verharren, wächst die Gefahr militärischer Auseinandersetzungen. Befeuert wird dies von Volkes Stimme. Als das chinesische Internetportal Huanqiu.com im Juni 2011 eine Umfrage unter 23 000 Chinesen durchführte und fragte: Wie sollte die Regierung in Beijing die Probleme im Südchinesischen Meer lösen? antworteten 80 Prozent kurz und bündig: mit Gewalt.

Ian Storey vom *International Institute for Strategic Studies (IISS)* glaubt allerdings nicht an die schlechteste aller Lösungen: »China will die Dispute im Südchinesischen Meer nicht mit militärischer Gewalt lösen.« Aber er sieht durchaus die Gefahr, dass ein unabsichtlicher Zusammenstoß auf See eskalieren und in eine ernsthafte militärische und diplomatische Krise münden könnte. Storey:

»Es ist nur eine Frage der Zeit, bis eine dieser Situationen ziemlich unangenehm eskaliert und Menschen getötet werden.«

Umso wichtiger wäre es, dass sich die Kontrahenten zu Gesprächen treffen, wie solch eine mögliche Eskalation zu vermeiden wäre. Aber es gibt auch da einen fundamentalen Streit darüber, wie die Konflikte am Verhandlungstisch zu lösen sind. Die Amerikaner plädieren für multilaterale Gespräche, die Chinesen wollen das bilateral klären. Streit für Streit, Land für Land. Robert Kaplan: »Durch die bilaterale Lösung der Konflikte kann China die Strategie von divide et impera fahren.«

Eines hat China schon geschafft: Der Asean-Staatenverbund ist bereits gespalten. Die beiden Antipoden sind ein pro-chinesisches Kambodscha und die eindeutig pro-amerikanischen Philippinen. Zum chinesischen Lager in dem Zehn-Länder-Klub kann man mit Abstrichen auch noch Laos und Thailand zählen.

Deutlich war die Spaltung zu sehen am Ende des Asean-Gipfels im Juli 2012 in der kambodschanischen Hauptstadt Phnom Penh. Die zehn Außenminister konnten sich nicht auf ein Schlusskommuniqué einigen – zum ersten Mal seit 45 Jahren! Es ging um die Frage, löst man das Problem bi- oder multilateral. Gastgeber Kambodscha vertrat die chinesische Position und verhinderte eine gemeinsame Resolution.

Kambodscha ist ein einsamer Freund Chinas in einem Asien, in dem China viele Feinde hat.

Japan und China – die Erzfeinde

Idyllisch liegt die japanische Verteidigungsakademie über der Bucht von Tokio. Hier wird Japans militärisches Führungspersonal ausgebildet. Chef der Akademie ist seit April 2012 Ryosei Kokubun. Er ist kein Militär, er ist Zivilist, zuvor war er Professor der renommierten Keio-Universität.

Im Gespräch mit ihm fällt auffallend oft der kurze Satz: »We have to be prepared.« Wir müssen vorbereitet sein. Für was? Er muss es nicht sagen und sagt es auch nicht. Es ist auch so klar, was er meint: Wir müssen auf eine militärische Auseinandersetzung mit China vorbereitet sein. Das sagt eine Taube, denn Kokubun zählt nicht zu den Falken in Japan.

Es ist ein schwieriges Verhältnis zwischen China und Japan, vielleicht das schwierigste, das China mit einem anderen Land hat. Aus chinesischer Sicht liegen die Gründe klar auf der Hand: Kein Land hat China mehr Schaden zugefügt als Japan. Das fing mit einer Niederlage im Ersten Japanisch-Chinesischen Krieg 1894/95 an, als in deren Folge die Mandschurei, der nordöstliche Teil Chinas, an Japan fiel, und setzte sich im Anti-Japanischen Krieg – so die offizielle chinesische Bezeichnung – zwischen 1937 und 1945 fort, wo die Japaner in China schwer gewütet haben.

Was den Japanern von den Chinesen zu Recht vorgeworfen wird, ist die Tatsache, dass sie sich nie adäquat für die Gräueltaten im Anti-Japanischen Krieg entschuldigt haben. Insbesondere das Massaker von Nanjing, bei dem die Japaner im Winter 1937/38 über 200 000 (japanische Version) oder über 300 000 Chinesen (chinesische Zählart) ermordet haben.

Gerade als Deutscher hört man deshalb in China immer wieder die Argumentation: Ihr Deutschen habt euch für eure Verbrechen im Zweiten Weltkrieg vorbildlich bei den Opfern entschuldigt. Warum können die Japaner das nicht auch tun?

So dauerte es lange, bis sich die Beziehungen zwischen China und Japan einigermaßen normalisierten. Erst im Dezember 1972 – im Windschatten der amerikanisch-chinesischen Annäherung – wurden diplomatische Beziehungen aufgenommen. Im Sommer 1978 folgte dann ein Friedens- und Freundschaftsvertrag.

Was diesen positiven Zeichen jedoch folgte, war ein permanenter Wechsel zwischen Annäherung und Entfremdung, je nachdem wer in Tokio an der Macht war.

Seit Ende 2012 regiert Shinzo Abe, ein eher nationalistisch angehauchter Liberaldemokrat, in dessen Kabinett 14 Mitglieder eines

Unterstützungsvereins des Yasukuni-Schreins sind, in dem unter anderen japanische Kriegsverbrecher geehrt werden. Abes erste Amtshandlungen bestätigten seinen Ruf als Hardliner. Er will den Wehretat des Landes – zum ersten Mal nach elf Jahren – erhöhen. Seine erste Auslandsreise führte ihn nach Vietnam, Thailand und Indonesien, um Alliierte gegen China zu gewinnen. Und er will den berühmten Artikel Neun der Landesverfassung kappen, der Japan als pazifistische Nation deklariert und den japanischen Streitkräften Zurückhaltung jenseits der Grenzen verordnet.

Aber schon vor Abes Amtsantritt hat Tokio Schritt für Schritt seine pazifistische Position verlassen, die ihm nach seiner Niederlage im Zweiten Weltkrieg die Siegermächte auferlegt hatten. Ausgerechnet eine dieser Mächte – die USA – ist nun eine der treibenden Kräfte, dass sich Japan wieder stärker militärisch engagiert. Auch wenn sich Amerikaner und Japaner noch so winden, ist klar, gegen wen diese Neuausrichtung sich wendet: gegen China.

Die Verlautbarungen und Handlungen der vergangenen Jahre sprechen eine deutliche Sprache. Das fing mit Äußerlichkeiten an. Lange Zeit gab es in Tokio kein Verteidigungsministerium. Die Behörde hieß *National Safety Agency*. Erst 2007 wurde diese zu einem vollwertigen *Ministry of Defense* aufgewertet. Dass Sicherheitspolitik einen neuen Stellenwert hat, zeigt auch die Tatsache, dass ein Nationaler Sicherheitsrat nach dem Vorbild der USA geschaffen wurde.

In den vergangenen Jahren wurden auch Marine und Luftwaffe aufgerüstet. Japan hat nun weit mehr militärisches Gerät zur Verfügung, als nur zur Verteidigung nötig wäre. Und die Aufrüstung geht weiter. Die Zahl der U-Boote wird in den nächsten Jahren von 16 auf 22 erhöht. Das ist der erste Flottenausbau seit 34 Jahren. Außerdem kaufen die Japaner F-35 Kampfjets von den Amerikanern und planen den Bau eines eigenen Tarnkappenbombers, dessen Jungfernflug für 2014 erwartet wird. Motto: Wenn die Chinesen einen haben, brauchen wir auch einen.

Dass China expressis verbis der neue Feind Japans ist, wurde spätestens im Dezember 2010 deutlich, als Japan seine neue Verteidigungsstrategie vorstellte. Die damals verkündeten *National Defense Program Guidelines (NDPG)* ersetzten die alten aus dem Jahre 2004. Die zentrale Botschaft war: Alle drei Truppenteile (Armee, Luftwaffe, Marine) verlagern Mann und Material vom Norden (wo einst in Zeiten des ersten Kalten Krieges der russische Feind erwartet wurde) nach Südwesten (wo in Zeiten des zweiten Kalten Krieges der chinesische Feind erwartet wird).

Im Sommer 2012 legte die Regierung nach, als sie ein neues Weißbuch zur Verteidigung herausgab. Bei seiner Vorstellung griff der damalige Verteidigungsminister Satoshi Morimoto ganz undiplomatisch und unjapanisch China an und geißelte dessen kontinuierliche Erhöhung des Militäretats und die rapide zunehmende Modernisierung seiner Streitkräfte. »China weitet seine Aktivitäten in den Gewässern nahe Japan aus und intensiviert sie«, klagte Morimoto und versicherte gleichzeitig: »Die Allianz mit den USA ist ein zentraler Pfeiler unserer nationalen Sicherheitspolitik.«

In den vergangenen Jahren hat eine Annäherung zwischen Japan und den USA stattgefunden. Seit Jahren drängten die Amerikaner die Japaner angesichts des chinesischen Aufstiegs zu mehr Kooperation. Sie wünschen sich eine engere Abstimmung der beiden Militärs. Ihr Verlangen stößt zunehmend auf offene Ohren. Zum ersten Mal gibt es auch eine Art Arbeitsteilung zwischen den beiden Militärs.

Doch nicht nur die Beziehungen zwischen amerikanischen und japanischen Militärs werden intensiver. Die 2010 verabschiedeten Guidelines sehen auch vertiefende militärische Kontakte Japans mit Südkorea, Australien, den ASEAN-Ländern und Indien vor. Es ist in Tokio kein Geheimnis, dass die Amerikaner die Japaner mehr oder weniger sanft in solche Bündnisse zwingen.

Vor allem die strategische Partnerschaft mit Indien wird forciert. Sie wird in pathetische Worte gekleidet: Das sei eine Kooperation der größten Demokratie der Welt (Indien) und der ältesten Demokratie Asiens (Japan). In Wirklichkeit ist es ein ganz banaler Reflex auf China. »Der Aufstieg eines zunehmend selbstbewussten Chinas hat die japanisch-indische Zusammenarbeit beschleunigt«, sagt der indische Politikexperte Brahma Chellaney.

Die Militärs Japans und Indiens üben inzwischen gemeinsam zu Lande und zu Wasser. Es gibt – wie auch zwischen Japan und Australien – regelmäßige Treffen der Außen- und Verteidigungsminister beider Länder, sogenannte 2+2-Gespräche. Und seit Dezember 2011 existiert auch ein trilateraler strategischer Dialog zwischen Indien, Japan und den USA. Entsteht da eine neue Achse Washington–Tokio–Neu-Delhi?

Diese Bündnisse und Japans Aufrüstung sind sicher nicht dazu angetan, die Spannungen zwischen Japan und China abzubauen. Im Gegenteil: »Die Möglichkeit eines militärischen Konflikts zwischen China und Japan scheint nicht mehr so weit entfernt zu sein, wie man lange glaubte«, schreibt Susan Shirk, China-Expertin an der *University of California* in San Diego.

Die Beziehungen zwischen den beiden Nachbarn sind sehr fragil. Es gibt tiefsitzende Ressentiments, die beide Völker gegeneinander haben und irgendwie auch kultivieren. Man mag sich einfach nicht. 84 Prozent der Japaner sagen, sie hätten einen negativen Eindruck von China. Umgekehrt sind es zwar »nur« 64,5 Prozent, aber für die meisten Chinesen sind Japaner »Teufel«.

Angesichts dieser Gemütslage muss nicht viel passieren, und die Situation eskaliert. – Wie bei den Auseinandersetzungen um ein paar Felsen im Ostchinesischen Meer.

Senkaku oder Diaoyu – Die Felsen in der Brandung

Die fünf Inselchen sind alles andere als einladend. Schroff ragen die Felsen aus dem Meer. Nur ein paar Ziegen grasen auf den wenigen grünen Rasenflächen. Ein unwirtliches Gebiet, hunderte Kilometer entfernt von China und Japan, weit draußen auf dem Ostchinesischen Meer. Hier will man weder leben noch begraben sein.

Trotzdem sind diese unbewohnten Inseln ein Konfliktherd von explosiver Sprengkraft zwischen den beiden asiatischen Mächten China und Japan. Es sind nicht die Inseln, die ihnen wichtig sind, sondern das Drumherum. In den Gewässern dort wird viel Gas und Öl vermutet.

Beide Staaten reklamieren die Inselgruppe, die die Japaner Senkaku nennen und die Chinesen Diaoyu. Und beide vertreten dabei eine knallharte kompromisslose Position.

Japan erklärt offiziell: »Es gibt keinen Zweifel, dass die Senkaku-Inseln ganz klar ein inhärentes Territorium Japans sind angesichts historischer Tatsachen und basierend auf internationalem Recht.« So das japanische Außenministerium in einer Stellungnahme vom 25. September 2010.

Chinas Position ist nicht minder deutlich: »Seit alten Zeiten waren die Diaoyu-Inseln chinesisches Territorium.« Das machte Chinas Außenminister Yang Jiechi seinem damaligen japanischen Kollegen Koichiro Gemba bei dessen Besuch in Beijing deutlich. Mit alten Zeiten meinen die Chinesen die Ming-Dynastie. Sie schaffen ein Buch aus dem Jahre 1403 herbei, wo eine Karte deutlich mache, dass die Diaoyu-Inseln eindeutig zu China gehören.

Und um die Dinge noch zusätzlich zu verkomplizieren, melden auch noch die Taiwanesen Anspruch auf die Inseln an. Taiwans Präsident Ma Ying-jeou sagte Anfang August 2012 in Taipei: »Die Diaoyu sind zweifellos ein inhärenter Teil des Territoriums der Republik China, egal ob man es aus der Perspektive der Geschichte, der Geographie oder des internationalen Rechts betrachtet.«

Japan reklamiert seit 1895 die Inseln für sich. Nach dem Zweiten Weltkrieg fielen die Inseln 1951 im Vertrag von San Francisco (den China nie anerkannt hat) an die Siegermacht USA. Über 20 Jahre später, nämlich 1971, gaben die USA die Inseln im *Okinawa Reversion Agreement* wieder an Japan zurück. China protestierte damals pflichtschuldig.

Aktuell gehören die Inseln der reichen japanischen Kurihara-Familie, die sie der Regierung bis März 2013 vermietet hat. Im Frühjahr 2012 meldete Tokios Gouverneur Shintaro Ishihara plötzlich Interesse an. Tokio wolle die Inseln kaufen. Der als Nationalist bekannte Ishihara benutzt als Rechtfertigung für sein Angebot starke Worte: »Ich möchte nicht, dass Japan als ein zweites Tibet endet«, sagte er in einem Interview mit dem *Wall Street Journal*.

Doch die japanische Regierung wollte nicht, dass die Inseln an den Nationalisten aus Tokio fiel, und kam ihm deshalb zuvor. Für 26 Millionen Dollar kaufte sie drei der fünf Inseln: Uotsuri (die größte), Kitakojima und Minamikojima.

Mit dieser Aktion wollte die Regierung Japans die Situation deeskalieren, doch sie erreichte genau das Gegenteil: Ein Aufschrei in China. Eine Protestwelle schwappte – wie schon im Herbst 2010, als ein chinesischer Fischer im Gebiet der Senkaku-Inseln von den Japanern festgenommen wurde – über das Land. Japanische Autos wurden demoliert, auch Toyotas der chinesischen Polizei. Japanische Geschäfte und Fabriken machten vorsorglich dicht. In China kursierten Computerspiele mit dem Titel »Verteidigt die Diaoyu-Inseln«.

Aktivisten beider Länder nahmen Kurs auf die Inseln, schwenkten und hissten ihre Nationalflaggen. Politiker beider Länder benutzten starke Worte. Ultras in Beijing empfahlen gar den Abwurf von Atombomben auf Tokio. Japans damaliger Premier Noda sagte vor dem Parlament, notfalls Truppen auf die Senkaku zu schicken, wenn »benachbarte Länder illegale Aktionen auf unserem territorialen Gebiet unternehmen« würden.

Nach ein paar Tagen waren Aufruhr und Aufschrei vorüber. Doch auch in den Monaten danach kreuzten permanent Flugzeuge und Schiffe beider Nationen vor den Inseln auf. Die Auseinandersetzungen um die Senkaku-/Diaoyu-Inseln werden die chinesisch-japanischen Beziehungen weiterhin begleiten und belasten. Weitere Eskalationen sind nicht ausgeschlossen.

Die Geschichte lehrt uns, dass Staaten immer wieder aus vermeintlich nichtigen Anlässen zu Waffen gegriffen haben. Wer hätte gedacht, dass 1982 mit Argentinien und Großbritannien zwei zivi-

lisierte Staaten wegen einer Inselgruppe namens Falkland irgendwo im Atlantik in den Krieg ziehen?
Und auch China und Indien befehdeten sich schon einmal.

China und Indien – nicht nur der Himalaya trennt sie

Eine Woche intensiver Gespräche in Indiens Hauptstadt Delhi können sehr verwirrend sein, vor allem wenn es um das eine Thema geht: Wie soll Indien mit dem immer mächtiger werdenden Nachbarn jenseits des Himalaya umgehen?

Man hört die ganze Palette von Meinungen, die in den vielen Thinktanks und Beamtenbüros kursieren. Da gibt es die einen, die zwar China als eine langfristige Bedrohung sehen, die man aber kontern könne, indem man selbst zur Großmacht aufsteige. Da gibt es die anderen, die nicht an diese Kontermöglichkeit glauben und deshalb für Allianzen plädieren, um so das immer mächtiger werdende China einzugrenzen. Und da sind die Wohlmeinenden, die China als freundlichen und nichts Böses im Schilde führenden Nachbarn betrachten.

In militärischen Kreisen zeichnet man eher das Bedrohungsszenario, in der Wirtschaft fährt man eher den Schmusekurs (zumal sich die Handelsbeziehungen sehr gut entwickeln) und in der Politik kann man alle Meinungen zu China hören. So fährt Premierminister Manmohan Singh einen eher moderaten Kurs gegenüber China, während die Außen- und Verteidigungsminister schon mal gegen China lospoltern und schärfere Töne anschlagen.

Stephen Cohen, Indien-Experte bei Brookings, sagt: »Indiens Politik ist nicht strategisch.« Indiens Politiker seien unfähig zu entscheiden, wie sie China begegnen sollen. Indien hat keine konsistente strategische Außen- und Sicherheitspolitik.

Das war früher anders. Unter Gandhi und Nehru war Indien ganz klar der Führer der Blockfreien. In dieser Dritten-Welt-Bewegung waren die Rollen klar verteilt: Die anti-imperialistische Sowjetunion war der Freund, die imperialistischen USA der Feind. Nach dem Ende des Kalten Krieges, das auch ein Ende der Blockbildung war, war Indien zunächst orientierungslos. Wem zuwenden? Sie entschieden sich für den Westen, schließlich sind sie ja auch eine Demokratie.

Es folgte eine vorsichtige Annäherung an die USA. Deren Präsidenten Bill Clinton und George W. Bush änderten – nach einer kurzen Irritation durch Indiens Atomtest – ihr Indien-Bild und erwiderten die indische Zuneigung. Die Annäherung kulminierte in Clintons historischer Reise 2000 nach Indien, wo er am 22. März vor dem indischen Parlament eine richtungsweisende Rede hielt: »Nach 50 Jahren vergebener Chancen ist es Zeit, dass Amerika und Indien bessere Freunde und stärkere Partner werden.« Indiens damaliger Premierminister Atal Bihari Vajpayee erklärte gleichzeitig, dass die USA und Indien »natürliche Alliierte« seien.

Die Absicht der USA ist klar, auch wenn sie dies nicht so deutlich ausdrücken: Sie möchten Indien als Gegengewicht zu China positionieren. Indien möchte diese Rolle aber nicht spielen. Es will nicht eine Figur auf dem strategischen Schachbrett der Amerikaner sein. Dazu sind die Inder zu stolz und selbstbewusst.

Indien versucht stattdessen einen schwierigen Balanceakt. »Es möchte gleiche Distanz zu China und den USA haben«, schreibt Edward Luce in seinem Buch *In Spite of the Gods*. Doch diese Politik der Äquidistanz scheint nicht zu gelingen. Denn einerseits rücken sie näher – aber nicht zu nahe – an die Amerikaner heran, aber andererseits wird die Distanz zu China immer größer.

Zu groß ist das Misstrauen, vor allem in der indischen Elite, gegenüber China. Und zu traumatisiert sind viele Inder noch von dem Krieg mit China im Herbst 1962, den die Inder nach einem kurzen heftigen Gefecht verloren. Damals ging es um die Grenze zwischen den beiden Ländern im Himalaya.

Und diese Grenzfrage ist bis heute ungelöst. Unvorstellbare 4057 Kilometer lang ist die Grenze zwischen beiden Nationen. Es ist die längste Grenze der Welt, deren Verlauf ungeklärt ist. So lange dies der Fall ist, wird unmittelbar diesseits und jenseits der undefinierten Grenze gefährlich aufgerüstet.

Indien will innerhalb der nächsten fünf Jahre 90 000 Soldaten an die Grenze verlagern und dort vier neue Divisionen aufstellen. Bis 2030 wollen die Inder gar 558 strategische Straßen in Richtung der umstrittenen Grenze bauen. Dafür werden keine Kosten gescheut. Zehn Milliarden Dollar lässt sich die indische Regierung diesen Straßenbau Richtung Norden kosten.

Indien reagiere damit nur auf Chinas Aktivitäten jenseits der Grenze, argumentieren die Inder. Vor allem Chinas Politik der Militarisierung Tibets bereitet Indien Sorge. So ist geplant, die Eisenbahnlinie Beijing–Lhasa nach Yadong und Nyingchi im Süden Tibets zu verlängern. In Bau ist bereits – unter extrem schwierigen Bedingungen – eine Straße nach Metok County.

Metok grenzt an den indischen Bundesstaat Arunachal Pradesh. Dieses Gebiet wird freilich auch von China beansprucht. Seit 2006 nennt China den indischen Bundesstaat Süd-Tibet und ist zunehmend aggressiver, wenn es um die Verteidigung seiner vermeintlichen Interessen in dieser Region geht. So protestiert China, wenn Indiens Premierminister den Bundesstaat Arunachal Pradesh besucht. Und China hat verhindert, dass dieser indische Staat Kredite von der *Asian Development Bank* bekommt.

Im Himalaya scheint sich das chinesische Sprichwort zu bewahrheiten: In einem Gebirge kann es nicht gleichzeitig zwei Tiger geben.

Weil jeder sein Revier verteidigen will, rüsten Indien wie China auf. Der indische Rüstungsetat stieg zwischen 2000 und 2009 von zwölf auf 30 Milliarden Dollar. Trotzdem wächst aber die militärische Lücke zwischen China und Indien. Kritiker sagen, es fließe zu viel Geld in Gehälter statt in neue Waffensysteme. Außerdem dominiere das Heer, das die Hälfte des Militäretats verschlinge. Es müsse mehr in Marine und Luftwaffe investiert werden. Wobei die Marine noch besser dastehe als die Luftwaffe. Immerhin besitzt Indien mit der *Vikramaditya* (die frühere *Admiral Gorschkow*) einen einsatzfähigen Flugzeugträger aus sowjetischer Produktion.

Es herrscht ein extremer Wettbewerb zwischen den drei Einheiten Heer, Marine und Luftwaffe. Es gibt nicht einmal eine ernsthafte Integration der strategischen Planung der drei Truppenteile. In einem Brief an Premierminister Manmohan Singh kritisiert der ehemalige Stabschef General V. K. Singh deutlich: Indien sei nicht genügend vorbereitet auf die zunehmende militärische Macht eines aggressiveren Chinas.

Freilich: So ganz hilflos stehen die Inder nicht da. Im April 2012 zündete Indien seine erste atomare Langstreckenrakete *Agni V*. Ihre maximale Reichweite: über 5000 Kilometer. Damit kann sie Beijing oder Shanghai erreichen. Indiens jubelnde Medien tauften die Rakete deshalb gleich den »China-Killer«.

Indien und China haben sich in einen gefährlichen Rüstungswettlauf begeben. Er könnte in einem realen Konflikt enden. Entweder im Himalaya – oder im Indischen Ozean.

Perlenkette im Indischen Ozean

Gwadar liegt im östlichen Winkel Pakistans. Eine Hafenstadt von 50000 Einwohnern, umgeben von Sand. Ein eher unwirtlicher Ort. Doch man sollte sich den Namen dieser Wüstenstadt merken. Er könnte so berühmt werden wie die einstigen Schauplätze der Weltgeschichte Karthago, Samarkand oder Angkor Wat.

Das prophezeit jedenfalls der amerikanische Journalist und Militärexperte Robert Kaplan. Er war in Gwadar, was nicht ganz einfach und ungefährlich war. Er sah, dass dort ein gigantischer Tiefseehafen gebaut wurde. Er sah, dass dort hinter Stacheldrahtzäunen Industriezonen, ein Flughafen und Eisenbahnlinien entstehen.

»Gwadar wird zu einer pulsierenden Drehscheibe einer neuen Seidenstraße«, schreibt Kaplan in seinem Buch *Monsoon*. Und wer sitzt am Puls der neuen Zeit? Die Chinesen. Schon 2000 bat der damalige pakistanische Präsident Pervez Musharraf die Chinesen, in

Gwadar einen Tiefseehafen zu bauen. China sagte gerne zu und baute für 200 Millionen Dollar den Hafen aus.

Danach wurde der Hafen für 40 Jahre an PSA International, ein singapurianisches Unternehmen, vermietet. Doch inzwischen soll die pakistanische Regierung ein chinesisches Unternehmen (China Overseas Post Holdings) gebeten haben, die PSA als Betreiber des Hafens von Gwadar abzulösen.

Gwadar ist für die Chinesen ein wichtiger Ausgangspunkt. Von hier buddeln und baggern sie an einer Eisenbahnlinie und Straße Richtung Pakistans Norden. Ziel ist der Karakorum Highway, der Pakistan und China verbindet.

Sollte den Chinesen diese technologisch höchst anspruchsvolle Verbindung durch Wüsten und Gebirge gelingen, wäre das für China ein enormer strategischer Erfolg. Ein Teil der Ölimporte aus dem Nahen Osten müsste nicht mehr den weiten Weg über Südostasien und durch die gefährliche Straße von Malakka nehmen, sondern könnte direkt via Gwadar den Landweg nach China nehmen.

Insofern hat Gwadar für China eine strategisch enorm wichtige Position. Es liegt am Ausgang der Straße von Hormus, diesem Nadelöhr, durch das viele Öltanker hindurch müssen. Und Gwadar ist einer der wichtigsten Häfen im Indischen Ozean, der in den nächsten Jahrzehnten zu einem zentralen Schauplatz der Weltpolitik werden wird.

Der Indische Ozean ist das am meisten befahrene Meer der Welt. Öltanker aus dem Nahen Osten passieren diesen Ozean ebenso wie Containerschiffe aus Europa, Asien und zunehmend aus dem boomenden Afrika. Nicht umsonst erlebt die Piraterie gerade auf diesem Meer seine unrühmliche Renaissance. Zum Schutze der Handelsflotten tummeln sich deshalb auch immer mehr Kriegsschiffe aus Amerika, Asien und Europa im Indischen Ozean. »Der Indische Ozean wird ein zentraler Schauplatz von Konflikt und Wettbewerb werden«, sagt Kaplan.

Natürlich mischen auch hier die allgegenwärtigen Amerikaner mit. Ihr wichtigster Stützpunkt ist die Insel Diego Garcia mitten im

Indischen Ozean. Sie gehört den Briten, die sie aber den Amerikanern verpachtet haben und die die Insel als zentralen Militärstützpunkt nutzen.

Die beiden wichtigsten Kontrahenten werden jedoch die beiden asiatischen Großmächte China und Indien sein. Die Inder betrachten – *nomen est omen* – den Indischen Ozean als *mare nostrum* und dementsprechend die Chinesen als Eindringlinge.

China hat sich in den vergangenen Jahren geschickt in dieser Region positioniert. Einen Hafen nach dem anderen hat es für sich reklamiert. Von Gwadar im Osten über Hambantota (Sri Lanka), Chittagong (Bangladesch) bis zu den zu Myanmar gehörenden Coco Islands und der Insel Ramree. Die Chinesen finanzierten den Umbau von Hambantota auf Sri Lanka (China ist inzwischen der größte Geldgeber der Insel), ebenso den Ausbau des Hafens Chittagong in Bangladesch.

Weil diese Häfen wie an einer Perlenkette hintereinander aufgereiht sind, wird das chinesische Vorgehen auch als »Perlenketten-Strategie« bezeichnet. Die Inder haben dafür ein böseres Wort: Umzingelung. So sagt Gurmeet Kanwal, ehemaliger Direktor des *Centre for Land Warfare Studies (CLAWS)* in Delhi: »China implementiert eine teuflische Politik, die darauf abzielt, Indien zu umzingeln.«

Denn es sind nicht nur diese asiatischen Häfen in ihrer Nachbarschaft, in denen sich die Chinesen engagieren, sondern auch wichtige afrikanische Häfen am Indischen Ozean. Ob in Lamu in Kenia, Daressalam in Tansania oder Beira in Mozambique – die Chinesen sind schon da.

Aber auch auf den Urlauberinseln im Indischen Ozean – den Malediven und Seychellen sowie Mauritius – haben sich die Chinesen bereits niedergelassen. Auf den Malediven eröffnete China bislang als einziges Land neben den südasiatischen Staaten Indien, Sri Lanka, Pakistan und Bangladesch eine Botschaft. Wu Bangguo, Chinas dritter Mann im Staat, reiste für drei Tage in die Hauptstadt Male.

Indien mag sich über diese chinesische Umzingelung in ihrem *mare nostrum* aufregen, muss sich dabei aber den Vorwurf gefallen lassen, sich viel zu wenig um seine Nachbarn gekümmert zu haben. Mit Pakistan liegt Indien im Dauerclinch. Mit Bangladesch und Sri Lanka sind die Beziehungen, sagen wir mal, verbesserungsfähig. Ebenso mit dem östlichen Nachbarn Myanmar. Lange Zeit hatte das frühere Burma nur einen Freund: China. Fast 40 Milliarden Dollar haben die Chinesen in den vergangenen Jahrzehnten in das Land gepumpt, vor allem um Pipelines, Straßen und Bahnlinien vom Indischen Ozean nach China zu bauen. Sie scherten sich nicht um das westliche Embargo.

Auch Indien ließ sich zu Beginn in dieses Embargo miteinbinden. Als die Inder jedoch sahen, wie sich die Chinesen immer mehr in Myanmar, zu dem Indien traditionell gute und uralte Beziehungen hat, festsetzten, scherte Indien aus der westlichen Embargo-Front im Jahre 2001 aus. Und als die Regierung Myanmars mit den Reformen begann, reiste Indiens Premierminister Manmohan Singh im Mai 2012 als erster Regierungschef Indiens nach 25 Jahren ins benachbarte Myanmar.

Doch Indien kommt auch in Myanmar ziemlich spät – wie im gesamten südostasiatischen Raum. Zwar haben die Inder seit Anfang der 90er Jahre eine *Look East*-Politik, mit der sie den Chinesen Paroli bieten wollen, doch viel Erfolg hatten sie damit bislang nicht: China dominiert in Südostasien – zumindest wirtschaftlich.

Chinas modernes Tributsystem

Ruili war lange Zeit ein Sündenpfuhl an der Grenze zwischen China und Myanmar. Ein Ort der Prostitution und Hort der Drogendealer. HIV-Infizierte siechten vor sich hin. Kein Ausländer, auch kein Backpacker, kreuzte hier auf.

Heute gibt es dort palmengesäumte Straßen, Fünfsternehotels, Golfplätze und echte Armani- wie Gucci-Shops. Immobilien in der

110 000-Einwohner-Stadt kosten fast so viel wie in den Großstädten Beijing oder Shanghai.

Ruili ist inzwischen eine zentrale Drehscheibe geworden zwischen China und Myanmar. Von hier aus dringen Chinesen – wirtschaftlich – immer weiter nach Myanmar vor. Im Norden des Landes herrscht bereits Beijing-Zeit. An den Schulen des Landes lernen viele Kinder Mandarin. In vielen Städten prägen und dominieren die Chinesen das Straßenbild. Das gleiche Bild bietet sich in der laotischen Hauptstadt Vientiane oder in Kambodschas Kapitale Phnom Penh.

Myanmar, Laos, Kambodscha – in diesen Ländern zeigt sich chinesische Präsenz am offensichtlichsten. Doch auch im restlichen Südostasien hinterlässt Chinas Auftreten Spuren. Alle zehn südostasiatischen Staaten, die den Staatenbund Asean bilden, sind inzwischen wirtschaftlich sehr eng mit China verbunden. Für alle ist China der wichtigste Handelspartner.

China-Expertin Susan Shirk sagt: »China sieht Südostasien als seine traditionelle Einflusssphäre an.« Sie sieht dabei durchaus Parallelen zum Tributsystem des alten chinesischen Kaiserreiches. Damals zog das herrschende Peking konzentrische Kreise um das Reich der Mitte. Dabei galt die Regel: Je näher an China, desto tributpflichtiger.

Heute sind die Abhängigkeiten subtiler. Niemand tritt mehr zum öffentlichen Kotau in Beijing an. Heute schließen Chinesen lieber Verträge. Zum Beispiel das Freihandelsabkommen zwischen China und den zehn Asean-Staaten. Am 1. Januar 2010 trat das Abkommen über die *ASEAN-China Free Trade Area (ACFTA)* in Kraft. Sie ist die größte Freihandelszone der Welt mit fast zwei Milliarden Menschen.

In der ACFTA können 90 Prozent aller Waren zollfrei die Grenzen passieren. Für die restlichen zehn Prozent gelten nur noch minimale Zollsätze. Dieser Abbau von Zollschranken befeuert den Handel zwischen China und den Asean-Staaten. Bereits 2011 betrug der Handel zwischen beiden über 400 Milliarden Dollar. Er war damit größer als der Handel zwischen China und Japan.

Und der Warenaustausch wird sicher noch intensiver werden, wenn auch die logistischen Voraussetzungen dafür geschaffen werden, also bessere Verkehrsverbindungen zwischen China und Südostasien bestehen. China plant deshalb gigantische Infrastrukturprojekte, um diese Staaten enger an sich zu binden.

So gibt es einen Plan für eine durchgehende Bahnstrecke von China über Laos und Thailand bis nach Singapur. Mit 250 Stundenkilometern sollen die Züge durch die Reisfelder rasen. Teilstrecken sind schon im Bau. In China wird schon bis an die laotische Grenze gebaut, ebenfalls von Bangkok bis an die Grenze zu Laos. Nur in Laos stehen die Signale auf Rot. Die Regierung hat den Bau 2011 gestoppt. Die Chinesen forderten, dass sie links und rechts der 480 Kilometer langen Strecke durch Laos auch das Land dazu bekommen. Dagegen wehrten sich die laotischen Bauern – und die Regierung hörte auf sie.

Auch die ersten Autobahnen entstehen. Derzeit wird eine Autobahn von Kunming, der boomenden Hauptstadt der chinesischen Provinz Yunnan, in Vietnams Hauptstadt Hanoi gebaut. Die Fahrtzeit verkürzt sich dadurch von drei Tagen auf weniger als einem Tag.

Da die Nachbarstaaten Chinas die Kosten für solche ehrgeizigen Projekte nicht aufbringen können, erklärt sich China großzügig bereit, diese zum größten Teil zu finanzieren.

So schafft man sich Abhängigkeiten – ebenso in Russland und Zentralasien. Dorthin bauen die Chinesen zwar keine Straßen, aber Pipelines.

China und Russland – zwei ungleiche Partner

China beherrscht Russlands fernen Osten – zumindest wirtschaftlich. Russland war bislang unfähig, seinen fernen Osten zu entwickeln und damit vom boomenden Asien zu profitieren. Zwar gab es mehrere Versuche und Programme der Regierung in Moskau, aber sie misslangen mehr oder weniger. Nach seiner erneuten Wahl

2012 startete Ministerpräsident Dmitri Medwedew einen erneuten Versuch und etablierte gar ein Ministerium für die Entwicklung in Fernost. Ob es nutzt?

Zu viele Fakten hat China schon geschaffen. Und zu deutlich sind die Zahlen: In Chinas nördlichster, an Russland grenzender Provinz Heilongjiang leben 38 Millionen Menschen, im benachbarten russischen Oblast Amur lediglich 830 000. Angesichts dieser Übermacht kommt es immer wieder zu Konflikten. Ministerpräsident Medwedew spricht von einer »exzessiven Expansion von Nachbarstaaten« und meint damit in erster Linie China.

Nein, es ist nicht unbedingt Freundschaft, die die beiden großen Nachbarstaaten zusammenschweißt. Es ist eher der Mangel an Zuneigung, den beide Staaten andernorts erfahren. China hat keine Freunde, Russland auch nicht. Moskau hoffte auf eine Partnerschaft mit dem Westen, doch wurde enttäuscht. Weil der Westen – und zwar sowohl die EU wie auch die USA – sich schwertun, mit dem demokratisch nicht so lupenreinen Moskau ein engeres Verhältnis einzugehen, sucht sich Russland zwangsläufig andere Partner.

»Das Bestehen der EU auf eine wertorientierte Außenpolitik gegenüber Russland führt zu einer Entfernung Russlands von Europa«, urteilt Russland-Experte Alexander Rahr, »heute scheint Russland alles auf die chinesische Karte zu setzen.«

Es scheint so, dass die beiden Verstoßenen der Weltpolitik sich zu einem Zweckbündnis zusammengefunden haben. Immerhin führte Präsident Xi Jinpings erste Auslandsreise nach Moskau, aber so richtig grün sind sich die beiden nicht. Dmitri Trenin, Direktor des *Carnegie Moscow Center*, sagt: »Es bleibt eine Vertrauenslücke zwischen beiden Seiten, und keiner von beiden will eine wirkliche Allianz.«

Es ist eine ungleiche Partnerschaft, bei der sich die Partner nicht auf Augenhöhe begegnen. China ist aufgrund seiner wirtschaftlichen Potenz klar der stärkere Partner. Russland ist lediglich der Juniorpartner, der als Energie- und Waffenlieferant herhalten muss. Auf diesen beiden Gebieten funktioniert denn auch die Partnerschaft ziemlich gut, weil beide Seiten davon profitieren.

Das notorisch energiehungrige China braucht Russlands Gas und Öl. Und Russland ist froh, dass es auch einen Abnehmer im Osten hat und damit seine Abhängigkeit vom Westen etwas mildern kann. Erklärte Politik von Präsident Putin ist es nämlich, die Kundenstruktur bei Öl und Gas zu diversifizieren, um gegebenenfalls den einen gegen den anderen ausspielen zu können, nach dem Motto: Gut, wenn ihr den Preis für unser Gas oder Öl nicht zahlen wollt, ich habe ja noch einen anderen Interessenten.

Inzwischen gibt es sowohl Gas- und Öl-Pipelines von Russland nach China. Seit dem Neujahrstag 2011 fließt aus dem ostsibirischen Skoworodino Öl nach Daqing, dem chinesischen Ölzentrum. Der Bau der Pipeline mit dem Namen *East Siberian Pacific Ocean (ESPO)* wurde nahezu vollständig durch ein chinesisches Darlehen über 25 Milliarden Dollar finanziert. Gas soll ab Ende 2015 fließen. 30 Milliarden Kubikmeter pro Jahr, 30 Jahre lang. Ein entsprechender Vertrag mit Gazprom wurde unterzeichnet.

Ähnlich vorteilhaft für beide Seiten sind die Beziehungen auf dem Rüstungssektor. China kaufte viel und gerne in Russlands Waffenschmieden ein, weil ja der Westen aufgrund des Embargos als Lieferant seit 1989 ausgefallen ist. Russland dagegen konnte dank dieses treuen Kunden seine Rüstungsindustrie gut auslasten und damit letztendlich auch deren Überleben sichern. Anfangs waren die Russen eher vorsichtig. Sie wollten den Chinesen nicht die allerneueste Technologie liefern. Doch das hat sich inzwischen geändert. Die Chinesen bekommen modernstes Gerät wie zum Beispiel den Hightech-Jet Su-35 und auch das S-400 Missile System.

Die Militärs der beiden Länder sind sich in den vergangenen Jahren durchaus näher gekommen. Man veranstaltet gemeinsame Manöver, wie zum Beispiel die *Peace Mission* im Jahre 2009 entlang der chinesisch-russischen Grenze und im Ostchinesischen Meer. Doch ein Bündnis ist das nicht. Alexander Rahr sagt: »China tritt nach außen hin nie als echter Verbündeter Russlands gegenüber dem Westen auf.«

China betrachtet deshalb auch die *Shanghai Cooperation Or-*

ganization (SCO) in einem anderen Licht als die Russen. Während die Russen die im Jahre 2001 gegründete Organisation, der neben China und Russland die zentralasiatischen Länder angehören, eher als ein Gegengewicht zur Nato sehen wollen, betrachtet China diese eher als ein wirtschaftliches Bündnis.

Geschickt haben sich die Chinesen in den Staaten Zentralasiens, alles ehemalige Sowjetrepubliken, festgesetzt. Sie haben es vor allem auf die Rohstoffe in dieser Region abgesehen. China gibt auch hier großzügige Kredite für Infrastrukturvorhaben. Chinas Staatsunternehmen bauen Pipelines, Bahnstrecken und Straßen, zum Beispiel in Kasachstan die Eisenbahnstrecke zwischen Almaty und Astana, der alten und neuen Hauptstadt des Landes. Oder eine Gas-Pipeline vom fernen Turkmenistan nach China.

Die Staaten Zentralasiens sind froh, ein Gegengewicht zu dem einst übermächtigen Russland zu haben. Auch hier in seinem ehemaligen Einflussgebiet ist Russland eher der Verlierer. Russland-Experte Alexander Rahr sagt: »Der russische Einfluss geht eindeutig zurück. China ist so stark, dass die zentralasiatischen Länder sich mit ihm verständigen müssen.«

Aber Verbündete kann man deshalb die zentralasiatischen Staaten nicht nennen, höchstens wohlwollende Partner. China ist auf sich selbst angewiesen. Umso wichtiger ist, dass die Reihen zu Hause geschlossen sind. Wichtigstes und beliebtestes Instrument der chinesischen Führung hierbei: ein gepflegter Nationalismus.

Nationalismus auf Abruf

Die Zeitungskioske in China bieten eine enorm bunte Vielfalt. Mit Dutzenden von Sport-, Mode- und Auto-Titeln sind die kleinen Buden geradezu zugepflastert. Dazwischen hängen aber auch Blätter mit etwas schrägen Titeln wie *Weapon* (8,5 Yuan) oder *Naval Vessel Knowledge* (10 Yuan). Das sind Militärzeitschriften. Ihr Absatz boomt. Vor allem junge Männer greifen zu diesen Blättern mit Berichten und Fotos über neue Bomber, Raketen und Zerstörer. Viele junge Chinesen sind Militärenthusiasten. Anthony Wong, Präsident der *International Military Association* in Macao, sagt: »Ihre Zahl ist sehr stark angestiegen, vor allem seit Beijing vor zwei Jahrzehnten mit der Modernisierung des Militärs begann.« Die Leser seien keine Außenseiter, sondern meistens ganz normale Angestellte mit einem Vollzeitjob.

Diese jungen Normalbürger mit Faible fürs Militärische bilden auch einen Teil der sogenannten zornigen Jugend, der *Fenqi*. So heißen die Nationalisten im Internet, die dort ihre teilweise bösen Kommentare abgeben. Wie sie ticken, konnte man an ihren Kommentaren nach dem Tsunami im Erzfeindesland Japan ablesen. Viel Schadenfreude wurde dort online verbreitet. Eine »Strafe des Himmels« sei das Erdbeben gewesen. Über Japan hieß es: »Man kann nicht erwarten, dass ein Wolf plötzlich ein Hund wird, nur weil er 30 Jahre nicht gebissen hat.«

Die jungen Leute in China sind zwar durchaus kritisch gegenüber dem eigenen Land, aber sie sind auch stolz auf ihr Land, ihre Regierung und das Erreichte der vergangenen drei Jahrzehnte. Ein gewisser Nationalismus ist da deutlich zu spüren, der von der Regierung wohlwollend toleriert und manchmal auch geschürt wird. Mangels anderer Ideologie ist ein gemäßigter Nationalismus so etwas wie ein kleiner gemeinsamer Nenner zwischen Partei und Volk. Der Nationalismus wurde von der Partei vor allem nach 1989 als eine neue Form der politischen Legitimation entdeckt und gepflegt.

Das artikuliert sich in Kleinigkeiten, die aber viel aussagen: Die *General Administration of Press and Publication* verbannte den Gebrauch von englischen Wörtern und Abkürzungen mit lateinischen Alphabet aus den Medien. Also kein Zimmer 2B oder Block A mehr, und bitte kein Kürzel NBA oder WTO. Institutionen sollen sich statt englischen wieder Pinyin-Namen geben, also *Beijing Minzu University* statt *Central University for Nationalities*.

Gewiss, das sind Petitessen, ebenso wie der Xenophobie-Exzess des Yang Rui im Frühjahr 2012. Yang, Star beim staatlichen Fernsehsender CCTV und dort als freundlicher Gastgeber der Sendung *Dialogue* bekannt, wetterte in seinem Mikroblog plötzlich gegen in China lebende Ausländer: »Menschen, die in den USA oder Europa keine Jobs finden, kommen nach China, klauen unser Geld, betreiben Menschenhandel und verbreiten Lügen.«

All die nationalistischen Ausbrüche sind nicht ohne einen Rückgriff auf die jüngere chinesische Geschichte zu verstehen. Gerne weisen gerade die Regierenden – und das nicht zu Unrecht – auf das »Jahrhundert der Demütigungen« hin, jenen Zeitraum vom Beginn des ersten Opiumkrieges 1839 bis zum Sieg über die Japaner 1945. In diesen mehr als 100 Jahren war China fast durchgängig Opfer von Besetzung und Unterdrückung – erst durch diverse westliche Mächte und dann durch Japan. Der Westen verdrängt gerne diese Missetaten, die er dem chinesischen Volk angetan hat. Aber er sollte sich nicht so geschichtslos geben, denn viel vom chinesischen Handeln heutzutage lässt sich nur erklären, wenn man um diese Vergangenheit weiß.

Dieser Stachel der Demütigung sitzt immer noch tief im chinesischen Volk. Dieses Gefühl wird von Generation zu Generation vererbt und ist auch heute noch omnipräsent. Wu wangguochi – Vergesst nie die nationale Demütigung – steht heute noch auf vielen Denkmälern und Gebäuden. Und damit das Vergessen nicht einsetzt, wurden gerade in den vergangenen Jahren viele neue Museen im ganzen Land eingerichtet – vom Opiumkrieg-Museum im Guangzhou bis zu der *Nanjing Massacre Memorial Hall* in Nanjing.

Die Partei und die Regierung konservieren diese Opfermentalität. Viele Chinesen fühlen sich auch heute noch gedemütigt und fragen: Was habt ihr gegen uns? Warum schreiben eure Medien so schlecht über uns? Sie regen sich auf, wenn – wie während der Olympischen Spiele 2012 in London geschehen – chinesische Schwimmerinnen, nur weil sie die westliche Konkurrenz abgehängt hatten, mit Dopingvorwürfen überhäuft wurden, als ob es im Westen keine Dopingfälle gebe. Immer – so lautet der Vorwurf – sei China eine Bedrohung, und immer sei China böse.

Wann immer der Westen verbal oder real China attackiert, zieht China die nationalistische Karte. So war es bei der Bombardierung der chinesischen Botschaft in Belgrad im Mai 1999; so war es beim Eindringen des amerikanischen Überwachungsflugzeugs EP 3 in den chinesischen Luftraum im April 2001; so ist es bei den regelmäßig auftretenden Konflikten mit Japan. Stets gibt es kurze, heftige Eruptionen in der Bevölkerung. Das Volk zieht geordnet an den Botschaften der angeklagten Länder vorbei, skandiert ein paar böse Sprüche und wirft Plastikflaschen. Und am nächsten, spätestens am übernächsten Tag – so will es die staatliche Regie – ist der Spuk vorbei.

Was aber, wenn das Volk nicht mehr dem Regisseur gehorcht? Was, wenn sich dieser latente Nationalismus verselbständigt? Was passiert, wenn das Volk nicht mehr auf die Partei hört, sondern auf ein paar geduldete Scharfmacher, die es zweifelsohne gibt? Es sind die Autoren solcher Bücher wie *Unglückliches China* oder *China steht auf*. Beide landeten ganz oben auf Chinas Bestsellerlisten in den vergangenen Jahren.

Welches Gedankengut dahintersteht, erfährt man authentisch aus dem Munde von Wang Xiaodong, der zahlreiche Kapitel in dem Buch *Unglückliches China* schrieb. Als ihn ein BBC-Reporter in seiner schlichten Wohnung in Beijing fragte, ob China ein mächtiges Militär haben und auf einen Krieg vorbereitet sein sollte, antwortete Wang: »Selbstverständlich. Ein mächtiges Land wie China braucht natürlich eine mächtige Armee, und zwar eine Armee, die jede Ecke dieser Welt erobern kann. Das sollte unsere große Vision sein.«

In den globalen Cyberraum sind sie schon vorgedrungen.

Cyberwar – die neue Dimension des Krieges

Von einer Sekunde zur anderen wird es plötzlich dunkel. Die Metro-Züge bleiben in den unterirdischen Schächten stecken, die Ampeln zeigen weder Grün noch Rot, Flugzeuge können weder in JFK noch in La Guardia landen. Es herrscht ein Verkehrschaos in New York. –

Science-Fiction? Ein Hollywood-Film? Ein Al-Qaida-Attentat? Nein, ein Albtraum amerikanischer Militärstrategen: Eine ausländische Macht attackiert das Stromnetz amerikanischer Metropolen. Und zwar nicht mit so altmodischen Waffen wie Raketen, sondern mit einem Computervirus via Internet. Ohne Blutvergießen, ganz septisch. Der Gegner muss bei seiner Attacke nicht einmal von seinem Schreibtisch aufstehen und kann den angerichteten Schaden feixend aus der Ferne an seinem Computer oder Laptop beobachten.

So sehen wohl die neuen Kriege aus. Die Kriege haben im wahrsten Sinne des Wortes eine neue Dimension erreicht – die fünfte. Nach Land, Wasser, Luft und Weltraum nun also den Cyberraum. Die Experten sprechen von Cyberwar.

Und in diesem Krieg sind die Waffen neu verteilt. Hier fangen fast alle bei Null an, es besteht also fast Waffengleichheit. Und das ist die große Chance der Schwellenländer wie China. Bei Panzern, Raketen und Schiffen – den alten Waffen des 20. Jahrhunderts – mag noch eine Kluft zwischen China und den Amerikanern bestehen, aber nicht bei den Cyberwaffen. »Da ist die Lücke zwischen China und den USA sehr klein«, sagt der britische Historiker Niall Ferguson, »China könnte ein sehr aggressiver Gegner sein.«

Die Amerikaner haben deshalb auch in diesem Bereich China als größten Rivalen ausgeguckt. Der Autor und Wirtschaftsprofessor Peter Navarro behauptet: »Chinas rote Hacker haben die NASA, das Pentagon und die Weltbank infiltriert.« Und auch der 2011er Bericht des *Office of the National Counterintelligence Executive* nimmt kein Blatt vor den Mund und nennt China sogar beim

Namen als den »aktivsten und hartnäckigsten Täter von Cyberangriffen in den USA«. Im Februar 2013 veröffentlichte die US-Sicherheitsfirma Mandiant eine aufsehenerregende Studie, in der sie eine Militäreinheit (Nummer 61398) in Shanghai verdächtigte, Hacker-Angriffe gegen US-Einrichtungen und -Firmen durchgeführt zu haben.

Auch die sonst eher zurückhaltenden Deutschen attackieren China. Ein »stattlicher Anteil« der Cyberattacken auf deutsche Behörden und Unternehmen trage eine chinesische Handschrift, lässt die Bundesregierung erklären. »Dass China weltweit Informationen abschöpft, ist kein Geheimnis«, sagt Berthold Stoppelkamp, Geschäftsführer der Arbeitsgemeinschaft für Sicherheit der Wirtschaft. Rund 1600 Cyberangriffe auf Behördenrechner registrierte das Bundesinnenministerium. Weit mehr als die Hälfte kamen aus China, so das Ministerium.

Die Chinesen dementieren erbost all die Vorwürfe – sei es aus Deutschland oder den USA. »Es gibt keinen Cyberkrieg zwischen China und den USA«, sagt Vizeaußenminister Cui Tiankai. »Ja, es gäbe Hacker, die Amerikas Internet attackieren, aber auch das chinesische Internet. Aber sie vertreten kein spezielles Land.« Die Vorwürfe seien »grundlos und reflektieren Kalte-Krieg-Mentalität«. Im Gegenzug werfen chinesische Militärs den USA vor, selbst einen »Internetkrieg« vorzubereiten.

Jedenfalls rüsten beide Seiten auf. Die USA installierten im Mai 2010 das *United States Cyber Command (USCybercom)*. Es hat seinen Sitz in Fort Meade in Maryland. Chef der neuen Einheit ist General Keith B. Alexander. Er nennt den Cyberdiebstahl »den größten Transfer von Reichtum in der Geschichte«. Um diesem Einhalt zu gebieten, verabschiedete das Pentagon im Juli 2011 eine neue Cyber-Abschreckungsstrategie mit dem Titel *Strategy for Operating in Cyberspace*. Unausgesprochenes Ziel des 19-Seiten-Papiers: China.

In China gibt es seit 2005 eine Cyber-Militäreinheit innerhalb der Volksbefreiungsarmee. Viel weiß man nicht über Chinas Aktivitäten in diesem Bereich. Es soll außerdem eine militärische Einheit von Elite-Hackern existieren, die das Land vor Cyberattacken schützen soll. Diese »Blaue Armee« soll nur aus 30 Mann bestehen. Es sollen die besten Leute sein, die das Land zu bieten hat. Bei dem riesigen Pool an Hacker-Freaks in China kann man sich vorstellen, welche Qualitäten diese wenigen Auserwählten haben müssen.

Wie ein Cyberkrieg aussehen könnte, zeichnet sich in ersten Umrissen ab. Man kann zum Beispiel die wichtige Infrastruktur eines gegnerischen Landes lahmlegen. Da die Wirtschaft, das Militär und die Behörden inzwischen alle vernetzt sind, bieten sich unendlich viele Angriffsflächen.

Die USA haben schon mal eine Cyberattacke »geübt«. Mit einem Computervirus namens Stuxnet legten sie 2009 die iranische Atomanlage Natanz lahm. In dem Atommeiler drehten plötzlich Hunderte Zentrifugen durch. Schon George W. Bush initiierte unter dem Codenamen Olympische Spiele ein geheimes Programm zum Cyberangriff auf die iranische Anlage. Obama forcierte das Programm und ordnete schließlich den Angriff an. Erst im Juni 2012 kam heraus, dass Stuxnet eine Gemeinschaftsentwicklung der USA und Israels war.

Die Stuxnet-Aktion war eine völlig unblutige. »Sind Computerviren die Atombomben des digitalen Zeitalters?«, fragte Nils Minkmar in der *Frankfurter Allgemeinen Zeitung* – mit dem wichtigen Unterschied, dass sie keine Menschenleben kosten. Stehen wir also an der Schwelle zu neuen Kriegen ohne Opfer?

Cyberwar-Experte Richard A. Clarke glaubt nicht an eine solche heile Kriegswelt: »Ich kann mir vorstellen, dass sich in Zukunft zwei souveräne Staaten zunächst im Cyberspace bekämpfen können – dass ein solcher Krieg aber nicht im virtuellen Raum bleiben wird.«

Kapitel Acht *Kampf um die Weltmacht*
China gegen USA

> »*Die Militärstrategen beider Länder planen mit der Möglichkeit eines amerikanisch-chinesischen Krieges.*«
>
> Gideon Rachman, außenpolitischer Chefkommentator der Financial Times

In der Weltgeschichte hat es immer ein Kommen und Gehen von großen Mächten gegeben. »Hegemoniezyklen« nennt dies Robert Gilpin. Die Welt sei – so sagt der amerikanische Politikwissenschaftler – verdammt zu einem permanenten Wettbewerb der Großmächte. Zu allen Zeiten traten der Verteidiger und der Herausforderer der Macht gegeneinander an. So war es schon im alten Griechenland, als Sparta gegen Athen aufmuckte. Und so ist es heute, wo China die Stellung der USA als führende Weltmacht attackiert.

Meist – und das ist das Gefährliche an dieser Konstellation – waren solche Übergänge der Macht von kriegerischen Auseinandersetzungen begleitet. Deshalb stellen derzeit viele Beobachter der globalen Szene die bange Frage: Wird dieses Mal der Machtkampf zwischen der alten und der neuen Weltmacht, zwischen den USA und China, friedlich verlaufen oder nicht?

Fragt man die derzeit Herrschenden der beiden Mächte, bekommt man Worte der Entrüstung zu hören. »China strebt niemals eine Hegemonie an«, verkündete der neue Partei- und Staatschef Xi Jinping, als er sich Anfang Dezember 2012 in Beijing zum ersten Mal nach seiner Inthronisierung mit ausländischen Gästen traf.

»Wir sind keine militärische Bedrohung für China«, heißt es in der Obama-Administration.

Beide Aussagen mögen ja ernst gemeint sein, doch sie verkennen, dass beide Nationen in einem klassischen Sicherheitsdilemma gefangen sind. Jeder glaubt, seine militärischen Anstrengungen seien rein defensiver Natur, doch vom jeweils anderen werden sie als aggressiv empfunden. Josef Braml von der Deutschen Gesellschaft für Auswärtige Politik (DGAP) sagt: »Wenn wir China als eine militärische Bedrohung ansehen, wird es eine Bedrohung.« *Self-fulfilling Prophecy* heißt dieses Phänomen.

Von China wie den USA wird diese Gefahr der Eskalation trotzig ignoriert. Sie fahren ihren jeweiligen Konfrontationskurs munter weiter. China strebt weiterhin eine regionale Hegemonie an, verfolgt also eine unausgesprochene Monroe-Doktrin. Die Chinesen wollen Herr im asiatischen Hause sein. Die derzeitigen amerikanischen Mitbewohner betrachten sie dabei als Eindringlinge, die nicht dorthin gehören. Deshalb versuchen sie, auch wenn sie das nicht so offen sagen, die Amerikaner zumindest aus dem westlichen Pazifik fernzuhalten und entwickeln entsprechende Waffen, um das zu erreichen.

Die USA halten dagegen. Sie wollen und werden nicht kampflos das Feld westlich von Hawaii räumen. Im Gegenteil: Sie wenden sich, nachdem sie ihre militärischen Abenteuer im Nahen Osten beendet haben bzw. bald beenden werden, wieder verstärkt dem pazifischen Raum zu. Obamas Devise heißt: Fernost statt Nahost.

Die US-Marine im Pazifik wird in den nächsten Jahren verstärkt. Außerdem verbünden sich die USA mit alten und neuen Freunden rund um China, so dass dessen Führung den Eindruck hat, es werde von Amerika umzingelt.

Es ist eine gefährliche Entwicklung, die sich im asiatisch-pazifischen Raum abspielt. Wenn der zweite Kalte Krieg zu einem heißen werden sollte, dann in dieser Region. Es sei denn, die Kontrahenten erinnern sich der Geschichte, die genügend negative Beispiele solch schwieriger Übergänge von der alten zur neuen Weltmacht parat hat.

Wenn aufstrebende auf sinkende Mächte treffen

Im letzten Drittel des 19. Jahrhunderts war Großbritannien *die* Weltmacht. Das britische Empire umfasste ein Großteil der Welt. Das Land war damals die führende Industrienation und besaß die größte Handels- und Kriegsflotte. Auf den Weltmeeren hatten die Briten keinen ernstzunehmenden Konkurrenten. Doch gegen Ende des 19. Jahrhunderts wuchs auf dem europäischen Festland in rasantem Tempo ein Rivale heran – das Deutsche Reich. Es holte wirtschaftlich gewaltig auf. Und parallel dazu rüstete Deutschland auf. Besonderes Augenmerk galt dabei dem Ausbau der Marine. Treiber dieser Entwicklung war Großadmiral Alfred von Tirpitz, der im Juni 1897 zum Staatssekretär des Reichsmarineamtes ernannt wurde. Er war durch und durch ein Mahanist, also ein Verfechter maritimer Stärke. Im Juni 1900 stimmte der Reichstag auf Vorlage seines Amtes einer faktischen Verdoppelung der deutschen Flotte zu. Großbritannien nahm diese Herausforderung an und reagierte mit dem Bau von großen Kampfschiffen eines neues Typs, dem die Engländer den Namen *Dreadnought* (Fürchtenichts) gaben. Es begann eine Phase des offenen Wettrüstens zur See. Dessen bitteres Ende ist bekannt – der Erste Weltkrieg.

Viele Historiker und Politologen vergleichen diese Situation von damals mit der von heute. Nur die Akteure sind dieses Mal andere. Das aufstrebende China trifft auf das absteigende Amerika. Amerika spielt die Rolle Großbritanniens, China die von Deutschland. Der amerikanische Politikberater und Autor Robert Kagan zieht Parallelen: »Die chinesische Führung sieht die Welt in ähnlicher Weise, wie es Kaiser Wilhelm II. vor einem Jahrhundert getan tat.«

In der Geschichte kam es immer wieder, ja fast regelmäßig zu Konflikten, wenn eine aufstrebende Großmacht auf eine solche im Niedergang traf. Historiker erklären viele Kriege mit dem Übergang von einem Hegemon zum nächsten. Wenn eine Großmacht ins Wanken geriet, geriet meist auch die bis dahin gültige Weltordnung in Unordnung. Historische Beispiele fallierter Reiche gibt es genug: das Römische Reich, das spanische Imperium, das Osmanische Reich und das British Empire.

Der allererste Fall spielte sich im antiken Griechenland ab. Das bis dato alleinherrschende Athen traf auf seinen Herausforderer Sparta. Es kam im 5. Jahrhundert vor Christus zum Peloponnesischen Krieg, den der griechische Geschichtsschreiber Thukydides eindrucksvoll dokumentierte. Es war der erste große militärische Konflikt zwischen einer aufstrebenden und einer sinkenden Macht. Viele weitere Machtwechsel folgten im Laufe der Geschichte.

Die meisten verliefen nicht friedlich. Die Chancen, dass der Übergang von der alten zur neuen Weltmacht konfliktfrei vonstatten gehen wird, stehen eins zu zwei. Zu diesem Ergebnis kommt man jedenfalls, wenn man den Studien des Harvard-Politologen Graham Allison glaubt. Er untersuchte im Zeitraum seit dem Jahr 1500 alle Fälle, in denen eine aufstrebende eine herrschende Macht herausforderte. Sein ernüchterndes Ergebnis: In elf von 15 Fällen kam es zum Krieg.

Droht ein solcher auch zwischen China und den USA?

Ja, durchaus. Aber es gibt zwischen den beiden noch einen Kriegsgrund, der eine ganz andere Ursache hat.

Taiwan – Ruhe vor dem Sturm?

Es herrscht relative Ruhe rund um die Insel Taiwan. Das ist vor allem ein Verdienst von Ma Ying-jeou, der dort im März 2012 nach einer ersten vierjährigen Amtszeit als Präsident wiedergewählt wurde. Der Kandidat der Kuomintang (KMT)-Partei sucht den Ausgleich mit der übermächtigen Volksrepublik, die die Insel weiterhin als abtrünnige Provinz betrachtet und sie gerne zurück ins Riesenreich holen würde.

Der ausgleichende Ma strebt keine Unabhängigkeit der Insel an. Seine Leitlinie gegenüber Beijing ist die Formel der drei Nein – Nein zu einer Vereinigung, Nein zu einer Unabhängigkeit und Nein zur Gewaltanwendung. Im Geiste dieser Politik schloss Ma nicht weniger als 16 Abkommen mit der Volksrepublik ab, darunter das wichtigste: *The Economic Cooperation Framework Agreement (ECFA)*. Es sieht viele Zollvergünstigungen vor und soll somit den ohnehin schon intensiven Handel zwischen beiden Ländern noch weiter fördern. Dadurch erhöht sich allerdings die wirtschaftliche Abhängigkeit Taiwans von China noch weiter. Schon jetzt gehen über 40 Prozent der Exporte Taiwans nach China und Hongkong. Investitionen fließen in Milliardenhöhe in beide Richtungen. Es gibt inzwischen jede Menge Direktflüge zwischen Taiwan und China. Geschäftsleute wir Touristen müssen nicht mehr den langwierigen Umweg über den Hongkonger Flughafen nehmen.

Alles bestens also zwischen der Republik China, wie sich Taiwan offiziell nennt, und der Volksrepublik China? Vorsicht, das könnte auch eine trügerische Ruhe sein.

Auf beiden Seiten stehen hochgerüstete Armeen, wenngleich die Volksbefreiungsarmee deutliche Vorteile hat. Zwischen 14 000 und 16 000 Raketen sind auf dem Festland Richtung Taiwan gerichtet. Um diesem Arsenal zu entgegnen, sind die Taiwanesen nach wie vor auf Waffenexporte aus den USA angewiesen. Regelmäßig legt die taiwanesische Regierung Wunschlisten in Washington vor. Nicht alle Wünsche werden erfüllt, aber doch liefern die USA regelmäßig Waffen auf die kleine Insel. Immer wieder kommt es dabei reflexartig zu einem Aufschrei der Chinesen, wenn die Amerikaner liefern. So war es auch beim letzten Waffendeal im Wert von sechs Milliarden Dollar. Liu Mingfu, Professor an der Nationalen Verteidigungsuniversität, fragt: »Warum verkaufen sie Waffen an Taiwan? Wir verkaufen doch auch keine Waffen an Hawaii.«

Solange beide Seiten munter weiterrüsten, ist die Gefahr eines Krieges real. Das Problem dabei ist, dass weder China noch die USA Kontrolle über den entscheidenden dritten Akteur haben, nämlich die taiwanesische Regierung und letztlich das taiwanesische Volk. Die Kuomintang-Regierung fährt zwar derzeit einen konzilianten, ja fast einen Schmusekurs gegenüber Beijing. Aber wer garantiert, dass es so bleiben wird? Was passiert, wenn die oppositionelle *Democratic Progressive Party (DDP)* bei der nächsten Wahl an die Macht kommt? Zwar verbessert auch die DDP ihre Beziehungen zum Festland. »China ändert sich, die DDP sollte deshalb nicht der Meinung sein, dass sie sich nicht ändern sollte«, sagte der derzeit amtierende DDP-Vorsitzende Su Tseng-chang. Der pragmatische Su ist bis Mai 2014 als Vorsitzender gewählt. Es ist aber nicht sicher, ob er als Spitzenkandidat im nächsten Wahlkampf 2016 antreten wird. In der DDP gibt es immer noch starke Kräfte, die für eine Unabhängigkeit der Insel eintreten. Sollten diese erst innerhalb der DDP die Oberhand gewinnen und dann anschließend die Präsidentschaftswahlen, dann hätten wir den *Casus Belli*. Und die USA wären gefordert. Denn schließlich gibt es den *Taiwan Relations Act*. Er verpflichtet die Amerikaner in einer kriegerischen Auseinandersetzung zum Beistand.

»Unsere Freunde in China sollten nicht unterschätzen, wie stark unsere Gefühle für Taiwan sind«, schreiben Richard Bush und Michael O'Hanlon, Asien-Experten bei der Brookings Institution, in ihrem Buch *A War Like No Other*. Die Amerikaner stehen zu dem demokratischen Taiwan, zur autoritären Volksrepublik dagegen haben sie ein sehr gespaltenes Verhältnis.

Misstrauen dominiert –
Was China und die USA voneinander halten

Sie studieren liebend gern in den USA, sie schauen Filme aus Hollywood und hören Musik aus New York, sie verfolgen NBA-Spiele im Fernsehen, und sie schlürfen teure Latte macchiatos in einer der vielen Starbucks-Cafés, die es inzwischen an fast jeder Straßenecke in chinesischen Großstädten gibt. Man könnte meinen, wenn man die chinesische Bewunderung für die amerikanische Kultur und

Subkultur betrachtet, Chinesen haben eine unverkrampfte Beziehung zu den Amerikanern.

Doch das Verhältnis Chinas zu den USA ist sehr ambivalent. Es ist eine Art Hassliebe. Einerseits bewundern viele Chinesen die Kreativität und die – allerdings schwindende – Innovationskraft der Amerikaner, andererseits sind die USA für sie der große strategische Rivale, der ihrer Meinung nach alles versucht, China nicht zu mächtig werden zu lassen. In den staatlichen Medien, aber auch auf vielen privaten Webseiten werden die USA deshalb als Bedrohung angesehen.

»Chinas strategisches Misstrauen gegenüber den USA ist tief verwurzelt, und in den vergangenen Jahren scheint sich dieses noch vertieft zu haben«, schreiben die beiden Politikwissenschaftler Kenneth Lieberthal (USA) und Wang Jisi (China) in einem gemeinsamen Artikel.

Es ist freilich ein gegenseitiges Misstrauen. Auch die Amerikaner tun sich schwer mit den Chinesen und unterstellen ihnen zunächst einmal alles nur denkbar Böse: Die Chinesen würden ihnen die Arbeitsplätze rauben, ihre Technologien klauen und einen Cyberkrieg gegen ihr Land planen. All diese diffusen Ängste kamen im Wahlkampf des vergangenen Jahres hoch, als sowohl Mitt Romney und Barack Obama immer wieder zum Instrument des *China-Bashing* griffen.

Wie in China ist auch in den USA das Verhältnis zu China äußerst ambivalent. Einerseits betrachtet man mit einer gewissen Bewunderung Chinas rasante wirtschaftlichen Erfolge, andererseits verachtet man das autoritäre politische System. Besonders Amerikas Elite ist in der Frage, wie ihr Land mit dem immer stärker werdenden undemokratischen China umgehen soll, tief gespalten. Am tiefsten ist der Graben in der Intellektuellen-Szene Amerikas, wo sich zwei Lager unüberbrückbar gegenüberstehen – die *dragon slayers* und die *panda huggers* oder – so eine andere geläufige Klassifizierung – das *blue team* versus das *red team*.

Zum roten Team, den China-Verstehern, zählen unter anderen

Ex-Außenminister Henry Kissinger, die beiden Brookings-Intellektuellen Kenneth Lieberthal und John Thornton, Charles Freeman (*Center for Strategic and International Studies, CSIS*) und die Vertreter des U. S.-China Business Council. Im gegnerischen blauen Team stehen der ehemalige Weltbank-Chef Paul Wolfowitz, der Kolumnist der *Washington Times*, Bill Gertz, sowie der Wirtschaftsprofessor und Buchautor (*Death by China*) Peter Navarro.

Diese beiden Lager führen heftige Debatten. Es sind zum Teil sehr emotionale Diskurse. Aber schließlich steht auch viel auf dem Spiel. Es geht um die Frage, ob die USA der alles entscheidende Global Player bleiben oder die Führungsrolle an China verlieren wird.

Wie verfolgen die amerikanische Zuschauer dieses Duell, wo liegen ihre Sympathien? Sie scheinen mehrheitlich Anhänger des blauen Teams zu sein. Denn nach einer Gallup-Umfrage wurde China als zweitgrößter Feind des Landes betrachtet. Nur von Nordkorea haben die Amerikaner eine noch schlechtere Meinung.

Umarmen oder Erdrücken? – Wie die USA mit China umgehen

Der damalige chinesische Staatspräsident Hu Jintao landete am Nachmittag des 17. Januar 2011 auf dem Luftwaffenstützpunkt Andrews nahe Washington. Abends gab es – protokollarisch die höchste Anerkennung für einen Staatsgast – ein privates Dinner mit dem Präsidenten im Weißen Haus. Am nächsten Morgen begrüßten 21 Kanonenschüsse den chinesischen Gast. Der ereignisreiche Tag klang mit einem Staatsbankett, bei dem viel Prominenz auch aus dem Showbusiness präsent war, aus. Nach dem Verzehr von Hummer und Apfelkuchen spielten die amerikanische Jazzlegende Herbie Hancock und der chinesische Pianist Lang Lang.

Es war ein Gipfel ohne große Misstöne und voller Harmonie, der da Anfang 2011 in den USA stattfand. Hu Jintao sprach nachher von einer *Win-Win-Situation*. Die statusbetonten chinesischen Gäste waren zufrieden, weil sie mit höchsten protokollarischen Ehren empfangen wurden, und die Präsidenten beider Großmächte sich sozusagen auf Augenhöhe begegneten. Die amerikanischen Gastgeber freuten sich, weil Verträge über Exportaufträge im Wert von 45 Milliarden Dollar unterzeichnet wurden.

Natürlich ist es hilfreich und notwendig, dass Chinesen und Amerikaner miteinander reden – gerade auf allerhöchster Ebene. Aber sprechen sie dieselbe Sprache? Verstehen sie sich? Zweifel sind angebracht. »Das zentrale Problem in den Beziehungen zwischen beiden Ländern ist das gegenseitige Misstrauen«, sagt Paul Gewitz, Direktor des *China Law Centers* an der Yale University.

Es ist ein Misstrauen, das die Beziehungen der beiden Nationen seit 1949 in unterschiedlicher Intensität begleitet. Das Verhältnis der beiden war stets großen Schwankungen unterworfen. Es hing immer von der jeweils herrschenden weltpolitischen Großwetterlage ab. Princeton-Professor Aaron Friedberg teilt in seinem Buch *A Contest for Supremacy* die Beziehungen der beiden Mächte in drei – jeweils 20 Jahre umfassende – Perioden ein. Unmittelbar nach der Gründung der Volksrepublik China 1949 begannen die Amerikaner das kommunistische China zu isolieren und zu destabilisieren. Es war die hohe Zeit des Anti-Kommunismus in den USA. China versuchte seine Revolution in die Dritte Welt zu exportieren. Dem wollten die USA Einhalt gebieten.

Diese Phase der ersten Eindämmung Chinas dauerte bis 1969. Spätestens damals erkannten die Amerikaner, dass der Feind nicht in Beijing sitzt, sondern in Moskau. China hatte sich als Papiertiger entpuppt, Russland dagegen – zumindest glaubte man das damals – sei der angriffslustige Bär. Weil die Sowjetunion und die Volksrepublik China damals auf unterschiedlichen Wegen ins kommunistische Paradies unterwegs waren und deshalb ideologisch über Kreuz lagen, handelten die Amerikaner nach dem Motto ›der Feind meines Feindes ist mein Freund‹ und näherten sich unter dem damaligen Präsidenten Richard Nixon China an. Dieses Zweckbündnis China–USA hielt genau weitere 20 Jahre – bis zum Ende des Kalten Krieges 1989. Dann implodierte die Sowjetunion. Die ideologische Frontstellung – hier die freie westliche Welt, dort die kommunistische – war passé. Die USA brauchten deshalb China nicht mehr als Partner in ihrem Feldzug gegen das böse Sowjetreich.

Nach 1989 begann eine sehr ambivalente Phase der amerikanisch-chinesischen Beziehungen, die viele US-Beobachter mit dem neuen Wort *Congagement* bezeichnen. Diese Wortschöpfung ist eine Kreuzung von *Containment* und *Engagement*, also Eindämmung und Einbeziehung.

Diese Ambivalenz resultiert aus der Unentschlossenheit der amerikanischen Führung, wie sie mit dem immer stärker werdenden China umgehen soll. China ist für sie weder Freund noch Feind. Und China ist für die USA gleichzeitig Partner, aber auch Rivale. Ob Bill Clinton, George W. Bush oder Barack Obama – alle drei US-Präsidenten hatten keine klare Linie in ihrer China-Politik. Clinton und Bush prügelten zu Beginn ihrer jeweiligen Amtszeit auf China ein, um dann in den Folgejahren gegenüber Beijing immer freundlicher zu werden. Bei Obama war es umgekehrt. Er versuchte es zu Beginn seiner ersten Amtsperiode mit einem Schmusekurs gegenüber Beijing (der dort allerdings auf wenig Gegenliebe stieß), um dann auf eine härtere Linie gegenüber China einzuschwenken.

Wie wird Obama in seiner zweiten Amtszeit gegenüber China agieren? Das Verhältnis wird konfliktträchtiger werden, auch wenn seine neuen Minister John Kerry (Außenminister) und Chuck Hagel (Verteidigungsminister) eher Tauben als Falken sind. Denn Obama will das amerikanische Engagement in der pazifischen Region weiter ausbauen. Das hat er schon gegen Ende seiner ersten Amtszeit verkündet. Nun will er in der zweiten Phase seiner Regierung den Worten Taten folgen lassen.

Amerikas Rückkehr nach Asien

Am 17. November 2011 hielt Barack Obama vor dem australischen Parlament in Canberra eine historische Rede. Die USA werden ihre Aufmerksamkeit künftig wieder der asiatisch-pazifischen Region zuwenden, sagte der Präsident, der auf Hawaii geboren wurde und einige Jahre in Indonesien gelebt hatte und sich somit qua Geburt als pazifischer Präsident fühlt. Die USA würden – so Obama in Canberra – eine größere und langfristige Rolle bei der Gestaltung dieser Region spielen. Und dann sagte er den wohl meistzitierten Satz aus dieser Rede: »Die USA sind eine pazifische Macht, und wir sind hier, um zu bleiben.«

Die Canberra-Rede war der Höhepunkt einer medialen Offensive der Amerikaner. Schon Monate zuvor hatten in zahlreichen Artikeln, Interviews und Reden Obamas wichtigste Minister verkündet, dass die USA sich wieder als pazifische Macht zurückmelden. So erklärte Hillary Clinton in einer Rede im East-West Center in Honolulu, dass das 21. Jahrhundert Amerikas pazifisches Jahrhundert werden würde. »Anstatt uns zurückzuziehen«, so Clinton auf Hawaii, »müssen wir Präsenz zeigen und unseren Führungsanspruch bekräftigen.« Als *Pivot*, als Schwenk, wurde diese Neuorientierung der amerikanischen Außen- und Sicherheitspolitik Richtung Fernost bezeichnet.

Diese mit viel Pomp und Rhetorik angekündigte Rückkehr Amerikas nach Asien suggeriert, dass die USA weg waren. Aber waren sie wirklich weg? Zwar haben die Amerikaner in der Bush-Ära wegen anderweitiger Engagements (Afghanistan, Irak) der Region etwas weniger Beachtung geschenkt, aber ihre Truppen waren stets in Asien präsent.

Neu ist aber, dass nun die US-Truppen in Fernost aufgestockt werden sollen – trotz der großen Haushaltsprobleme in Washington. An allen Ecken und Enden muss das Pentagon sparen, aber der pazifische Raum bleibt ausgespart. Obama sagte in Canberra klipp und klar: »Die Kürzung der Verteidigungsausgaben werden nicht – ich wiederhole, werden nicht – zu Lasten der Aufgaben in dieser Region gehen.«

Was das konkret bedeutet, erklärte wenige Monate später der damalige Verteidigungsminister Leon Panetta in Singapur. Vor allem die Marine werde künftig in den pazifischen Gewässern mehr Flagge zeigen. War bislang die Präsenz der amerikanischen Kriegsschiffe zwischen Atlantik und Pazifik im Verhältnis 50:50 aufgeteilt, so wird sie künftig 60:40 zugunsten des Pazifiks betragen. Sechs Flugzeugträger werden sich permanent im Pazifik aufhalten. Und Panetta verkündete in Singapur vor den versammelten Militärs der Region: »Wir werden in den nächsten Jahren die Anzahl und Größe unserer Manöver im Pazifik erhöhen.«

Wie wichtig den US-Militärs inzwischen die Region ist, lässt sich auch daran erkennen, dass der US-Verteidigungsminister und Martin E. Dempsey, der Generalstabschef, alle zwei Wochen eine Videokonferenz mit dem Oberkommandierenden der Region, Admiral Samuel J. Locklear, abhalten. Nach Angaben aus dem Pentagon ist ein solch permanenter Austausch nur mit Kriegsgebieten üblich.

Wie reagieren die Asiaten auf die Rückkehr der Amerikaner? Zwiespältig. Die Alliierten wie Japan begrüßen den Schritt. Auch Indien applaudiert, aber eher verhalten. In Malaysia und Indonesien ist man zurückhaltender. Dort fürchtet man, dass sich die Spannungen in der Region durch die Rivalität zwischen den USA und China erhöhen werden. Vor allem in den Asean-Staaten hat man Sorge, dass man in eine Auseinandersetzung zwischen den beiden Großmächten hineingezogen werde. Diese Länder wollen nicht Partei ergreifen müssen. Sie suchen deshalb zunächst einmal gute Beziehungen zu beiden. Zu China, weil der asiatische Gigant ihr wichtigster Wirtschaftspartner ist; zu den USA, weil diese ihnen die nötige Sicherheit geben, falls die Chinesen doch globale oder zumindest regionale Hegemonie-Gelüste entwickeln und austoben sollten.

Aber wie lange können die Südostasiaten diesen Spagat durchhalten? Wann kommt es zur Stunde der Entscheidung?

Schon jetzt ist erkennbar, dass das Asean-Bündnis bröckelt und in zwei Lager zu zerfallen droht, in ein pro-chinesisches und in ein pro-amerikanisches. Beide Mächte buhlen in der Region heftig um Zuneigung. Die USA haben kürzlich als Zeichen ihrer neuen Verbundenheit sogar einen Botschafter beim ständigen Asean-Sekretariat in der indonesischen Hauptstadt Jakarta ernannt.

Die Südostasiaten befinden sich in einem Dilemma. Viel Wahlfreiheit haben sie nicht. Schon macht das Wort von der *Finnlandisierung* der Region die Runde. Zu Zeiten des ersten Kalten Krieges wurde das wohlfeile, rücksichtsvolle Verhalten Finnlands gegenüber seinem großen Nachbarn Sowjetunion als *Finnlandisierung* bezeichnet. Die asiatischen Nachbarstaaten Chinas sind nun in derselben Rolle wie einst Finnland. Sie müssen sich mit dem mächtigen Riesen im Norden irgendwie arrangieren.

Selbst das etwas ferne Australien steckt in demselben Dilemma wie die asiatischen Nachbarländer der Region. Auch der fünfte Kontinent ist wirtschaftlich von China abhängig, aber politisch-militärisch von den USA. Die Frage, an wem sich Australien künftig orientieren muss, wird heftig diskutiert. Der Verteidigungsexperte und Politikprofessor Hugh White hat in seinem vielbeachteten und diskutierten Artikel *Power Shift: Australia's Future Between Washington and Beijing* dafür plädiert, dass die USA und China in der Region kooperieren sollten statt sich zu bekriegen. Das würde allerdings bedeuten, dass sich die Amerikaner zurücknehmen müssten. White empfiehlt deshalb: »Wir sollten die Amerikaner überzeugen, zu bleiben, aber nicht zu dominieren.«

Derzeit sieht es freilich nicht danach aus, dass sich die Amerikaner in der Region bescheiden werden. Im Gegenteil: Sie treiben – wie die aufrüstenden und territorial expandierenden Chinesen – ein strategisch gefährliches Doppelspiel. Sie wollen China militärisch umzingeln und wirtschaftlich eindämmen.

Eindämmung I: Ein Handelsblock gegen China

Eine Freihandelszone rund um den Pazifik: Hier die amerikanischen, dort die asiatischen Anrainer – das ist der große Traum der Amerikaner, den sie in den nächsten Jahren realisieren wollen. Dieser Traum hat den ziemlich unromantischen Namen *Trans-Pacific Partnership (TPP)*. Elf Nationen stecken derzeit mitten in Verhandlungen über einen solchen Pakt, darunter die USA, der *Spiritus Rector* des TPP, Australien, Vietnam, Singapur und Malaysia. Japan hat auch schon sein Interesse bekundet.

Am Ende eines langen Verhandlungsprozesses könnte die größte Freihandelszone der Welt entstehen, in der Waren und Dienstleistungen ohne große Hindernisse wie Zölle grenzüberschreitend fließen können. Allen Mitgliedern der Zone würde das – so zumindest die Theorie – Wachstumsgewinne bescheren.

Nur ein Land würde davon nicht profitieren: China. Die Chinesen sind nämlich bei den Verhandlungen gar nicht dabei. Diese TPP ist – auch wenn es die Amerikaner nicht offen sagen – gegen China gerichtet. Sie verkünden zwar offiziell, auch China könne an dieser Zone teilnehmen. China sei von der geplanten TPP nicht ausgeschlossen, sagte zum Beispiel Barack Obama in seiner berühmten Canberra-Rede. Aber gleichzeitig setzen die Amerikaner die Bedingungen für die Chinesen so hoch, dass diese sie nie und nimmer annehmen können und wollen. Vor allem die Regeln zum Schutz geistigen Eigentums, zu Arbeitsrechts- und Umweltstandards sowie zu Staatsbetrieben sind so gestaltet, dass sie die Chinesen nicht akzeptieren können.

Die USA forcieren die TPP-Verhandlungen vor allem aus zwei Motiven. Erstens erhoffen sie sich durch vermehrten Handel mit den TPP-Staaten Wachstumsimpulse für ihre dümpelnde Wirtschaft. Und zweitens wollen sie dadurch Chinas wirtschaftlichen Einfluss in Asien eindämmen.

Denn die Amerikaner sind über Chinas wirtschaftliche Dominanz im restlichen Asien zunehmend besorgt. Inzwischen ist China in fast allen Ländern der Region der größte Handelspartner. Das erzeugt Abhängigkeiten, die die USA nicht gerne sehen. Außerdem fürchten sie, wirtschaftlich ausgegrenzt zu werden. Sie haben viel weniger Freihandelsabkommen mit den asiatischen Ländern als China.

Die Chinesen haben schon frühzeitig bilaterale wie multilaterale

Abkommen mit den zehn Asean-Staaten und anderen Ländern der pazifischen Region geschlossen. Das bislang wichtigste Vertragswerk war das Freihandelsabkommen zwischen Asean und China, das am 1. Januar 2010 in Kraft getreten ist. Mit 1,9 Milliarden Menschen und einem Handelsvolumen von knapp 500 Milliarden Dollar ist das der drittgrößte Handelsblock der Welt – nach der EU und dem *North American Free Trade Agreement NAFTA* (USA, Kanada und Mexiko).

Mit ihrer geplanten TPP wollen nun die Amerikaner gegen diese Wirtschaftsbündnisse der Chinesen antreten. Und das ist nicht der einzige *Showdown* der beiden Weltmächte in dieser Region.

Eindämmung II: Militärbündnisse gegen China

Guam ist eine kleine Insel mitten im Pazifik, vier Flugstunden von Hongkong und sechs von Hawaii entfernt. Seit 1899 ist Guam amerikanisches Territorium. Es hat für die USA eine enorme strategische Bedeutung. Es ist ihr westlichster Posten im Pazifik. Von hier aus können ihre Flugzeuge und Kriegsschiffe im Ernstfall Richtung Asien aufbrechen.

Für die Amerikaner ist die Insel so etwas wie ein stationärer Flugzeugträger. Auf der *Anderson Air Force Base* sind die strategischen Bomber B-2 und B-52 sowie die Kampfflugzeuge F-15 und F-22 stationiert. Für sie wurden gerade die Start- und Landebahnen erneuert. Insgesamt steckten die Amerikaner 40 Milliarden Dollar in die Modernisierung des Stützpunktes Guam.

Guam spielte schon in den 60er und 70er Jahren während des Vietnamkrieges eine wichtige strategische Rolle. Und heute ist Guam für die Amerikaner wieder genauso wichtig. Doch Guam ist zwar ein sehr wichtiges, aber eben nur ein Mosaiksteinchen in der neuen amerikanischen Asien-Strategie.

Geschickt haben die US-Militärs in den vergangenen Jahren in der Region alte Freundschaften weiter ausgebaut und neue Freundschaften geknüpft – von Ostasien über Südostasien bis nach Südasien, von Japan bis nach Indien:

Japan: Treuester Alliierter der USA im Pazifik ist Japan. Die beiden Nationen sind durch ein Sicherheitsabkommen eng miteinander verbandelt. Das 1960 unterzeichnete *Treaty of Mutual Cooperation and Security between the United States and Japan* sieht vor, dass sich die beiden Nationen gegenseitig unterstützen, sollten ihre Territorien angegriffen werden. Rund 38 000 amerikanische Soldaten aus allen Waffengattungen sind in Japan stationiert.

Die USA würden gerne das Bündnis mit Japan um Südkorea erweitern. Es gab auch bereits erste gemeinsame Seemanöver der drei Nationen. Aber das Thema ist sehr sensitiv, da Korea und Japan historische Ressentiments haben. So wurde das erste Militärabkommen zwischen Seoul und Tokio wenige Stunden vor seiner Unterzeichnung Ende Juni 2012 gekippt.

Südkorea: Für die USA ist Südkorea so etwas wie der militärische Musterknabe. Die Koreaner rüsten seit Jahren munter auf. Der Anteil der Militärausgaben am Sozialprodukt ist höher als der in China und Japan. Die USA haben noch rund 28 000 Soldaten in Korea stationiert. Zwar sind Korea und China wirtschaftlich eng miteinander verflochten, und sie eint die traumatische Erfahrung der japanischen Besatzungszeit, aber mehr Gemeinsamkeiten haben die beiden Nachbarn nicht. »Es deutet nichts darauf, dass die VR China die USA als wichtigsten Verbündeten Südkoreas in naher Zukunft ablösen könnte«, schreiben Sebastian Heilmann und Dirk Schmidt. Südkorea wird im amerikanischen Lager bleiben.

Philippinen: Es war eine symbolische Zeremonie auf der USS *Fitzgerald* in der Manila Bay. Ihren Besuch Mitte November 2011 auf dem Flugzeugträger nutzte die damalige US-Außenministerin Hillary Clinton zu einem eindeutigen Statement: »Die USA werden immer an der Seite der Philippinen sein, und wir werden mit euch kämpfen.« Die Freundschaft zwischen den USA und dem Inselstaat war nicht immer so eng. Anfang der 90er Jahre mussten die Amerikaner auf den Philippinen die Clark-Luftwaffenbasis und den

Marinestützpunkt Subic Bay schließen. Jetzt kehren die Amerikaner – freilich mit kleineren, aber schlagkräftigeren Einheiten – wieder zurück. Das philippinische Militär kann die Hilfe gut gebrauchen, denn vor allem seine Marine gilt als nicht sehr schlagkräftig. Sie ist klein und muss veraltetes Material benutzen. Auch institutionell vertieften die USA und die Philippinen ihre Partnerschaft. 2012 gab es die ersten sogenannten 2+2-Gespräche, bei denen sich die Außen- und Verteidigungsminister beider Länder trafen.

Vietnam: Zum ersten Mal nach 30 Jahren besuchte Anfang Juni 2012 ein US-Verteidigungsminister wieder Cam Ranh Bay. Folgerichtig sagte Leon Panetta – mit einer Baseballmütze auf dem Kopf – an Bord der USS Richard E. Byrd: »Das ist ein historischer Trip.« Cam Ranh Bay, das im einstigen Südvietnam liegt, war während des Vietnamkrieges ein wichtiger Marinestützpunkt für die Amerikaner. Sie bauten ihn damals zum größten Naturhafen Ostasiens aus. Und nun sind die Amerikaner wieder zurück, sie dürfen den Hafen wieder anlaufen. Fast 40 Jahre nach dem Ende des Vietnamkriegs gibt es Militärübungen der beiden einstigen Gegner. Der US-Flugzeugträger USS George Washington und der Zerstörer USS John McCain unternahmen bereits mit der vietnamesischen Marine gemeinsame Manöver im Südchinesischen Meer. Flankiert werden die militärischen Übungen von intensiven Gesprächen auf höchster politischer Ebene. Seit 2009 gibt es den institutionalisierten *US-Vietnam Political, Security and Defense Dialogue*. Die Amerikaner wollen die Beziehungen sogar noch intensivieren. Sie streben eine strategische Partnerschaft mit dem kommunistischen Land an. Waffen liefern die Amerikaner – zumindest offiziell – noch nicht. Vietnam, das in den vergangenen Jahren kräftig aufgerüstet hat, kauft traditionell in Russland ein. Gerade haben sie dort Kampfflugzeuge des Typs Su-30 und sechs U-Boote der Kilo-Klasse bestellt. Kosten insgesamt: 3,2 Milliarden Dollar.

Myanmar: Lange Zeit als Paria-Staat eingestuft, hat sich Myanmar – das frühere Burma – in den vergangenen Jahren gewandelt. Die herrschende Zivilregierung, die aber immer noch von Militärs durchsetzt ist, gab sich einen demokratischen Anstrich, ließ die weltberühmte Oppositionspolitikerin Aung San Suu Kyi endlich ins Parlament. Und plötzlich hofieren die westlichen Staaten das neue Regime. Die Amerikaner waren die schnellsten bei dessen Anerkennung. Hillary Clinton kam Ende November 2011 als erste westliche Spitzenpolitikerin auf Besuch, und im November 2012 schaute auch der frisch wiedergewählte Barack Obama auf seiner ersten Auslandsreise (!) für sechs Stunden in Burmas ehemaliger Hauptstadt Rangun vorbei. Es haben auch schon geheime Gespräche zwischen Militärexperten beider Länder mit dem Ziel stattgefunden, burmesische Militärs in den USA auszubilden. Den USA kommt dabei zugute, dass sie auch in den Zeiten des Boykotts durch den Westen stets informelle Kontakte zu den Militärs gepflegt hatten. Die USA waren das einzige westliche Land, das in seiner Botschaft einen Militärattaché behielt.

Thailand: Die Beziehung zu Thailand ist eine der ältesten Partnerschaften zwischen den USA und einem asiatischen Land. Sie geht auf ein Abkommen aus dem Jahre 1833 zurück. Doch in den vergangenen Jahren stagnierten die Beziehungen zwischen den beiden langjährigen Partnern. Gleichzeitig wurden die Beziehungen Thailands zu China immer besser. Ian Storey, Experte beim *International Institute for Strategic Studies (IISS)* in Singapur, sagt: »Von allen südostasiatischen Staaten hat Thailand die engsten Militärbeziehungen mit China.«

Singapur: Der Stadtstaat am Ausgangspunkt der Straße von Malakka erlaubt den Amerikanern, dass vier superschnelle Kriegsschiffe, die sogenannten *Littoral Combat Ships (LCS)*, regelmäßig den Hafen von Singapur ansteuern dürfen. Das erste dieser Schiffe kam im Frühjahr 2013 und darf dort zehn Monate stationiert bleiben. Das befreundete Singapur ist kein offizieller Stützpunkt der Amerikaner, aber man kann ihn als einen Quasi-Stützpunkt bezeichnen.

Indonesien: Lange Zeit war das Verhältnis zwischen den USA und Indonesien gestört. Seit sich das Land aber von einer Diktatur zu einer nachhaltigen Demokratie gewandelt hat, haben sich die USA und Indonesien einander angenähert. Im Jahr 2010 wurde ein *Comprehensive Partnership Agreement* unterzeichnet, das auch eine militärische Zusammenarbeit einschließt. Inzwischen liefern die Amerikaner auch Waffen an die indonesische Armee, zum Beispiel zwei Dutzend gebrauchte F-16-Kampfflugzeuge und acht nagelneue *Apache*-Hubschrauber.

Australien: Die USA und Australien haben eine über 60 Jahre alte Tradition der militärischen Zusammenarbeit. Diese wurde in den vergangenen Jahren noch intensiviert. In einer Vereinbarung vom September 2011 gewährte Australien den USA unbegrenzten Zugang zu australischen Militärbasen und Häfen. Besondere Bedeutung hat dabei Darwin, die Hafenstadt im Nordwesten Australiens. Sie liegt dem Südchinesischen Meer am nächsten. Rund 2500 Marines wollen die Amerikaner dort in den nächsten Jahren stationieren. Darwin könnte auch als Stützpunkt für US-Flugzeuge ausgebaut werden, denn Guam liegt einfach zu weit weg von den Brennpunkten der Zukunft.

Indien: Unter der Präsidentschaft von George W. Bush wurde 2005 ein auf zehn Jahre ausgelegtes Verteidigungsabkommen *(New Framework for the US-India Defense Relationship)* zwischen Indien und den USA unterzeichnet. Die militärische Annäherung setzte sich unter Obama fort. Indien, lange Zeit von russischen Waffenlieferungen abhängig, deckt sich inzwischen zunehmend auf dem amerikanischen Rüstungsmarkt ein. Ob Ultraschall-Haubitzen, raketenbestückte Hubschrauber oder Transportflugzeuge – die Amerikaner erfüllen inzwischen bereitwillig die Wünsche des indischen Militärs.

Neben diesen zahlreichen bilateralen Bündnissen und Kooperationen propagieren die Amerikaner auch die militärische Zusammenarbeit zwischen ihren asiatischen Partnern. Sichtbares Zeichen dieser Politik ist die steigende Zahl der Manöver im Pazifik, an dem häufig mehrere Nationen teilnehmen.

Angesichts dieser vielfältigen militärischen Engagements der

Amerikaner in Asien haben die Chinesen das Gefühl, dass sie von den USA und seinen Freunden oder Alliierten umzingelt werden. Sie sehen eine Einkreisung in Form eines großen C, das von Japan über Südostasien bis hinüber nach Indien reicht. Dai Xu, Oberst der chinesischen Luftwaffe, sieht gar eine asiatische Nato im Entstehen.

Die Amerikaner freilich widersprechen, dass sie China umzingeln oder eindämmen wollen. Ob Obama, sein Vize Biden oder hochrangige US-Militärs – gebetsmühlenartig dementieren sie, solch böse Absichten zu hegen. So pflegt zum Beispiel Vizepräsident Joseph R. Biden zu sagen: »Ich weise die Ansichten einer Umzingelung entschieden zurück.«

Man muss aber kein Militärexperte sein, um zu erkennen, dass zwischen diesen Worten und den Taten ein großer Widerspruch besteht. Gegen wen sonst als gegen China soll die amerikanische Bündnispolitik der vergangenen Jahre in Asien gerichtet sein?

Dieselbe Unehrlichkeit kann und muss man auch den Chinesen vorwerfen. Sie verkünden treuherzig, dass sie in Asien keine Hegemonie anstreben, doch ihr Handeln straft sie Lügen. China hat eine Monroe-Doktrin, ob sie es so nennen oder nicht.

Chinas unausgesprochene Monroe-Doktrin

James Monroe war der fünfte Präsident der Vereinigten Staaten von Amerika. Dass sein Name auch heute noch vielen Historikern und Politikwissenschaftlern geläufig ist, hat seine Ursache in Monroes Rede zur Lage der Nation, die er am 2. Dezember 1823 vor dem amerikanischen Kongress hielt. Damals verkündete er, dass sich die Europäer gefälligst aus Amerika – und damit meinte er sowohl den Norden als auch den Süden des Kontinents – heraushalten sollen. Falls die europäischen Mächte es trotzdem wagen sollten, sich zum Beispiel wieder in ihre ehemaligen Kolonien Lateinamerikas einzumischen, drohte er mit Krieg.

Diese Haltung Monroes ging in die Geschichtsbücher als Monroe-Doktrin ein. Sie besagt, dass ein regionaler Hegemon – in diesem Falle die USA – seine schützende Hand über seine Region halten werde und keine anderen Mächte in seinem Hinterhof dulden werde. Wer dieses Verdikt missachtet, muss mit militärischer Gegenwehr der Schutzmacht rechnen.

Gleiches haben nun die Chinesen vor. Sie wollen die dominierende Macht in Asien sein und alle, die dort aus ihrer Sicht nichts verloren haben, verdrängen. Und damit sind natürlich in erster Linie die Amerikaner gemeint. Der Chikagoer Politikwissenschaftler John Mearsheimer kann in diesem Verhalten nichts Verwerfliches erkennen: »Warum sollten die Chinesen nicht eine Monroe-Doktrin haben, so wie wir einst eine hatten?«

Die Chinesen plädieren nicht offen und nicht öffentlich für einen Rückzug der Amerikaner aus dem westlichen Pazifik. Doch das chinesische Handeln suggeriert einen solchen.

Chinas Militär hat inzwischen ein umfangreiches Arsenal an sogenannten *Anti-Access/Area-Denial (A2/AD)*-Waffen, mit denen China den Amerikanern den Zugang zu »seinen« Gewässern – dem Gelben Meer, dem Ostchinesischen und Südchinesischen Meer – verwehren will. Dazu gehören vor allem mobile Kurzstreckenraketen mit einer Reichweite von über 1000 Kilometern. Über 1100 dieser Raketen soll China bereits besitzen.

An ihrer wichtigsten Waffe, die die Amerikaner auf Distanz halten soll, arbeiten die Chinesen noch. Sie hat aber schon einen Namen: Dongfeng 21D. Das heißt Ostwind. Und gegen den Osten, also den Pazifik, ist diese Wunderwaffe auch gerichtet. Wunderwaffe deshalb, weil sie vom Lande aus zum Beispiel Flugzeugträger auf hoher See zielgenau treffen kann. Eine solche Rakete gibt es bislang nicht. Gegen Ende des ersten Kalten Krieges kamen die USA und die Sowjetunion überein, eine solche Waffe nicht zu entwickeln, weil sie zu teuer sei.

Doch Geld spielt bei den Chinesen offenbar keine Rolle. Die Entwicklung der Dongfeng 21 soll schon weit gediehen sein auch wenn nach Expertenmeinung noch jahrelange Tests nötig seien, bis die Waffe wirklich eingesetzt werden könnte. Die Chinesen dementieren nicht, dass sie an einer solchen Waffe arbeiten, verkünden aber treuherzig, dass sie nur defensiv, nicht offensiv eingesetzt werden würde.

Diese weltweit erste Land-Schiff-Rakete wird von Militärexperten wie dem inzwischen pensionierten amerikanischen Admiral Robert Willard als *game changer* eingestuft. Sie wird die Kräfteverhältnisse im Pazifik gravierend verändern, und zwar zugunsten der Chinesen. Bislang beherrschen noch die USA mit ihren Flugzeugträgern den Pazifik. Sind diese jedoch mit der Dongfeng 21D verwundbar, ist es vorbei mit der amerikanischen Beherrschung des Pazifiks.

Aber auch die Lufthoheit der Amerikaner wird zunehmend in Frage gestellt. Eine Studie der Rand Corporation *(Shaking the Heavens and Splitting the Earth)* kommt zu dem Ergebnis, dass die chinesische Luftwaffe innerhalb der nächsten fünf Jahre die Überlegenheit der USA und deren Alliierten herausfordern könnte. Für Autor Roger Cliff ist China »der erste Herausforderer der amerikanischen Überlegenheit in der Luft seit dem Korea-Krieg«.

Aber die USA werden den Westpazifik nicht freiwillig und nicht kampflos räumen. Auf Chinas Aufrüstung antworten sie mit dem neuen Konzept des *AirSea Battle*, das im September 2009 in einem Memorandum vorgestellt wurde. Es ist das Äquivalent zum *Air-Land-Battle*-Konzept während des ersten Kalten Krieges und sieht eine sehr enge Koordination der amerikanischen Marine- und Luftwaffenstreitkräfte vor. Im November 2011 wurde dafür im Pentagon eigens ein neues Koordinierungsbüro geschaffen.

Die Chinesen haben schon angedroht, dass sie – sollten die Amerikaner das Konzept des *AirSea Battle* weiter verfolgen und auch umsetzen – mit einem Gegenkonzept antworten werden.

So dreht sich die Rüstungsspirale munter weiter, an dessen bitteren Ende eine kriegerische Auseinandersetzung im Pazifik stehen und aus dem zweiten Kalten Krieg ein heißer werden könnte.

Schluss

Muss diese düstere Prognose eines zweiten Kalten Krieges wirklich eintreten? Muss es zwangsläufig zu einem bewaffneten Konflikt in der neuen Krisenregion des westlichen Pazifiks kommen? Oder gibt es Möglichkeiten, dieses *Worst Case*-Szenario zu verhindern? Es gibt sie. Aber dazu muss sich vieles ändern und das möglichst gleichzeitig, und zwar sowohl bei den entscheidenden handelnden Akteuren (das sind vor allem China und die USA), aber auch bei dem bislang nicht-handelnden Akteur EU.

Zunächst muss der Westen sein Mentalitätsproblem lösen. Der Westen war in den vergangenen rund 250 Jahren allen anderen Regionen dieser Welt überlegen – wirtschaftlich, technologisch und militärisch. Erst waren die Briten die dominierende Weltmacht, dann die Amerikaner. Doch die sind seit Jahren in einem Status des relativen Niedergangs, der sich nach der globalen Finanzkrise nochmals beschleunigt hat.

Der Westen und insbesondere die USA verdrängen diesen schleichenden Bedeutungsverlust und fühlen sich immer noch in einer vermeintlichen Position der Stärke. Viele Amerikaner denken nach wie vor so wie die ehemalige Außenministerin Hillary Clinton: »Ich weiß, dass unsere Weltmachtstellung infrage gestellt wird. Es ist ein Lied, das alle paar Jahre von neuem gesungen wird. [Aber] unsere Fähigkeit, immer wieder gestärkt aus einer Krise hervorzugehen, ist beispiellos in der modernen Geschichte.« Das Motto heißt: Wir haben es immer geschafft, also schaffen wir es auch dieses Mal.

Im Gegensatz zu diesem immanenten Optimismus der amerikanischen Politiker urteilen die Strategen der amerikanische Geheimdienste etwas realitätsnaher. So stellt der *National Intelligence Council* in seinen – im Dezember 2012 erschienen – *Global Trends 2030* fest: »Der Pax Americana neigt sich rasant seinem Ende zu.«

Wir im Westen, also die Amerikaner und Europäer, müssen endlich realisieren, dass wir in einer Phase des relativen Abstiegs sind. Das heißt nicht, dass wir in Demut bei unserem eigenen Niedergang Spalier stehen. Aber wir sollten lernen, mit ihm umzugehen. Den Abstieg Europas erfolgreich managen, nennt dies der außenpolitische Experte Eberhard Sandschneider.

Wir sollten der Realität dabei ins Auge sehen. Und die Realität ist nun einmal, ob es uns passt oder nicht, die folgende: China wird wirtschaftlich immer stärker, häuft riesige Mengen an Kapital an, holt auch technologisch auf und rüstet weiter auf. In einer Mischung aus Arroganz und Ignoranz tun wir uns schwer, diese Entwicklung zu akzeptieren.

Seit Jahren spekulieren die westlichen Apokalyptiker auf den wirtschaftlichen wie politischen Kollaps des dortigen Systems. Die Wohlmeinenden im Westen setzen auf das scheinbar bewährte Mittel des ersten Kalten Krieges »Wandel durch Handel«. Je mehr sich China in die (nach westlichen Regeln funktionierende) Weltwirtschaft integriere, desto westlicher werde es. Beides ist bislang nicht eingetreten. Weder ist China kollabiert, noch hat sich das Land verwestlicht.

China ist eine Großmacht *sui generis*, die sowohl marktwirtschaftlich als auch staatsinterventionistisch agiert und gleichzeitig kapitalistisch (wirtschaftlich) und leninistisch (politisch) strukturiert ist. Mit diesem janusköpfigen China müssen wir im Westen lernen zu leben. Nur wie? In Frieden oder in Konfrontation?

Derzeit sind beide – die westliche Führungsmacht USA und das immer mächtiger werdende China – auf Konfrontationskurs. Das ist eine falsche und gefährliche Politik. Henry Kissinger hat recht, wenn er sagt: »Die USA sollten Konfrontation nicht als die Strategie ihrer Wahl adaptieren.« Der strategische Altmeister plädiert deshalb für eine *Pacific Community*, die China ein- und nicht ausschließt. Ähnlich denkt der australische Politik-Experte Hugh White, der ein *Sino-US-Condominium* vorschlägt. Darunter ist aber keine G2 zu verstehen, die einst von Fred Bergsten angedacht wurde und einige Protagonisten wie Zbigniew Brzezinski und Ex-Weltbank-Chef Robert Zoellick fand. Diese Duopol-Idee verschwand schnell wieder von der politischen Agenda. weil die restliche Welt sich einem Diktat der beiden Großmächte nicht beugen will.

Die Zusammenarbeit der alten und neuen Weltmacht sollte sich – und das ist Kissingers Idee – auf den pazifischen Raum beschränken. Dies erfordert jedoch gravierende Verhaltensänderungen auf beiden Seiten. Die USA sollten in Asien ihre militärischen Kraftmeiereien reduzieren. China dagegen muss seine Muskelspiele im Südchinesischen Meer beenden. Statt Boote und Flugzeuge in die umstrittenen Gebiete abzukommandieren, sollten die Chinesen besser Gesandte an den Verhandlungstisch schicken. Und dort sollte multilateral, und nicht – wie es China wünscht – bilateral verhandelt werden. Außerdem muss China als vertrauensbildende Maßnahme endlich mehr Transparenz in seiner Militär- und Rüstungspolitik schaffen.

Dieses Zurücknehmen wird beiden Mächten schwerfallen. Aber vielleicht kann ihnen ein vermittelnder Dritter dabei helfen. Europa zum Beispiel. Europa? Kann oder soll die EU denn »dort unten« überhaupt eine Rolle spielen? Wir sind doch – werden jetzt viele denken und sagen – keine pazifische Macht. Wir haben dort doch keine strategischen Interessen. Aber genau diese Abwesenheit von geostrategischen Ambitionen und Hintergedanken prädestiniert die EU für die Rolle eines ehrlichen Maklers in der Region.

Bei dieser vermittelnden Aufgabe kann Europa einiges anbieten, vor allem vielfache Erfahrungen, wie man grenzüberschreitende Konflikte löst. Erinnert sei nur an die Konferenz über Sicherheit und Zusammenarbeit in Europa (KSZE), die in Zeiten des ersten Kalten Krieges eine nicht unbedeutende Rolle spielte und wesentlich zur Entkrampfung des Ost-West-Konfliktes beigetragen hat. Warum also nicht eine KSZA, eine Konferenz über Sicherheit und Zusammenarbeit in Asien, initiieren?

Denn in Asien fehlt eine Sicherheitsarchitektur. Sie ist aber angesichts der drohenden Konflikte dringend notwendig. Es gibt schon einige Fundamente, auf denen sich aufbauen ließe. Zum Beispiel das Asean Regional Forum (ARF). Europa könnte beim Bau einer solchen Architektur viel Know-how einbringen. Um aber diesen ehrlichen Makler spielen zu können, muss sich Europa von den Amerikanern emanzipieren. Die EU muss den Mut haben, in Washington zu sagen, dass Amerikas neue Asienpolitik gefährlich ist und eskalierend wirkt. Und andererseits muss die EU ihr Kotau-Gehabe in Beijing ablegen und dort mäßigend auf Chinas Aggressionspolitik einwirken.

Ein solches selbstbewussteres Auftreten erfordert endlich eine gemeinsame europäische Außenpolitik, die nicht nur auf dem Papier steht, sondern mit Leben gefüllt wird. Das erfordert zudem eine starke und international erfahrene Persönlichkeit als hohen Vertreter der EU für Außen- und Sicherheitspolitik, wie der Titel des EU-Außenministers umständlich heißt, und keine blasse Figur wie die derzeitige britische Amtsinhaberin Lady Ashton, die – mit Verlaub – in Asien nicht ernst genommen wird.

Der deutsche Karrierediplomat Wolfgang Ischinger fordert völlig zu Recht: »Wir brauchen eine aktive europäische Asienpolitik. Europa darf sich in Asien und Fernost nicht nur als Verkäufer von Hochtechnologien und Autos präsentieren, sondern muss sich auch als Partner, als Stabilitätspartner anbieten.« Ischinger, der inzwischen für die Allianz arbeitet und der Münchner Sicherheitskonferenz vorsitzt, spricht diese mahnenden Worte in seinem Berliner Büro am Pariser Platz. Bundestag und Bundeskanzleramt sind fast in Rufweite, aber fast niemand hört dort auf ihn und sein Petitum – und auch nicht im etwas entfernteren Brüssel.

Die Zivilmacht Europa, die einst erfolgreich den ersten Kalten Krieg überlebt hat, hat eine große Chance und Verantwortung, eine Eskalation des zweiten Kalten Krieges zu verhindern.

Literaturverzeichnis

Bücher

Barr, Michael: *Who's Afraid of China? – The Challenge of Chinese Soft Power*, London 2011

Braml, Josef: *Der amerikanische Patient*, München 2012

Brautigam, Deborah: *The Dragon's Gift – The Real Story of China in Africa*, Oxford 2009

Bremmer, Ian: *The End of the Free Market – Who Wins the War Between States and Corporations?*, New York 2010

Bremmer, Ian: *Every Nation For Itself. Winners and Losers in a G-Zero World*, London 2012

Breznitz, Dan und Murphree, Michael: *Run of the Red Queen – Government, Innovation, Globalization, and Economic Growth in China*, Yale 2011

Brzezinski, Zbigniew: *Strategic Vision*, New York 2012

Bush, Richard C. und O'Hanlon, Michael E.: *A War Like No Other. The Truth about China's Challenge to America*, Hoboken 2007

Bush, Richard C.: *The Perils of Proximity: China-Japan Security Relations*, Washington 2010

Chellaney, Brahma: *Water – Asia's New Battleground*, New Delhi 2011

Chen, Jie und Dickson, Bruce J.: *Allies of the State: China's Private Entrepreneurs and Democratic Change*, Cambridge 2010

Chua, Amy: *Die Mutter des Erfolges – Wie ich meinen Kindern das Siegen beibrachte*, München 2011

Clarke, Richard: *Cyberwar – The Next Threat to National Security and What To Do about it*, New York 2010

Clifton, Jim: *The Coming Jobs War*, New York 2011

Cohen, Stephen P. und Dasgupta, Sunil: *Arming Without Aiming – India's Military Modernization*, Washington 2010

Cohen, Stephen S. und DeLong, J. Bradford: *The End of Influence – What Happens When Other Countries Have the Money*, New York 2010

Coogan, Philip: *Paper Promises – Debt, Money and the New World Order*, London 2012

Crouch, Colin: *Postdemokratie*, Frankfurt 2008
Dobson, William: *The Dictator's Learning Curve*, London 2012
Eckert, Daniel: *Weltkrieg der Währungen*, München 2010
Eichengreen, Barry: *Exorbitant Privilege – The Rise and Fall of the Dollar and the Future of the International Monetary System*, Oxford 2011
Ferguson, Niall: *Civilization – The West and the Rest*, London 2011
Fischer, Joschka: *»I am not convinced«*, Köln 2011
Friedberg, Aaron: *A Contest for Supremacy – China, America, and the Struggle for Mastery in Asia*, New York 2011
Friedman, Thomas und Mandelbaum, Michael: *That Used To Be US*, New York 2011
Fukuyama, Francis: *Das Ende der Geschichte*, München 1992
Gerschenkron, Alexander: *Economic Backwardness in Historical Perspective: A Book of Essays*, Cambridge 1962
Guruswamy, Mohan und Singh, Zorawar Daulet: *India China Relations – The Border Issue and Beyond*, New Delhi 2009
Guruswamy, Mohan und Singh, Zorawar Daulet: *Chasing the Dragon – Will India Catch Up with China?*, New Delhi 2010
Halper, Stefan: *The Beijing Consensus – How China's Authoritarian Model Will Dominate the Twenty-First Century*, New York 2010
Heilmann, Sebastian und Schmidt, Dirk: *Außenpolitik und Außenwirtschaft der Volksrepublik China*, Wiesbaden 2012
Hiscock, Geoff: *Earth Wars – The Battle for Global Resources*, Singapore 2012
Hu Angang; *China in 2020 – A New Type of Superpower*, Washington 2011
Huntington, Samuel: *The Third Wave: Democratization in the Late Twentieth Century*, London 1993
Ikenberry, G. John (u. a.): *The Crisis of American Foreign Policy*, Princeton 2011
Jacques, Martin: *When China Rules the World*, London 2009
Kanwal, Gurmeet und Katoch, Dhruv C.: *China's Defence Policy – Indian Perspective*, New Delhi 2011
Kaplan, Robert: *Monsoon*, New York 2010
King, Stephen D.: *Losing Control – The Emerging Threats To Western Prosperity*, New Haven 2010
Kissinger, Henry: *On China*, New York 2011

Kissinger, Henry (u.a.): *Wird China das 21. Jahrhundert beherrrschen? Eine Debatte*, München 2012
Klare, Michael T.: *Resource Wars*, New York 2002
Kupchan, Charles: *No One's World*, Oxford 2012
Kurlantzick, Joshua: *Charmoffensive – How China's Soft Power is Transforming the World*, Yale 2007
Kynge, James: *China Shakes the World*, London 2006
Leeb, Stephen: *Red Alert*, New York 2011
Li, Cheng (Ed.): *China's Emerging Middle Class*, Washington 2010
Lipset, Seymour Martin und Lakin, Jason M.: *The Democratic Century*, Oklahoma 2004
Lorenz, Andreas: *Die asiatische Revolution – Wie der »Neue Osten« die Welt verändert*, Hamburg 2011
Luce, Edward: *In Spite of the Gods – The Strange Rise of Modern India*, London 2006
Luce, Edward: *Time to Start Thinking – America and the Spectre of Decline*, London 2012
Malone, David M.: *Does the Elephant Dance? Contemporary Indian Foreign Policy*, New Delhi 2011
McGregor, Richard: *The Party – The Secret World of China's Communist Rulers*, New York 2010
McNeill, William: *The Rise of the West*, Chicago 1963
Mearsheimer, John: *The Tragedy of Great Power Politics*, New York 2001
Merkel, Wolfgang: *Systemtransformation*, Wiesbaden 2010
Mohan, Raja C.: *Crossing the Rubicon: The Shaping of India's New Foreign Policy*, New Delhi 2003
Moisi, Dominique: *The Geopolitics of Emotion*, New York 2010
Moyo, Dambisa: *How the West Was Lost*, London 2011
Moyo, Dambisa: *Winner take all – China's Race for Resources and What It Means for Us*, London 2012
Myint-U, Thant: *Where China Meets India – Burma and the New Crossroads of Asia*, London 2011
Napoleoni, Loretta: *China – Der bessere Kapitalismus*, Zürich 2011
Navarro, Peter: *The Coming China Wars*, Upper Saddle River 2007
Navarro, Peter: *Death by China*, Upper Saddle River 2011
Nolan, Peter: *Is China Buying the World?*, Cambridge 2012
Nye, Joseph: *Soft Power – The Means to Success in World Politics*, New York 2004

Nye, Joseph: *The Future of Power*, New York 2011
Pant, Harsh V.: *The China Syndrome – Grappling With an Uneasy Relationship*, New Delhi 2010
Quinlan, Joseph: *The Last Economic Superpower*, New York 2011
Rachman, Gideon: *Zero-Sum World*, London 2010
Rahr, Alexander: *Der kalte Freund – Warum wir Russland brauchen: Die Insider-Analyse*, München 2011
Rickards, James: *Currency Wars – The Making of the Next Global Crisis*, New York 2011
Rinke, Andreas und Schwägerl, Christian: *11 Drohende Kriege*, München 2012
Sandschneider, Eberhard: *Der erfolgreiche Abstieg Europas – Heute Macht abgeben, um morgen zu gewinnen*, München 2011
Schmidt, Manfred G.: *Demokratietheorien*, Wiesbaden 2010
Segal, Adam: *Advantage – How American Innovation can Overcome the Asian Challenge*, New York 2011
Shirk, Susan: *China – Fragile Superpower, How China's Internal Politics Could Derail Its Peaceful Rise*, Oxford 2007
Shteyngart, Gary: *Super Sad True Love Story*, Reinbek 2011
Sieren, Frank: *Angst vor China: Wie die neue Weltmacht unsere Krise nutzt*, Berlin 2011
Steinbrück, Peer: *Unterm Strich*, Hamburg 2010
Stiglitz, Joseph und Bilmes, Linda: *The Three Trillion Dollar War: The True Cost of the Iraq Conflict*, New York 2008
Subramanian, Arvind: *Eclipse: Living in the Shadow of China's Economic Dominance*, Washington 2011
Susbielle, Jean-François: *China–USA: Der programmierte Krieg*, Berlin 2007
Wise, David: *Tiger Trap – America's Secret Spy War with China*, Boston 2011
Yan, Xuetong: *Ancient Chinese Thought, Modern Chinese Power*, Princeton 2011
Yergin, Daniel: *The Quest – Energy, Security and the Remaking of the Modern World*, London 2011
Yoshihara, Toshi und Holmes, James R.: *Der Rote Stern über dem Pazifik. Chinas Aufstieg als Seemacht – und wie antworten die USA*, Hamburg 2011
Zhang Weiwei, *The China Wave – Rise of a Civilization State*, Hackensack 2011

Dokumente, Studien und Zeitschriftenaufsätze
Baumgartner, Daniel und Godehardt, Nadine: *Chinas Energiepolitik und die Strategien der Nationalen Ölkonzerne*, German Institute of Global and Area Studies, Giga Focus Asien, Hamburg 2012
Bert, Melissa: *A Strategy to Advance the Arctic Economy*, Policy Innovation Memorandum No. 14, Council on Foreign Relations, New York 2012
Bremmer, Ian und Roubini, Nouriel: *A G-Zero World – The New Economic Club Will Produce Conflict, Not Cooperation*, in: Foreign Affairs, March/April 2011
Bundesministerium für Wirtschaft und Technologie: *Rohstoffstrategie der Bundesregierung*, Berlin 2010
Cliff, Roger u. a.: *Shaking the Heavens and Splitting the Earth – Chinese Air Force Employment Concepts in the 21st Century*, Rand Corporation, Santa Monica 2011
Clinton, Hillary: *America's Pacific Century*, in: Foreign Policy, Washington, November 2011
Cooper, Donna, Hersh, Adam und O'Leary, Ann: *The Competition that Really Matters, Comparing U. S., Chinese, and Indian Investments in the Next-Generation Workforce*, Center for American Progress and The Center for the Next Generation, Washington 2012
Dahlmann, Anja und Mildner, Stormy-Annika: *Rohstoffpartnerschaften: Kein Garant für Versorgungssicherheit und Entwicklung*, Stiftung Wissenschaft und Politik, SWP-Aktuell 16, Berlin 2012
Degeorges, Damien: *The Role of Greenland in the Arctic*, Institut de Recherche Stratégique de l'Ecole Militaire, Paris 2012
Department of Defense (USA): *Policy Report Cyberspace*, Washington 2011
Dobbs, Richard und andere: *Farewell to Cheap Capital? The implications of long-term shifts in global investment and saving*, McKinsey Global Institute, Washington 2010
Eisenman, Joshua: *China's Central Party School: A Primer*, China Brief, American Foreign Policy Council, Washington 2012
Fewsmith, Joseph: *Debating »the China Model«*, in: China Leadership Monitor No. 35, Stanford 2011
Government of Japan: *National Defense Program Guidelines for FY 2011 and beyond*, Tokyo 2010
Haass, Richard: *Die Doktrin der Restauration – Wie Amerika seine*

Führungsmacht im 21. Jahrhundert sichern kann, in: Internationale Politik, Berlin, Januar/Februar 2012

International Crisis Group: *Stirring Up the South China Sea I and II*, Asia Report No. 223 und 229, Beijing/Jakarta/Brussels 2012

International Institute for Strategic Studies (IISS): *The Shangri-La Dialogue*, Singapore, diverse Jahrgänge

Jakobson, Linda und Knox, Dean: *New Foreign Policy Actors in China*, SIPRI Policy Paper 26, Stockholm International Peace Research Institute, Stockholm 2010

Klotz, Frank: *China's Growing Space Power*, in: The National Interest, Juli 2012

Lieberthal, Kenneth und Wang, Jisi: *Addressing U. S.-China Strategic Distrust*, John L. Thornton China Center Monograph Series, Number 4, New York 2012

Lipset, Seymour Martin: *Some Social Requisites of Democracy: Economic Development and Political Legitimacy*, in: American Political Science Review 53, 1959

Marfaing, Laurence: *Mali: Die andere chinesische Migration*, German Institute of Global and Area Studies, Giga Focus Afrika, Hamburg 2010

Meyer, Thomas und Dyck, Steffen: *Forschung folgt Fertigung*, Deutsche Bank Research, Frankfurt 2010

Noesselt, Nele: *Chinese Perspectives on International Power Shifts and Sino-EU Relations (2008–2011)*, Giga Working Papers No. 193, Hamburg 2012

Office of the Secretary of Defense: *Annual Report to Congress – Military and Security Developments Involving the People's Republic of China*, Washington, diverse Jahrgänge

Olson, Stephen und Prestowitz, Clyde: *The Evolving Role of China in International Institutions*, Prepared for The U. S.-China Economic and Security Review Commission, 2011

Roland Berger Strategy Consultants: *The Rare Earth Challenge*, München 2011

Rosen, Daniel und Hanemann, Thilo: *An American Open Door? Maximizing the Benefits of Chinese Foreign Direct Investment*, Asia Society's Center on U. S.-China Relations and Woodrow Wilson International Center for Scholars, New York 2011

The Pew Charitable Trust: *Who's Winning the Clean Energy Race?*, Washington 2011

The U. S.-China Economic and Security Review Commission: Hearing on *China's Intellectual Property Rights and Indigenous Innovation Policy*, Washington, 4. Mai 2011

Verband Deutscher Maschinen- und Anlagenbau (VDMA/Herausgeber): *Wettbewerber China – Herausforderungen und Trends*, Frankfurt 2012

Wanasika, Isaac und Conner, Suzanne L.: *When is Imitation the Best Strategy?*, in: Journal of Strategic Innovation and Sustainability, Issue 2, 2011

White, Hugh: *Power Shift: Australia's Future between Washington and Beijing*, in: Quarterly Essay, September 2010, Collingwood 2010

Wiedicke, Michael u. a.: *Marine Mineralische Rohstoffe der Tiefsee – Chance und Herausforderung*, Commodity Top News Nr. 40, Deutsche Rohstoffagentur, Hannover 2012

Yu, Yongding: *Revisiting the Internationalization of the Yuan*, ADBI Working Paper Series 366, Asian Development Bank Institute, Tokio 2012

Zentralverband Elektrotechnik- und Elektroindustrie (ZVEI) und Commerzbank: *Zur Rohstoffsituation in der Elektroindustrie*, Frankfurt 2010

Regelmäßige Publikationen
Beijing Rundschau
Bloomberg Businessweek
Caixin
China aktuell
China Brief
China Daily
China Leadership Monitor
Der Spiegel
Die Zeit
Financial Times
Foreign Affairs
Foreign Policy
Frankfurter Allgemeine Zeitung
Global Times
International Herald Tribune
People's Daily

South China Morning Post
SüddeutscheZeitung
The Economist
The Guardian
The Japan Times
Wall Street Journal

Wolfgang Hirn
Der Kampf ums Brot
Warum die Lebensmittel immer knapper
und teurer werden
Band 18328

Unaufhaltsam steuern wir auf eine globale Verknappung der Rohstoffe zu, die wir für die Herstellung unserer Lebensmittel benötigen. Der simple Grund: Eine weltweit steigende Nachfrage stößt auf ein bestenfalls stagnierendes Angebot. Wolfgang Hirn ist von Nord- und Südamerika über Afrika, Asien bis nach Ozeanien gereist, hat argentinische Viehzüchter, thailändische Reisbauern und kanadische Betreiber von Aquafarmen ebenso befragt wie Rohstoffspekulanten an der Chicagoer Börse, Agrarwissenschaftler und Klimaforscher, Manager der Agrochemie-Konzerne, aber auch die Gegner von Genfood. Er analysiert und erklärt die Zusammenhänge und zeigt innovative Lösungen auf, die uns vor einem Rohstoffkollaps bewahren könnten.

»Seine Argumente sind so überzeugend
wie beunruhigend. […] Die gut recherchierten Fakten
machen es dem Leser schwer, das Buch als
Alarmismus abzutun.«
Märkische Allgemeine Zeitung

Fischer Taschenbuch Verlag

Wolfgang Hirn
Angriff aus Asien
Wie uns die neuen Wirtschaftsmächte überholen
Band 17470

Unbändiger Lerneifer, Bienenfleiß und grenzenlose Phantasie – das sind asiatische Eigenschaften, die dem behäbigen Westen längst abhanden gekommen sind.

Asien wird gemeinsam mit Brasilien und Russland als Rohstoffgiganten den Westen überflügeln und weit hinter sich lassen – eine neue Weltordnung wird entstehen. In Kilometern gerechnet ist Wolfgang Hirn für sein neues Buch zweimal um die Welt gereist: Er zeigt überzeugend, wie die neue Weltordnung aussehen und was sie für unser Leben bedeuten wird.

»Schön wäre, wenn die Verantwortlichen in Wirtschaft und Politik dieses Buch gründlich lesen und baldmöglichst Konsequenzen ziehen würden.«
Das Parlament

Fischer Taschenbuch Verlag

Wolfgang Hirn
Herausforderung China
Wie der chinesische Aufstieg unser Leben verändert
Band 16608

Eine Weltmacht erwacht

Warum explodieren Öl- und Getreidepreise? Warum steigt die Arbeitslosigkeit? Warum wird die Diskussion um die 40-Stunden-Woche nicht wirklich etwas verbessern?

Die Antwort lautet: China. Wolfgang Hirn schildert, wie die Volksrepublik zur »Fabrik der Welt« und militärischen Supermacht wird, und zeigt ganz konkret, welche unmittelbaren Konsequenzen das für uns haben wird. Es ist an der Zeit, sich mit der entstehenden Weltmacht China auseinanderzusetzen, denn wir können uns den Luxus der China-Ignoranz nicht länger leisten.

»Wer sich gründlich und gut lesbar über den Stand der Entwicklung in China informieren will, kommt an dem Buch von Wolfgang Hirn nicht vorbei.«
Stuttgarter Zeitung

Fischer Taschenbuch Verlag